Digitale Kultur des Teilens

Siegfried Behrendt · Christine Henseling
Gerd Scholl
(Hrsg.)

Digitale Kultur des Teilens

Mit Sharing nachhaltiger Wirtschaften

 Springer Gabler

Hrsg.
Siegfried Behrendt
Berlin, Deutschland

Gerd Scholl
Berlin, Deutschland

Christine Henseling
Berlin, Deutschland

Die Publikation entstand im Forschungsprojekt „Peer-Sharing – Internetgestützte Geschäftsmodelle für gemeinschaftlichen Konsum als Beitrag zum nachhaltigen Wirtschaften". Das Projekt ist Teil des vom deutschen Bundesministerium für Bildung und Forschung (BMBF) geförderten Schwerpunktprogramms „Nachhaltiges Wirtschaften" der Sozial-ökologischen Forschung (SÖF; Förderkennzeichen 01UT1405).

ISBN 978-3-658-21434-0   ISBN 978-3-658-21435-7   (eBook)
https://doi.org/10.1007/978-3-658-21435-7

Die Deutsche Nationalbibliothek verzeichnet diese Publikation in der Deutschen Nationalbibliografie; detaillierte bibliografische Daten sind im Internet über http://dnb.d-nb.de abrufbar.

Springer Gabler

Springer Gabler ist ein Imprint der eingetragenen Gesellschaft Springer Fachmedien Wiesbaden GmbH und ist ein Teil von Springer Nature
Die Anschrift der Gesellschaft ist: Abraham-Lincoln-Str. 46, 65189 Wiesbaden, Germany

Inhaltsverzeichnis

Abbildungsverzeichnis

Tabellenverzeichnis

Einleitung

Siegfried Behrendt, Gerd Scholl, Christine Henseling

Peer-to-Peer Sharing – eine neue Form des kollaborativen Konsums

Was Autoren[1] wie Botsman und Rogers (2011) als „kollaborativen Konsum" bezeichnen und in den Medien als „Sharing Economy" kursiert, ist ein Konzept, das in der Nachhaltigkeitsforschung bereits vor über fünfzehn Jahren unter Begriffen wie „nutzungsorientierte Ökonomie" (Stahel 1994), „neue Nutzungskonzepte" (Hirschl et al. 2001), „ökologische Dienstleistungen" (Behrendt et al. 1999) oder „eigentumsersetzende Dienstleistungen" (Schrader 2001) ausführlich behandelt worden ist. Was seinerzeit jedoch als Praxisphänomen weitgehend auf Nischen beschränkt war, hat sich jüngst zu einer zweiten Generation des Sharing in Form innovativer Geschäftsmodelle herausgebildet und weiter ausdifferenziert. Innerhalb weniger Jahre hat sich eine bunte Landschaft des organisierten Teilens von privat zu privat entwickelt. Dabei handelt es sich um die verlängerte beziehungsweise intensivere Nutzung von Produkten durch Tauschen, Verschenken, Weiterverkaufen, Verleihen, Vermieten oder Co-Using zwischen Privatpersonen. Möglich wird das durch Online-Plattformen, die Anbieter und Nachfrager zusammenbringen. Elektronische Plattformen ermöglichen nicht nur eine dramatische Vergrößerung der Anzahl von Marktteilnehmern, sondern bilden auch die Basis für neue Geschäfts- und Erlösmodelle. Die im Zuge dieses Prozesses entstandenen innovativen Geschäftsmodelle zeigen bereits, wie durch das Internet und moderne Netzwerktechnologien das Teilen, Tauschen und Leihen teils neu erfunden wurde.

Ob wir es mit einem Hype oder einem robusten Trend oder gar mit einem gesellschaftlichen Strukturwandel zu tun haben, wird in der Wissenschaft und den Medien kontrovers diskutiert. Auf der einen Seite finden sich glühende Befürworter, die hierin die Möglichkeit einer gesellschaftlichen Umwälzung hin zu

---

1 *Ein Hinweis vorab:* Aus Gründen der besseren Lesbarkeit wird auf die gleichzeitige Verwendung männlicher und weiblicher Sprachformen verzichtet. Sämtliche Personenbezeichnungen gelten gleichermaßen für beiderlei Geschlecht.

© Springer Fachmedien Wiesbaden GmbH, ein Teil von Springer Nature 2019
S. Behrendt et al. (Hrsg.), *Digitale Kultur des Teilens*,
https://doi.org/10.1007/978-3-658-21435-7_1

einer vom Wachstums- und Profitzwang befreiten kollaborativen Ökonomie erblicken, während auf der anderen Seite die nächste Stufe einer Kommerzialisierung des Sozialen gesehen wird. Die Debatte um die Potenziale und Effekte der Sharing Economy ist längst zu einer gesellschaftlichen Kontroverse geworden, wobei Chancen und Risiken dicht beieinander liegen. Vor diesem Hintergrund werden in diesem Buch empirisch fundiert Motive und Vorbehalte untersucht, Bedarfe erhoben, Einflussfaktoren identifiziert, Potenziale abgeschätzt und Szenarien entwickelt, die mögliche Entwicklungspfade abbilden und Orientierungen liefern sollen, wie Potenziale des Peer-to-Peer Sharing für nachhaltiges Wirtschaften erschlossen werden können. Das Buch ist ein Ergebnis des Forschungsprojektes PeerSharing. Es wurde vom Institut für ökologische Wirtschaftsforschung (IÖW) gemeinsam mit dem Institut für Zukunftsstudien und Technologiebewertung (IZT) und dem Institut für Energie- und Umweltforschung Heidelberg (IFEU) bearbeitet und durch das Bundesministerium für Bildung und Forschung (BMBF) im Rahmen des Förderschwerpunkts Sozial-ökologische Forschung gefördert. Das Projekt kooperierte mit Sharing-Plattformen aus den Bereichen Mobilität (Drivy, flinc), Übernachten (Wimdu) und Bekleidung (Kleiderkreisel).

Forschungsfragen

Das Peer-to-Peer Sharing stellt eine neue Form des kollaborativen Konsums dar. Fragen der sozialen Akzeptanz, der ökologischen Entlastungspotenziale, möglicher Rebound-Effekte und der ökonomischen Tragfähigkeit sowie von förderlichen Rahmenbedingungen sind weitgehend ungeklärt. Daher ist das vorrangige Ziel des vorliegenden Buches, die sozial-ökologischen Potenziale von Peer-to-Peer Sharing zu untersuchen.

Folgende Forschungsfragen stehen im Fokus:

– Welche ökologischen Nachhaltigkeitswirkungen erzielt das Peer-to-Peer Sharing? In welchem Umfang können Rebound-Effekte entstehen oder vermieden werden?

– Welche Motive und Hemmnisse bestehen auf der Seite der Verbraucher? Wie und von wem werden bestehende Peer-to-Peer Sharing-Angebote genutzt? Wie können Verbraucher für Peer-to-Peer Sharing mobilisiert werden?

– Was sind hindernde und fördernde Faktoren für die Tragfähigkeit und Verbreitung von Peer-to-Peer Sharing auf Ebene der Geschäftsmodelle sowie auf Ebene von Wirtschaft und Gesellschaft?

– Kann die digitale Kultur des Teilens so weiterentwickelt werden, dass ein großer Beitrag zum nachhaltigen Wirtschaften geleistet wird, etwa zur Ressourcenschonung und zum Klimaschutz? Welche Governance braucht es dazu?

Aufbau des Buches

Das Buch gliedert sich in zehn Kapitel, die mit den eingangs genannten Zielen und den zuletzt beschriebenen Forschungsfragen korrespondieren.

Kapitel 1 definiert, was unter Peer-to-Peer Sharing zu verstehen ist und grenzt es von anderen Formen des Sharing ab. Es werden Begriffe wie „Sharing" und „Sharing Economy" erörtert und es werden verschiedene Formen des Peer-to-Peer Sharing vorgestellt.

Kapitel 2 gibt eine aktuelle Übersicht über in Deutschland verfügbare Angebote des Internet-gestützten Peer-to-Peer Sharing und ein tiefergehendes Verständnis über den Markt, die Wettbewerbssituation und die Entwicklungen der letzten Jahre.

Kapitel 3 präsentiert die Ergebnisse einer repräsentativen Bevölkerungsumfrage zur Verbreitung des über Online-Plattformen vermittelten Teilens von privat zu privat in Deutschland. Die Resultate liefern Erkenntnisse darüber, wie sich Peer-to-Peer Sharing zukünftig entwickeln wird und wie groß die Bereitschaft der Deutschen ist, Peer-to-Peer Sharing-Plattformen aus verschiedenen Bereichen in Zukunft zu nutzen. Außerdem werden unterschiedliche Zielgruppen für Peer-to-Peer Sharing vorgestellt.

Kapitel 4 nimmt die Sharing-Praxis in den Blick. Es zeigt, wie Peer-to-Peer Sharing von Nutzern wahrgenommen und bewertet wird und welche Motive für die Nutzung ausschlaggebend sind. Es liefert darüber hinaus Einblicke in das Nutzungsverhalten. Die Befunde sind das Ergebnis von quantitativen Erhebungen in verschiedenen Konsumbereichen. Befragt wurden Nutzer der Peer-to-Peer Sharing-Plattformen Drivy, flinc, Kleiderkreisel und Wimdu.

Kapitel 5 untersucht die ökologischen Effekte. Die ökobilanzielle Betrachtung liefert die Quantifizierung von Umweltwirkungen ausgewählter Produkte und Dienstleistungen, die in Peer-to-Peer Sharing-Systemen geteilt werden, und ermöglicht den Vergleich mit anderen Formen des Konsums. Durch diesen Vergleich können Aussagen bezüglich der ökologischen Vorteilhaftigkeit des Teilens über Online-Plattformen gemacht werden. Die Ausführungen befassen sich auch mit möglichen Rebound-Effekten.

Kapitel 6 stellt anhand des Business Model Canvas spezifische Herausforderungen für Peer-to-Peer Sharing-Plattformen dar. Das Kapitel präsentiert zudem die Ergebnisse einer Reihe von Fokusgruppen mit Nutzern von Plattformen. Diese beschäftigten sich mit der Frage, wie Sharing-Plattformen für ihre Nutzer noch attraktiver gemacht werden können und welche Maßnahmen und Funktionen sinnvoll in die Plattformen integriert werden sollten, um ein nachhaltiges Nutzungsverhalten zu fördern.

Kapitel 7 untersucht am Beispiel des Übernachtens die Herausforderungen, die mit der gesellschaftlichen Verankerung der neuen Formen des Teilens von privat zu privat verbunden sind. Zur Beschreibung der Verankerungsprozesse wird auf das Multi-Impuls-Modell aus der Innovationsforschung zurückgegriffen. Daher stehen die Einflussfaktoren auf den drei Ebenen Technologie, Zivilgesellschaft und Regulierung im Mittelpunkt der Analyse des Fallbeispiels.

Kapitel 8 zeigt auf, wie sich das Peer-to-Peer Sharing zukünftig entwickeln könnte. In einem Trend-Szenario werden mögliche Entwicklungsverläufe beschrieben, die auf belastbaren Trendeinschätzungen beruhen. Ergänzt wird das Trendszenario um ein Transformationsszenario, das für die Schwerpunktfelder Carsharing, Wiederverkauf und Übernachten danach fragt, wie Nachhaltigkeitspotenziale des Peer-to-Peer Sharing erschlossen werden können.

Kapitel 9 analysiert Fragen der Governance: Wie kann Peer-to-Peer Sharing sowohl Mensch und Umwelt nutzen als auch gleichzeitig Verbraucherschutz und Privatsphäre der Nutzer einhalten? Wie müssen die Online-Plattformen reguliert werden, um unerwünschte Nebeneffekte zu vermeiden und Nachhaltigkeitspotenziale doch auszuschöpfen? In dem Kapitel werden die Vor- und Nachteile verschiedener Regulierungsansätze – von Selbstregulierung über Ordnungsrecht bis hin zu Ko-Regulierung – mit Blick auf nachhaltiges Wirtschaften diskutiert und anhand verschiedener Fallbeispiele veranschaulicht.

Kapitel 10 zieht Bilanz und zeigt Schlussfolgerungen für Verbraucher, Unternehmen und Politik zur Erschließung der Potenziale des Peer-to-Peer Sharing für nachhaltiges Wirtschaften auf.

1 Systematisierung des Peer-to-Peer Sharing

Gerd Scholl

Die so genannte Sharing Economy erlebt seit einigen Jahren einen regelrechten Boom. Innovative Mietkonzepte, Tausch- und Verleihplattformen, Vermittlungs-börsen für geteilte Güternutzung und vieles andere mehr sind Ausdruck einer neuen Ökonomie des Teilens, die für einige den Übergang von „einer Kultur des Ego-Konsums zu [...] einer Kultur der Zusammenarbeit" (Dönnebrink 2014), für andere hingegen die zunehmende Kommerzialisierung privater Lebensbereiche repräsentiert (Staun 2013). Die rasante Ausbreitung dieses Phänomens hat unter anderem damit zu tun, dass unterschiedliche Konzepte unter dem gemeinsamen Dach der Sharing Economy versammelt werden – vom kommerziellen Carsha-ring über Second-Hand-Marktplätze bis hin zu nachbarschaftlichen Verleihinitia-tiven. Die Heterogenität dieser Ansätze macht eine Systematisierung schwierig, gleichzeitig umso notwendiger. Ziel der folgenden Ausführungen ist es daher, wichtige Begriffe zu klären und eine Arbeitsdefinition des Peer-to-Peer Sharing zu entwickeln.

1.1 Sharing und Sharing Economy

Der englische Begriff „Sharing" bedeutet Teilen und zwar im Sinne der Überlas-sung von Dingen an Dritte zu deren Nutzung beziehungsweise des Erhalts von Dingen von Dritten zur eigenen Nutzung (Belk 2007). Teilen ist eine traditionel-le soziale Praktik, die überwiegend zwischen vertrauten Personen, also innerhalb der Familie oder unter Freunden und Bekannten, ausgeübt wurde und nach wie vor ausgeübt wird. Diese Praktik hat durch das Aufkommen des Internets und die Verbreitung digitaler Netzwerke einen fundamentalen Wandel erfahren, nämlich in der Weise, dass das Teilen nun auch zwischen Fremden einfacher wird und der Zugang zu entsprechenden Netzwerken niedrigschwellig ausfällt (Belk 2013; Light und Miskelly 2014; Schor und Fitzmaurice 2015). Begonnen hat dieser Internet-gestützte „sharing turn" (Grassmuck 2012) mit dem Teilen digitaler Medien, etwa auf einer Plattform wie Napster. Später sind Plattformen da-zugekommen, die die geteilte Nutzung materieller Güter wie Werkzeuge, Spiel-

© Springer Fachmedien Wiesbaden GmbH, ein Teil von Springer Nature 2019
S. Behrendt et al. (Hrsg.), *Digitale Kultur des Teilens*,
https://doi.org/10.1007/978-3-658-21435-7_2

zeug, Unterkünfte, Fahrzeuge und so weiter zu geringen Transaktionskosten ermöglichten (z. B. Botsman und Rogers 2011). Diese durch innovative Informations- und Kommunikationstechnologie beförderte Entwicklung veranlasst manche Autoren von einer „Sharing Economy" zu sprechen, so Botsman (2013). Nach ihr basiert die Sharing Economy auf dem Teilen unterausgelasteter Ressourcen („idle capacities/assets") – Gegenstände, Räume, Fertigkeiten – gegen monetäre oder nicht-monetäre Kompensation.

Je nach Sichtweise und Erkenntnisinteresse kommen unterschiedliche Autoren zu unterschiedlichen Differenzierungen der Sharing Economy (siehe Tabelle 1). Diese Differenzierungen weisen jedoch große Ähnlichkeiten auf:

–   Es wird üblicherweise eine Ausprägung der Sharing Economy identifiziert, die auf eine Verlängerung der Nutzungsdauer von materiellen Gütern durch Tausch, Verschenken und vor allem Weiterverkauf abzielt. Die Nutzung des (gebrauchten) Gutes ist hier an den Eigentumswechsel geknüpft.[2]

–   Es wird ferner eine Ausprägung unterschieden, die auf eine intensivere Nutzung von materiellen Gütern abzielt, indem Dritten ohne Eigentumserwerb ein temporäres Nutzungsrecht – mit oder ohne Entgelt – an dem Gut eingeräumt wird.

–   Schließlich wird der Handel mit oder Tausch von immateriellen Gütern, d. h. Dienstleistungen, in der Regel jenseits konventioneller Dienstleistungsmärkte als weitere Ausprägung betrachtet.

Letzteres, d. h. der reine Dienstleistungstausch wie etwa bei Task Rabbit, ist für den vorliegenden Zusammenhang von geringem Interesse, weil das Teilen von Dienstleistungen, sofern sie als immaterielle Güter aufgefasst werden[3], zunächst keine Auswirkungen auf die Produktivität materieller Ressourcen hat. Dienstleistungen mit offensichtlicher materieller Basis, wie etwa die Inanspruchnahme einer Übernachtung oder einer Mitfahrgelegenheit, sind hingegen sehr wohl

---

2   Autoren wie Frenken et al. (2015) klammern diesen Teil explizit aus und fassen unter den Begriff „sharing economy" ausschließlich die eigentumslose Nutzung von Ressourcen.

3   Die Abgrenzung von Sachleistungen gegenüber Dienstleistungen entlang des Kriteriums der Immaterialität ist in den Marketingwissenschaften nicht unumstritten. So argumentieren beispielsweise Vargo und Lusch (2004), dass für die Erbringung von Dienstleistungen üblicherweise physische Trägermedien erforderlich sind und dass Dienstleistungen, etwa im Falle einer Autoreparatur, äußerst tangible Resultate hervorbringen können. Für eine ausführlichere Darstellung dieser Diskussion vgl. Scholl (2009, 41ff.).

Tabelle 1:   Differenzierungen der Sharing Economy

Botsman und Rogers (2011)	Andersson et al. (2013)	Schor und Fitzmaurice (2015)
Weiterverkauf gebrauchter Güter, z. B. Ebay (*„redistribution markets"*)	Handel von gebrauchten tangiblen Gütern, z. B. Ebay (*„peer-to-peer trading"*)	Tausch, Weiterverkauf, Verschenken von gebrauchten Gütern, z. B. Freecycle (*„recirculation of goods"*)
Entgeltpflichtige, eigentumslose Nutzung eines Produktes, z. B. Zipcar (*„product service systems"*) Austausch von und Handel mit Fertigkeiten, Räumlichkeiten, Geld, z. B. Airbnb (*„collaborative lifestyles"*)	Teilen von materiellen Gütern, z. B. Airbnb (*„peer-to-peer goods sharing"*) Teilen von Dienstleistungen, z. B. Avego (Mitfahrzentrale) (*„peer-to-peer service sharing"*)	monetäre oder nicht-monetäre Überlassung des Gebrauchs von materiellen Gütern an Dritte, z. B. Zipcar, Couchsurfing, Airbnb (*„optimizing use of assets"*) monetärer oder nicht-monetärer Austausch von Dienstleistungen, z. B. Taskrabbit, (*„exchange of services"*)

Gegenstand der vorliegenden Untersuchung, weil hier deutliche Auswirkungen auf die Ressourcenproduktivität zu erwarten sind.

In Abbildung 1 sind die zwei für den vorliegenden Kontext relevanten Ausprägungen von Sharing dargestellt. Sharing als verlängerte Nutzung steht dabei für die verschiedenen Formen des Tausches oder Handels von Gebrauchtwaren. Sharing als intensivere Nutzung steht hingegen für die temporäre Nutzung von Ressourcen ohne Eigentumsübertragung an den Nutzungsnachfrager. Sie kann entweder simultan (mehrere Menschen fahren gemeinsam in einem Auto) oder – was häufiger der Fall sein wird, weil nur wenige Güter gleichzeitige Nutzung erlauben – sequenziell erfolgen (mehrere Menschen teilen sich ein Auto nacheinander).

Im Kontext der Sharing-Ökonomie ist häufig auch von kollaborativem Konsum oder kollaborativer Ökonomie die Rede. Die so genannte kollaborative Ökonomie steht nach Botsman (2013) für eine neue Form des Wirtschaftens, die im Gegensatz zu bisher eher zentral organisierten Wirtschaftsweisen dezentral organisiert ist und auf Netzwerken von Individuen und auf Gemeinschaften beruht. Die kollaborative Ökonomie verändert nicht nur die Art und Weise des Produzierens und Konsumierens, sondern auch die Finanzierungsmuster des Wirtschaftens – etwa durch innovative Crowd-Funding-Konzepte.

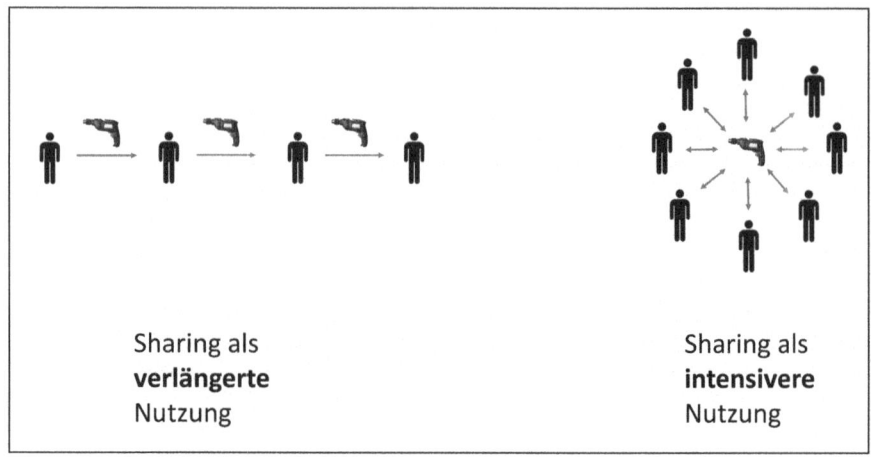

Sharing als
verlängerte
Nutzung

Sharing als
intensivere
Nutzung

Abbildung 1: Sharing als verlängerte und Sharing als intensivere Nutzung.
Eigene Darstellung

Der kollaborative Konsum wird als Teilbereich der kollaborativen Ökonomie betrachtet. Er wird unterschiedlich definiert. Nach Botsman (2013) geht es beim kollaborativen Konsum darum, die *„Assets"* einer Ökonomie durch effiziente Modelle der Wiederverwendung und des geteilten Zugangs intensiver zu nutzen. Konkret umfasst dies das Mieten, Teilen und Tauschen sowie das Handeln von (gebrauchten) Gütern und auch Dienstleistungen. Belk (2013) hingegen definiert kollaborativen Konsum als das koordinierte Handeln von Personen im Rahmen der Akquisition und Distribution von Ressourcen gegen eine Gebühr oder andere Form der Kompensation. Er betont damit die Koordinationsleistung, die erbracht werden muss, um die geteilte Nutzung von Ressourcen zu ermöglichen, und hebt die Reziprozität der Austauschbeziehung hervor.

Unklar bleibt in beiden Fällen die Rolle des Eigentums für die Ermöglichung kollaborativer Konsumpraktiken. Einerseits subsumiert Belk (2013) kollaborativen Konsum unter dem Begriff des zugangsbasierten Konsums (*„access based consumption"*), der sich nach Bardhi und Eckhardt (2012) gerade dadurch auszeichnet, dass er ohne Eigentumserwerb auskommt.[4] Andererseits gehören seiner Auffassung nach sowohl das Tauschen wie auch der Handel von Gütern zum kollaborativen Konsum dazu; beide Praktiken stellen jedoch eigentums-

---

4 „Instead of buying and owning things, consumers want access to goods and prefer to pay for the experience of temporarily accessing them" (Bardhi und Eckhardt 2012, 881).

basierte Konsumformen dar.[5] Daraus schlussfolgern wir für den vorliegenden Zusammenhang, dass kollaborativer Konsum schwerpunktmäßig, aber nicht ausschließlich eigentumslose Formen des Konsums umfasst. Eigentumsbasierter kollaborativer Konsum, wie das Tauschen von oder der Handel mit gebrauchten Gütern, unterscheidet sich wiederum vom herkömmlichen eigentumsbasierten Individualkonsum dadurch, dass er zwischen Privatpersonen praktiziert wird.

Synonym zum Begriff des kollaborativen Konsums spricht Schor von *„connected consumption"*, also vernetztem Konsum (Schor 2014, Schor und Fitzmaurice 2015), und fasst darunter vor allem innovative Austauschbeziehungen zwischen Privatpersonen zusammen, bei denen herkömmliche Marktakteure umgangen werden.

Im vorliegenden Zusammenhang wird in der Regel von Sharing als geteilter Nutzung von materiellen Gütern die Rede sein – geteilt entweder nacheinander zwischen verschiedenen Eigentümern im Sinne einer Nutzungsdauerverlängerung oder geteilt miteinander zwischen verschiedenen Nutzern als Nicht-Eigentümern im Sinne einer Nutzungsintensivierung. Denn Attribute wie „kollaborativ" oder „vernetzt" legen bestimmte Qualitäten von Austauschbeziehungen nahe, deren Vorhandensein bislang nicht hinreichend empirisch belegt ist. So stellt sich etwa die Frage, ob Privatpersonen, die Gebrauchtgüter über das Internet tauschen oder handeln, oder Privatpersonen, die ein Bett, ein Zimmer oder eine Wohnung anderen Privatpersonen zur Nutzung überlassen, über diese Art von Austausch miteinander vernetzt sind beziehungsweise ob sie miteinander kollaborieren.

1.2   Peer-to-Peer Sharing

Sharing kann zwischen verschiedenen Akteuren praktiziert werden (z. B. Stokes et al. 2014): zwischen Unternehmen und Privatpersonen (*„Business-to-Consumer"*, „B2C"), wie etwa bei der Inanspruchnahme einer kommerziellen Carsharing-Dienstleistung, zwischen einem Unternehmen und anderen Unternehmen (*„Business-to-Business"*, „B2B"), wie etwa im Falle von LiquidSpace, einer Vermittlungsplattform für die geteilte Nutzung von Büroraum, oder zwischen Privatpersonen. Das zwischen Privatpersonen praktizierte Sharing wird Peer-to-

---

5 Auch bei Botsman (2013) wird der eigentumslose Zugang zum Wesensmerkmal des kollaborativen Konsums erklärt („… enabling access over ownership") und gleichzeitig Konsum auf Basis von Eigentum (z. B. „swapping, trading") als Bestandteil des Selbigen betrachtet.

Peer („P2P") Sharing genannt. Privatpersonen treten dabei entweder als Anbieter (*„peer provider"*) oder als Nachfrager (*„peer consumer"*) einer Ressource auf (Andersson et al. 2013). Peer-to-Peer Marktplätze werden häufig als Kern der neuen Sharing-Ökonomie betrachtet, weil sie, anders als Sharing-Konzepte gewerblicher Anbieter, Märkte dort etablieren, wo bislang keine marktbezogenen Austauschbeziehungen existierten (z. B. Botsman 2013, Frenken et al. 2015).

Die Koordinationsleistung auf solchen Märkten übernimmt in der Regel ein Intermediär, dessen Leistung darin besteht, den Anbieter einer bestimmten Ressource und denjenigen, der Interesse an der Nutzung dieser Ressource hat, zusammenzubringen (*„matching"*) (Europäische Kommission 2013). Art und Ausrichtung von Intermediären können jedoch recht unterschiedlich sein. Die im Jahr 2008 gegründete Plattform Airbnb beispielsweise ist ein Vermittlungsdienst für private Übernachtungsmöglichkeiten. Sie wird als kommerzielles Geschäftsmodell betrieben, das sich über eine Vermittlungsprovision refinanziert. Die Peer-to-Peer Plattform Fairleihen, die seit 2013 Vermittlungsdienste für die geteilte Nutzung von Gebrauchsgütern auf lokaler Ebene beziehungsweise im nachbarschaftlichen Rahmen anbietet, verfolgt hingegen keine kommerziellen Interessen und finanziert sich nur über Spenden.

Wie schon das Konzept des allgemeinen Sharing oder des kollaborativen Konsums steht auch das Konzept des Peer-to-Peer Sharing überwiegend, aber nicht ausschließlich für eigentumslose und zugangsbasierte Formen des Konsums. Denn auch der nichtprofessionelle Gebrauchtwarenhandel, der – in Form des Tausches oder des Kaufs und Verkaufs von Gütern zwischen Privatpersonen – mit der Übertragung von Eigentumsrechten verbunden ist, wird üblicherweise darunter gefasst (z. B. Botsman 2013).

Vertrauen ist eine wichtige, nach Ansicht einiger Autoren sogar die wichtigste Ressource für das Zustandekommen von Peer-to-Peer Transaktionen (Botsman und Rogers 2011, Schor und Fitzmaurice 2015). Es kann auf unterschiedliche Weise hergestellt werden (Hinz 2014; Smolka und Hienerth 2014; Repschläger et al. 2015): entweder durch den Aufbau einer Reputation, die sich ein Nutzer durch die Bewertung der Peers bei wiederholten Transaktionen erwirbt, und/oder durch eine Versicherung, die der Nutzer als *peer consumer* abschließt und die im Falle eines Schadens am geteilten Gut die beim *peer provider* entstehenden Kosten abdeckt.

1.3 Formen des Peer-to-Peer Sharing

Wie oben beschrieben, unterscheiden wir eine durch Sharing erreichte Verlänge-rung der Nutzungsdauer eines Gutes von einer durch Sharing bewirkten intensi-veren Nutzung eines Gutes. Im Bereich der *verlängerten Nutzung* können fol-gende Sharing-Formen, die sich hinsichtlich der Reziprozität sowie der Art der Gegenleistung (monetär oder nicht-monetär) unterscheiden, identifiziert werden:

- *Verschenken*: Dauerhafte, unentgeltliche Weitergabe eines Gutes. Beispiele: Foodsharing, Givebox.
- *Tauschen*: Tausch von Gut gegen Gut, Dienstleistung gegen Dienstleistung oder Dienstleistung gegen Gut auf der Basis eines mündlichen oder schrift-lichen Vertrages ohne Finanztransaktionen. Beispiele: Freecycle, Tausch-ticket, Bookelo.
- *Weiterverkaufen*: Verkauf eines gebrauchten Gutes. Beispiele: Craigslist, Ebay, Kleiderkreisel

Eine *intensivere Nutzung* kann durch folgende Formen erreicht werden. Differen-zierungsmerkmale sind dabei der Nutzungsmodus (simultan oder sequenziell) und die Art der Gegenleistung (mit oder ohne Entgelt) (z. B. Demary 2015):

- Co-Using: Gleichzeitige, gemeinsame Nutzung eines Gutes. Beispiele: Couchsurfing, Flinc, WunderCar.
- Verleihen: Temporäre, unentgeltliche Gewährung des Gebrauchs eines Gu-tes. Beispiele: Fairleihen, Frents, SharedEarth.
- Vermieten: Temporäre Gewährung des Gebrauchs eines Gutes gegen Ent-gelt. Beispiele: Airbnb, Drivy, Parkinglist.

Zusammenfassend unterscheiden sich die beobachtbaren Formen des Peer-to-Peer Sharing wie folgt (siehe Tabelle 2).

Aus den Ausführungen zu den wichtigsten Merkmalen und verschiedenen Formen des Peer-to-Peer Sharing lässt sich für den vorliegenden Zusammenhang folgende Arbeitsdefinition ableiten:

Peer-to-Peer Sharing steht für die zwischen Privatpersonen geteilte und von Dritten vermittelte Nutzung von materiellen Gütern. Das Teilen findet entweder zwischen verschiedenen Nutzern ohne Eigentumsübertragung im Sinne einer Nutzungsintensivierung (Co-Using, Verleihen, Vermieten) oder mit Eigentums-übertragung im Sinne einer Nutzungsdauerverlängerung (Verschenken, Tau-schen, Weiterverkaufen) statt.

Tabelle 2:   Unterschiedliche Formen des Peer-to-Peer Sharing

Praktik	Eigentums- übertragung	Art der Gegenleistung	Nutzungsmodus
Verschenken	ja	keine	sequenziell
Tauschen	ja	nicht-monetär	sequenziell
Weiterverkaufen	ja	monetär	sequenziell
Co-Using	nein	nicht-monetär, monetär	simultan
Verleihen	nein	nicht-monetär	sequenziell
Vermieten	nein	monetär	sequenziell

Wenn im Folgenden von Internet-gestütztem Peer-to-Peer Sharing die Rede ist, bedeutet das, dass der beziehungsweise die ‚Dritte' eine Online-Plattform ist.

1.4   Fazit

Die obigen Ausführungen haben gezeigt, dass es sich bei der Sharing Economy um ein weites Feld handelt. Im Kern geht es um die geteilte Nutzung von Ressourcen, die unterausgelastet sind. Das Internet und seine mobilen Anwendungen haben das Zusammenfinden von Anbietern und Nachfragern derartiger Ressourcen radikal vereinfacht und damit das Teilen von privat zu privat, d. h. das Peer-to-Peer Sharing, überhaupt erst im großen Stile möglich gemacht. Auf diesen neuen Märkten sind Intermediäre entstanden, die die Vermittlung zwischen beiden Marktseiten als Geschäftsmodell etabliert haben. Wie diese Plattformen aussehen und wie sie sich verbreitet haben, wird im folgenden Kapitel erörtert.

2 Plattformen des Peer-to-Peer Sharing

Christian Flick, Christine Henseling

Wie hoch ist die Zahl der Peer-to-Peer Sharing-Plattformen in Deutschland? Wie sind die Plattformen aufgestellt und in welchen Konsumbereichen agieren sie? Diesen Fragen geht der vorliegende Beitrag nach. Auf der Grundlage einer Datenbank[6], in der zwischen Februar 2015 und November 2017 alle im deutschsprachigen Raum existierenden Peer-to-Peer Sharing-Plattformen erfasst wurden, gibt er einen Überblick über den Markt, seine Strukturen und die Gründungsaktivitäten in den letzten Jahren.

2.1 Gründungen

Insgesamt wurden 110 im deutschsprachigen Raum aktive Plattformen, die Vermittlungsleistungen für eine geteilte Güternutzung anbieten, erfasst. Bei der Betrachtung der Verteilung nach Gründungsjahren wird ersichtlich, dass das Peer-to-Peer Sharing ab 2010 erheblich an Bedeutung gewinnt (siehe Abbildung 2). Während zuvor im Durchschnitt etwa zwei Neugründungen pro Jahr stattfanden, vervielfachten sich die Gründungszahlen in den Jahren 2011 und 2012 auf 18 bzw. 19 Gründungen. Eine Hochphase wurde im Zeitraum zwischen 2011 und 2014 erreicht: In diesen vier Jahren wurden 56 Prozent der ermittelten Plattformen ins Leben gerufen. Ab dem Jahr 2015 nahm die Zahl der Neugründungen wieder ab.

63 der 110 Plattformen wurden in Deutschland gegründet, dies entspricht einem Anteil von 57 Prozent. Zwölf Plattformen und damit rund elf Prozent stammen aus den USA. Das verbleibende Drittel der Plattformen verteilt sich auf 14 weitere Länder. Größere internationale Plattformen verfügen zum Teil über Tochtergesellschaften in Deutschland, darunter die amerikanischen Unternehmen

---

6 Die Ergebnisse der Datenbank (Fassung vom September 2015) sind in Scholl et al. 2015 veröffentlicht. Die Ergebnisse der aktualisierten Datenbank (Fassung vom November 2017) sind im Internet verfügbar unter https://www.peer-sharing.de/veroeffent lichungen/landkarte-peer-to-peer-sharing.html (letzter Zugriff: 15.05.2018)

© Springer Fachmedien Wiesbaden GmbH, ein Teil von Springer Nature 2019
S. Behrendt et al. (Hrsg.), *Digitale Kultur des Teilens*,
https://doi.org/10.1007/978-3-658-21435-7_3

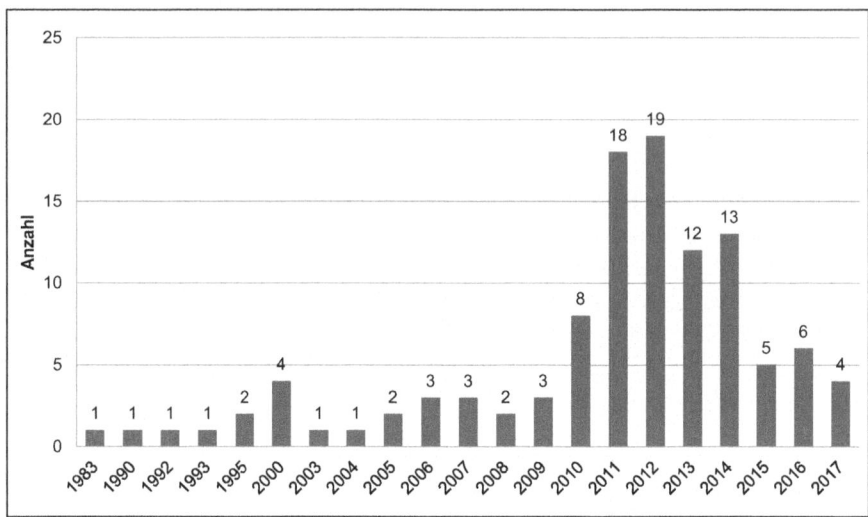

Abbildung 2:   Anzahl der Neugründungen von Peer-to-Peer Plattformen pro Jahr
(Stand: November 2017, *n* = 110)

Airbnb und Ebay, die Pariser Plattform Drivy oder die litauische Firma Vinted, welche die Plattform Kleiderkreisel in Deutschland betreibt.

2.2   Konsumbereiche

Peer-to-Peer Sharing-Plattformen gibt es in unterschiedlichen Konsumbereichen. Wie Abbildung 3 zeigt, finden sich die meisten Plattformen im Bereich Mobilität, gefolgt von den Segmenten Gebrauchsgegenstände und Übernachten.

Mobilität: Es gibt 40 Plattformen, die verschiedene Mobilitätsdienstleistungen vermitteln. Die Spannbreite im Mobilitätsbereich reicht von der Vermittlung von Mitfahrgelegenheiten (Flinc, Blablacar), über das Mieten und Vermieten privater Autos (Drivy, Croove) und On-demand-Fahrdiensten (Uber) bis hin zum Co-Using von Parkplätzen (parkonaut). Hinzu kommen diverse Plattformen zur Vermietung sonstiger Fortbewegungsmittel wie Wohnmobile (paulcamper) oder Fahrräder (spinlister). Im Mobilitätsbereich gibt es eine hohe Marktdynamik, wie sich an Übernahmen (z. B. Kauf von Autonetzer durch Drivy) und Neugründungen in jüngster Zeit (z. B. Croove) zeigt. Ebenso ist im Mobilitätsbereich der

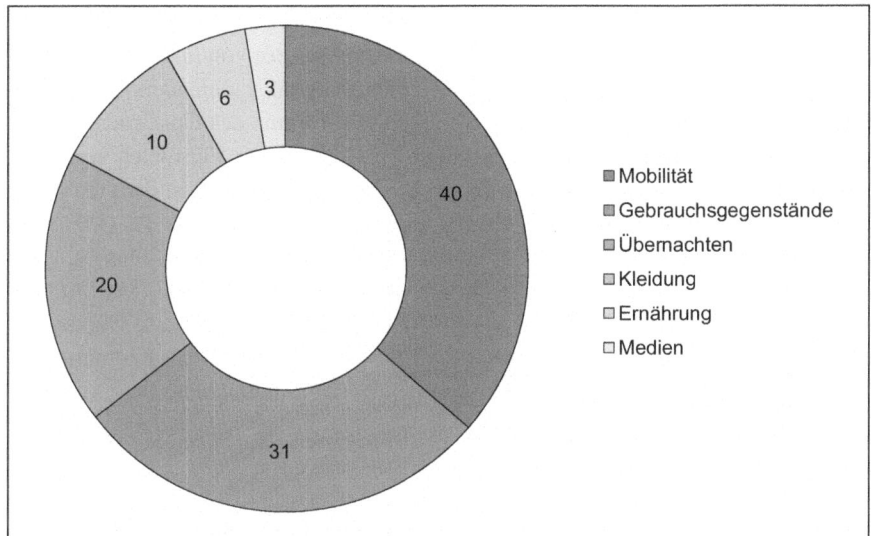

Abbildung 3:   Anzahl der Plattformen nach Konsumbereichen
(Stand: November 2017, *n* = 110)

Einstieg etablierter Unternehmen in den Peer-to-Peer Sharing-Markt zu beobachten: So finden sich mit Turo (Mercedes) und der BMW-Tochter DriveNow,
welche aktuell vor der Fusion mit dem Daimler-Unternehmen Car2Go steht
(Peitsmeier und Preuß 2018), gleich mehrere Plattformen, die von großen Automobilherstellern betrieben werden. Allerdings gab Opel seine 2015 gestartete
Autovermittlung namens CarUnity im Jahr 2017 wieder auf (Bessinger 2016).

Gebrauchsgegenstände: Mit 31 Plattformen ist der Bereich, in dem Gebrauchsgegenstände online zwischen Privatpersonen vermittelt werden, am zweit-
häufigsten vertreten. Zumeist handelt es sich hier um Plattformen, die den Weiterverkauf gebrauchter Güter vermitteln, allen voran die beiden bereits 1995
gegründeten Pioniere Ebay und Craigslist, aber auch neuere Portale wie Shpock
oder gebraucht.de. Neben dem Weiterverkauf findet sich in diesem Bereich
ebenso die Möglichkeit, Gebrauchsgegenstände entgeltlich zu vermieten bzw. zu
mieten, betrieben durch Plattformen wie Share my stuff oder Use Twice. Kostenfreie Alternativen hierzu sind Verleihplattformen wie Fairleihen oder Thangs
sowie Plattformen, die sich auf das Verschenken (z. B. Jaspr, Swapy) und Tauschen (z. B. Freecycle) spezialisiert haben.

Apartment-Sharing: Die Vermittlung privater Übernachtungsmöglichkeiten wird von 20 Plattformen betrieben. Dabei variiert das Angebot von kostenlosen Gastfreundschaftsnetzwerken (z. B. Couchsurfing, Global Freeloaders), die eine geteilte, gleichzeitige Nutzung von Wohnungen im Sinne des Co-Usings praktizieren bis hin zum entgeltlichen Apartment-Sharing, wo das Vermieten von Zimmern oder Wohnungen im Fokus steht (z. B. Airbnb, Wimdu). Mit dem temporären Wohnungs- oder Haustausch kommt eine dritte Variante hinzu (z. B. Homelink, NightSwapping). Die Nutzerzahlen im Bereich Apartment-Sharing sind vergleichsweise hoch, was vornehmlich dem unangefochtenen Marktführer Airbnb zuzuschreiben ist. Airbnb zählt rund 60 Millionen registrierte Nutzer seit 2008 (Peuckert et al. 2017), während die Plattform Wimdu als größte nationale Konkurrenz mit 2,5 Millionen registrierten Nutzern deutlich kleiner ist[7].

Merklich geringer ist die Anzahl der Plattformen in den Bereichen Kleidung, Ernährung und Medien.

Kleidung: Die Vermittlung gebrauchter Kleidung wird von zehn Plattformen betrieben, in fast allen Fällen mit einem Fokus auf dem Weiterverkaufen getragener Stücke. Prominentester Fall in diesem Segment ist die Plattform Kleiderkreisel, die mit einem geschätzten Marktanteil von 63 Prozent deutlich marktführend ist (Scholl et al. 2015). Des Weiteren finden sich Plattformen, die sich auf bestimmte Segmente im Kleidungsbereich spezialisiert haben: entweder auf Kinderkleidung (z. B. Kinderado, Mamikreisel) oder auf weibliche Nutzer (Mädchenflohmarkt).

Ernährung: In den Bereich Ernährung fallen sechs Plattformen. Hier erstreckt sich das Spektrum vom kostenlosen Verteilen überschüssiger Lebensmittel (Foodsharing) bis zur kostenpflichtigen Vermittlung privater Dinner mit Einheimischen (z. B. EatWith, Meal Sharing).

Medien: Im kleinsten Bereich mit drei Plattformen wird die gemeinschaftliche Nutzung von Medien vermittelt. Dies umfasst neben der geteilten Nutzung von WLAN-Verbindungen in der Nachbarschaft (wifis.org) ebenso das kostenfreie, online-vermittelte Verleihen von Büchern (Literatoo, leih-ein-buch.de). Keine der Plattformen in diesem Bereich scheint jedoch noch besonders aktiv zu sein.

---

7   URL: https://www.wimdu.de/aboutus#about-us-about-us (letzter Zugriff: 15.04.2018)

2.3 Sharing-Praktiken

Peer-to-Peer Sharing wird in unterschiedlichen Formen praktiziert. Wie in Kapitel 1 dargestellt, umfasst dies zum einen Praktiken, die eine verlängerte Nutzung eines Gutes bewirken – durch Weiterverkaufen, Verschenken oder Tauschen. Zum anderen gibt es Praktiken, die auf eine intensivere Nutzung hinzielen – durch Co-Using (gleichzeitige gemeinsame Nutzung), Verleihen oder Vermieten. Die Auswertung der Datenbank zeigt, dass viele Plattformen mehrere Sharing-Praktiken ermöglichen. So wird auf Kleiderkreisel zwar primär weiterverkauft, doch ist das Tauschen oder Verschenken von Kleidung ebenso möglich. Über Airbnb werden hauptsächlich ganze Wohnungen vermietet, zugleich gibt es jedoch auch die Möglichkeit Co-Using zu betreiben, also einzelne Zimmer in einer Wohnung bei Anwesenheit des Vermietenden zur Verfügung zu stellen. Im Folgenden wird der Fokus auf die Gesamtheit der Sharing-Praktiken ohne hierarchische Unterscheidung nach Primär- und Sekundär-Praktiken gelegt. Anschließend wird der Blick ausschließlich auf die primären Praktiken gerichtet, also auf jene Praktiken, die das Hauptgeschäft der Plattformen bilden.

2.3.1 *Gesamtheit der Praktiken*

Nimmt man alle auf den untersuchten Plattformen ermöglichten Sharing-Praktiken ohne Unterscheidung nach Primär- und Sekundär-Praktiken zusammen, ergibt sich folgendes Bild: Die dominanteste Praktik ist das Co-Using, welches von 30 Prozent aller Plattformen angeboten wird. Das Vermieten folgt mit 27 Prozent, das Weiterverkaufen gebrauchter Produkte sowie das Tauschen kommen auf jeweils 14 Prozent. Seltener sind das Verschenken (8 Prozent) und das (unentgeltliche) Verleihen (7 Prozent) (vgl. Abbildung 4, nächste Seite).

2.3.2 *Primäre Sharing-Praktiken*

Betrachtet man nur diejenigen Praktiken, die hauptsächlich auf der Plattform vermittelt werden, ergibt sich eine leicht geänderte Verteilung. Dominanteste Sharing-Praxis ist bei dieser Betrachtungsweise das Vermieten von Dingen mit 33 Prozent, gefolgt vom Co-Using (28 Prozent). Das Weiterverkaufen wird auf 16 Prozent der Plattformen hauptsächlich betrieben, das Tauschen auf 12 Prozent (vgl. Abbildung 5).

Eher selten primär praktiziert werden das Verleihen sowie das Verschenken.

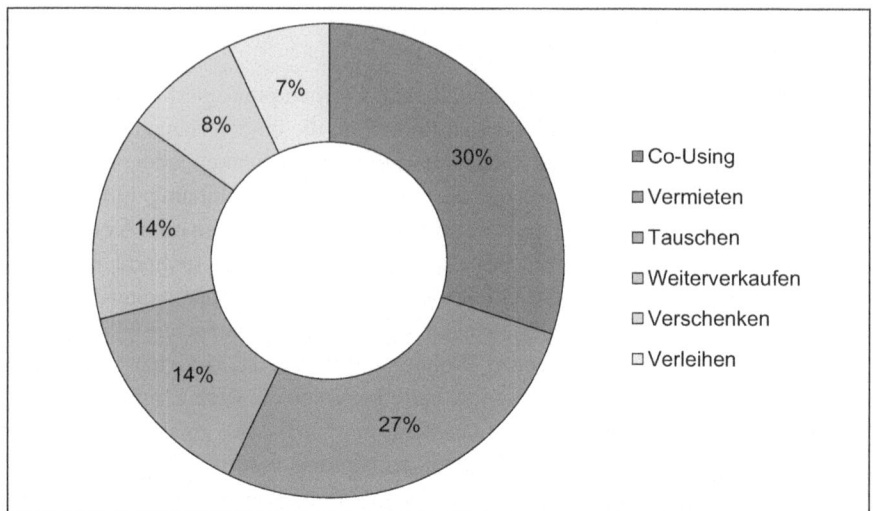

Abbildung 4:   Verteilung der Plattformen nach allen ermöglichten Sharing-Praktiken
(Stand: November 2017, in Prozent, Mehrfachnennungen möglich)

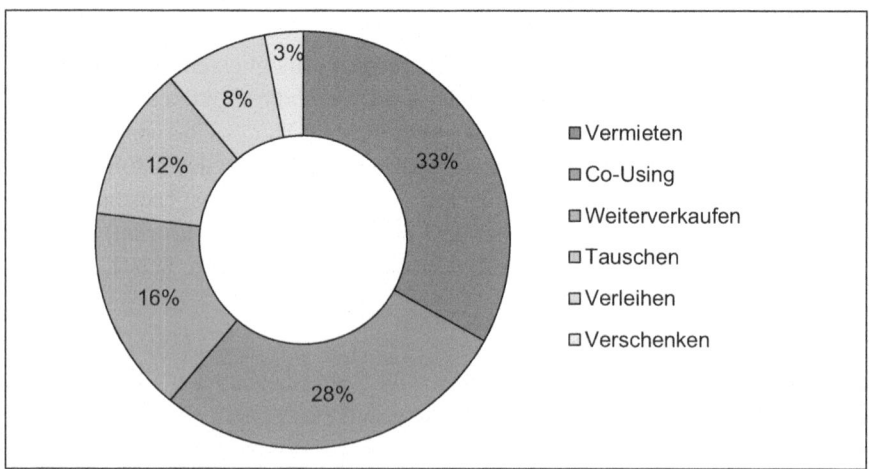

Abbildung 5:   Verteilung der Plattformen nach primärer Sharing-Praxis
(Stand: November 2017, in Prozent, $n = 110$)

Hierbei sind Unterschiede zwischen den Konsumbereichen festzustellen. Im Segment Apartment-Sharing wird das Vermieten am häufigsten angeboten, gefolgt vom Co-Using. Im Bereich Gebrauchsgegenstände dominiert der Weiterverkauf von Produkten, gefolgt vom Tauschen und Verleihen. Auch im Kleidungssegment steht der Weiterverkauf an erster Stelle. Im Mobilitätsbereich steht zum einen das Vermieten von Fahrzeugen im Vordergrund, zum anderen (v. a. im Fall von Mitfahrgelegenheiten) das Co-Using. Im Ernährungs-Segment finden sich vor allem Praktiken des Verschenkens (z. B. von überschüssigen Lebensmitteln) und es werden im Sinne des Co-Using private Dinner gemeinsam veranstaltet.

2.4 Kommerzialisierung

Inwiefern Plattformen kommerziell oder nicht-kommerziell ausgerichtet sind, bemisst sich im vorliegenden Forschungsprojekt an zwei Indikatoren: zum einen an der jeweiligen Rechtsform (GmbH, AG bei gewinnorientierten Plattformen) sowie zum anderen am Einsatz von Investorenkapital, denn in diesem Fall kann davon ausgegangen werden, dass Investoren mit ihrem Kapitaleinsatz auf Rendite spekulieren (Behrendt et al. 2017). Findet sich einer dieser beiden Indikatoren, so wird davon ausgegangen, dass die Plattform als kommerziell einzustufen ist (Loske 2015). Zudem lässt sich mit der Frage nach dem Vorhandensein von transaktionsabhängigen oder -unabhängigen Bezahlmodellen der Plattformen (z. B. in Form von Provisionen, Gebühren oder Abo-Modellen) ein weiterer Indikator heranziehen, um die Einordnung der Plattformen in kommerziell oder nicht-kommerziell plausibel vorzunehmen. Erfolgt die Vermittlung über eine monetäre Gegenleistung, so handelt es sich dabei um eine marktvermittelte Transaktion (Smolka und Hienert 2014). Dies ist ein deutlicher Hinweis auf eine Profitorientierung der jeweiligen Plattform. In vielen Fällen wird dieser dritte Indikator nötig, da nicht immer Transparenz darüber herrscht, inwiefern Plattformen auf Investorenkapital zurückgreifen oder nicht.

Weiterführend ließe sich zudem über eine zweite Differenzierungsebene bestimmen, wie hoch der Kommerzialisierungsgrad der Plattformen ist. Sind neben der monetären Gegenleistung für die Vermittlung von Transaktionen ebenso die beiden Indikatoren „Rechtsform" und „Investorenkapital" gegeben, so ließe sich nicht nur von einer Profitorientierung der Plattform sprechen, sondern darüber hinaus von einem hohen Kommerzialisierungsgrad. Dies ist beispielsweise bei Airbnb, Drivy oder Wimdu der Fall. Verfolgt eine Plattform dagegen keine Gewinnerzielungsabsicht und ist die Vermittlung kostenlos, so ist der Kommerzialisierungsgrad sehr gering (Scholl et al. 2015). Hierdurch lassen sich weniger eindeutige Fälle wie jener des Gastfreundschaftsnetzwerks Couchsurfing präziser einordnen. Couchsurfing startete als Non-Profit-Organisation und operiert mittlerweile als so genannte Benefit Corporation,[8] die Gewinnerzielungsabsicht und Gemeinnützigkeit in Einklang bringen möchte. Zugleich werden jedoch keine monetären Gegenleistungen von den Nutzern verlangt, sodass Couchsurfing als Plattform mit niedrigem Kommerzialisierungsgrad eingeordnet werden kann.

Bei 90 der insgesamt 110 Plattformen lagen Informationen bezüglich der drei genannten Indikatoren vor, eine Zuordnung hinsichtlich ihrer Kommerzialisierung konnte daher vorgenommen werden. Von diesen 90 verfolgen 69 Plattformen und damit rund 77 Prozent eine Gewinnerzielungsabsicht. 21 Plattformen und damit knapp 23 Prozent sind non-profit. Beispiele für letztere sind Foodsharing und Freecycle, welche überschüssiges Essen bzw. Güter anderen kostenfrei zur Verfügung stellen, sowie Verleihplattformen wie fairleihen.de, die das unentgeltliche Teilen von Dingen in der Nachbarschaft ermöglichen.

Bei kommerziellen Plattformen spielt Investorenkapital eine wichtige Rolle. Es ermöglicht den schnellen Aufbau von professionellen Unternehmensstrukturen und dient außerdem der Konsolidierung, um sich gegenüber Konkurrenten zu etablieren und Wachstum zu ermöglichen, und schließlich der Expansion, um auf internationale Märkte vorzudringen oder Konkurrenten zu übernehmen. Dies lässt sich exemplarisch an den Marktführern einzelner Peer-to-Peer Sharing-Segmente illustrieren (Behrendt et al. 2017). Spitzenreiter in Sachen Kapitalgenerierung im Bereich Mobilität ist der Fahrtenvermittler Uber, welcher bisher 8,8 Milliarden Dollar erzielen konnte. Kleiderkreisel, der Marktführer im Segment Kleidung, konsolidierte sich über zwei Finanzierungsrunden 2011 bis 2012, welche insgesamt 25 Mio. Euro generierten (Scholl et al. 2015). Für die größte internationale Plattform für Apartment-Sharing, Airbnb, werden bis heute sogar 3,4 Milliarden Dollar Investorenkapital angegeben (Peuckert et al. 2017).

2.5   Gemeinschaftsorientierung

Ideen eines stärker gemeinschaftsorientierten, nachhaltigen Wirtschaftens spielen in Diskussionen um die Sharing Economy eine große Rolle. Inwiefern Peer-to-Peer Sharing-Plattformen allerdings tatsächlich soziale Ziele verfolgen, ist einzelfallabhängig und teilweise schwer bestimmbar. Während einige Plattformen damit werben, eine solidarische Nutzergemeinschaft zu bilden, in der Praxis

---

8   URL: https://blog.p2pfoundation.net/on-couchsurfing-becoming-a-b-corporation-the-controversy/2011/09/02 (letzter Zugriff: 18.04.2018)

allerdings scheinbar wenig dafür tun, richten andere ihr Handeln konsequent auf jenes Ziel aus. Empirisch fundierte Erkenntnisse zur tatsächlichen Umsetzung dieser Ambitionen sind bislang jedoch rar (Schor 2014). Im vorliegenden Zusammenhang betrachten wir eine Plattform des Peer-to-Peer Sharing dann als von einer hohen Gemeinschaftsorientierung geprägt, wenn Gemeinschaftlichkeit Mittel und Zweck der mit dem Konzept verbundenen Praktiken ist (Rückert-John et al. 2015). Dies drückt sich zum einen über die Selbstbeschreibungen der Plattformbetreiber, zum anderen durch Möglichkeiten der Bildung einer Nutzercommunity aus. Letzteres ist der Fall, wenn Interaktionsmöglichkeiten zwischen Nutzern bestehen, die über die Abwicklung einer Transaktion hinausgehen (Blogs, Foren, Offline-Meetings etc.) Bei einer niedrigen Gemeinschaftsorientierung hingegen spielen solche Angebote (fast) keine Rolle. Hier sind die Transaktionen eher anonym und es bestehen wenige bis keine Möglichkeiten weiterführender Interaktionen (Scholl et al. 2015).

Bei 45 Plattformen (41 Prozent) wird in der Selbstbeschreibung explizit eine Gemeinschaftsorientierung angegeben. Dem stehen 65 Plattformen (59 Prozent) ohne explizite Gemeinschaftsorientierung gegenüber.

Ein Beispiel hoher Gemeinschaftsorientierung bietet die Plattform Couchsurfing. Diese zielt nicht nur darauf ab, Unterkünfte und Übernachtungsmöglichkeiten von privat zu privat zu vermitteln, sondern unter den Mottos „Share your life" und „Create connection" den sozialen und kulturellen Austausch zu befördern und so eine globale Gemeinschaft von „Couchsurfern" zu etablieren.[9] Dies schlägt sich auch in den vielfältigen Interaktionsmöglichkeiten für die Nutzer wider. Hier reicht die Spannweite von Offline-Events bis hin zu User-generierten Blogbeiträgen. Die Gemeinschaftsorientierung ist demnach eher hoch. Anders ist dies bei der Online-Plattform Airbnb, die auf ihrer Webseite zwar mit dem Label „Gemeinschaft" wirbt, in der Praxis aber wenig dafür tut (Peuckert et al. 2017). Hier ist die Gemeinschaftsorientierung dem Anschein nach eher gering ausgeprägt.

Neben der Selbstauskunft wurde das Vorhandensein von Möglichkeiten der Interaktion zwischen Nutzern, welche über die reine Abwicklung der Transaktion hinausgehen, als Hinweis für die Gemeinschaftsorientierung herangezogen. Eine Nutzercommunity ist vorhanden, wenn die Möglichkeit zum aktiven Austausch zwischen Nutzern gefördert und von diesen in Anspruch genommen wird. Beispielhaft ließe sich hierfür Kleiderkreisel nennen, eine Secondhand-Plattform, die mit einem sehr aktiven Forum, Social Media Features, persönlichen Profilen

---

9 URL: http://www.couchsurfing.com/about/about-us/ (letzter Zugriff: 18.04.2018)

und Mailverkehr vielfältige Möglichkeiten zum sozialen Austausch zur Verfügung stellt. Dies scheint unter gemeinschaftsorientierten Gesichtspunkten Früchte zu tragen, was sich an der Selbstidentifizierung der Nutzer zeigt, welche sich häufig als „Kreislerinnen" bezeichnen (Behrendt et al. 2017).

Gemäß der obigen Definition existieren bei 26 der 110 Plattformen (24 Prozent) solche Nutzer-Communities, wogegen mit 84 Plattformen (76 Prozent) eine deutliche Mehrheit diese nicht ermöglichen. Nichtsdestotrotz können Plattformen ohne Community aber sehr wohl Elemente des Austauschs zwischen den Nutzern enthalten, wie etwa bei Airbnb die so genannten „Meet-ups", bei denen interessierte Nutzer sich zu bestimmten Themen offline zusammenfinden. Ebenso denkbar ist, dass junge Plattformen im Zuge ihres Wachstums erst noch eine Community schaffen werden.

2.6   Umweltorientierung

Neben Gemeinschaftsaspekten sind es vor allem ökologische Aspekte, die mit der Sharing Economy in Verbindung gebracht werden. Oft geht es hierbei um Erwartungen des ressourcenschonenden, nachhaltigen Wirtschaftens durch das Teilen von Dingen. Als weiteres Unterscheidungsmerkmal wird daher die Umweltorientierung der Plattformen betrachtet – wenngleich mit einer selbstberichteten Umweltorientierung natürlich noch keine tatsächlichen Umweltentlastungen einhergehen müssen und auch ohne explizite Orientierung an ökologischen Zielen Umweltentlastungen durch die geteilte Nutzung entstehen können. Auf definitorischer Ebene gilt eine Online-Plattform für die Vermittlung von Peer-to-Peer Sharing als umweltorientiert, wenn Umweltentlastung als eindeutiges Ziel benannt wird und die ökologische Orientierung ein identitätsstiftendes Moment darstellt (Rückert-John et al. 2015).

Der Großteil der Plattformen (insgesamt 79 Plattformen, dies entspricht 72 Prozent) hat nach Selbstauskunft auf der Website keine explizite Umweltorientierung. Insgesamt 31 Plattformen (28 Prozent) verbinden mit der Plattform das Ziel, zur Umweltentlastung beizutragen.

So spricht die Carsharing-Plattform Drivy beispielsweise von der Überzeugung, „dass eine dezentrale Wirtschaft, um Güter und Dienstleistungen zu teilen, einfach gesprochen effizienter ist, da es die Verschwendung von Ressourcen reduziert, was wiederum zu wirtschaftlichem, umweltfreundlichem und sozialem

Nutzen beitragen kann."[10] Ein weiteres Beispiel ist der Online-Marktplatz Fairmondo, welcher auf der Webseite mit dem Slogan „Öko? Logisch!" wirbt und zum Thema Konsum erklärt: „Anstatt die Menschen mit Werbung zu blindem Konsum zu animieren, erhalten die Nutzer auf Fairmondo Informationen zur Nachhaltigkeit von Produkten und Hinweise auf faire, nachhaltige und lokale Alternativen."[11]

2.7 Sicherheits- und Vertrauensmechanismen

Auf Plattformen des Peer-to-Peer Sharing treffen private Konsumenten auf private Anbieter. Aus diesem Grund ist die Gewährleistung des Leistungsversprechens unsicherer als bei Transaktionen mit gewerblichen Anbietern. Diese unterliegen beispielsweise staatlichen Kontrollen und Zulassungen. Zudem gelten für sie Garantie- und Gewährleistungspflichten, die es für Privatpersonen nicht gibt. Eine zentrale Aufgabe der Plattformen besteht folglich darin, Vertrauen zwischen den Nutzergruppen herzustellen. Dieses Vertrauen bezieht sich auf die Sicherstellung der Angebotsqualität, worunter zum einen die Qualität der Güter zu verstehen ist (z. B. Sauberkeit/Hochwertigkeit des Gutes) und zum andern die Qualität der Kommunikation und der Transaktion (z. B. schnelles Antworten auf Anfragen, pünktliche und zuverlässige Bereitstellung). Dies betrifft alle Bereiche des Peer-to-Peer Sharing (Henseling et al. 2018).

Zur Herstellung von Vertrauen bedienen sich die Plattformen daher verschiedener, sich ergänzender Mechanismen. Eine zentrale Rolle bei allen untersuchten Plattformen spielen Bewertungssysteme: Mit 56 Prozent bzw. 59 Plattformen greifen mehr als die Hälfte aller Plattformen auf Bewertungen als vertrauensbildendem Mechanismus zurück. Hinzu kommen bei einigen Unternehmen die Sicherstellung der Identität der Nutzer (z. B. durch Einscannen des Personalausweises oder des Führerscheins) und – insbesondere bei höherwertigen Gütern – Versicherungen. Verschiedene Versicherungslösungen werden von einem Viertel der Betreiber (27 Plattformen) angeboten, die sich allesamt in den Bereichen Mobilität und Apartment-Sharing bewegen.

---

10 URL: https://www.drivy.de/about (letzter Zugriff: 20.04.2018)
11 URL: https://www.fairmondo.de/about_us (letzter Zugriff: 20.04.2018)

2.8   Einnahmeformen

Um langfristig ökonomisch tragfähig zu werden, setzen kommerzielle Plattformen in der Regel auf transaktionsabhängige Vermittlungsgebühren in Form von
Provisionen für die erfolgreiche Vermittlung von Anbietenden und Nachfragenden. Dieses Erlösmodell hat sich im Peer-to-Peer Sharing mittlerweile als Stan-
dard etabliert (Peitz und Schwalbe 2016), was sich auch quantitativ nieder-
schlägt: In gut der Hälfte aller Fälle (51 Prozent bzw. 56 Plattformen) wird auf
Provisionsmodelle zurückgegriffen, die sich in der Regel prozentual am Transak-
tionswert ausrichten und in ihrer Höhe variieren. Entrichtet wird die Provision
zumeist von den Nachfragenden, zum Teil jedoch auch von beiden Transaktionspartnern. So veranschlagt der Vermittler privater Dinner EatWith eine so
genannte Gast-Provision in Höhe von 15 Prozent.[12] Der Ferienwohnungsvermittler Airbnb verlangt pro Transaktion fixe 3 Prozent von Seiten des Gastgebenden
und variabel 0 bis 20 Prozent von den Gästen.[13] Die Variation hängt sowohl bei
Airbnb als auch bei den meisten anderen Plattformen mit der Höhe der Trans-
aktionssumme zusammen.

Des Weiteren greifen Plattformen zum Teil auf transaktionsunabhängige
Einnahmeformen zurück. Hierunter fallen der Verkauf von Werbeflächen auf der
Homepage, Mitgliedergebühren, abgestufte Abonnement-Optionen mit unterschiedlichen Beitragshöhen oder Anmeldepauschalen. Auch Kombinationen
existieren. So erheben einige Plattformen einen einmaligen oder jährlichen Mit-
gliedsbeitrag sowie Gebühren pro Nutzungseinheit. Zusätzlich können Pakete er-
worben werden, die die Gebühren pro Nutzungseinheit in Abhängigkeit von der
Nutzungshäufigkeit reduzieren können. Dies ist beispielsweise beim Gebraucht-
waren-Vermittler Shpock der Fall. Hier können Nutzer unterschiedliche Pakete
erwerben, die unter anderem eine bessere Produktplatzierung über bestimmte
Zeiträume versprechen.[14]

Non-profit-Plattformen sind dagegen vor allem auf Spenden und ehrenamt-
liche Mitarbeit angewiesen, wie die Beispiele Foodsharing, Fairmondo oder
Freecycle illustrieren. Zum Teil existieren zusätzlich Mitglieder- oder Genossen-
schaftsbeiträge zur Refinanzierung anfallender Kosten. Beispielhaft genannt sei
hier die Plattform zum temporären Häuser- und Wohnungstausch Homelink,

---

12 URL: https://intercom.help/eatwith/faq-english (letzter Zugriff: 24.04.2018)
13 URL: https://www.airbnb.de/help/article/1857/what-are-airbnb-service-fees   (letzter
    Zugriff: 24.04.2018)
14 URL: https://www.shpock.com/plus/shops/#pricing (letzter Zugriff: 24.04.2018)

welche Jahresbeiträge in Höhe von 140 Euro veranschlagt und dafür auf weitere Gebühren verzichtet.[15]

2.9 Akteure des Peer-to-Peer Sharing: Vorstellung von vier exemplarischen Plattformen

Im Folgenden werden die vier exemplarischen Peer-to-Peer Sharing-Plattformen, die in diesem Buch vertiefend betrachtet werden, vorgestellt.

Drivy: Drivy hat sich auf das Mieten und Vermieten privater Autos spezialisiert und sitzt in Paris, Frankreich, wo es 2010 gegründet wurde und 2011 an den Start ging. Am deutschen Markt ist Drivy seit 2014 präsent. Durch zwei große Finanzierungsrunden, an denen sich mehrere Fonds und Investoren beteiligten, konnte Drivy 47 Millionen Euro generieren.[16] 2014 wurde zudem der deutsche Wettbewerber Autonetzer übernommen. In Deutschland verfügte Drivy nach eigener Aussage im Jahr 2017 über 200.000 Nutzer, auf die insgesamt 150.000 Miettage entfielen. Auf der Plattform waren im selben Jahr 6.000 Autos verfügbar. Damit ist Drivy die größte Plattform für Peer-to-Peer Carsharing am deutschen Markt. Europaweit kam das Unternehmen im Jahr 2017 auf 1,2 Millionen Nutzer sowie rund 40.000 registrierte Fahrzeuge (Peuckert et al. 2017).

Flinc: Flinc ist eine Plattform zur Vermittlung von Mitfahrgelegenheiten und wurde 2010 in Darmstadt gegründet. Im Gegensatz zu Mitfahr-Plattformen wie Blablacar zielt Flinc darauf ab, vor allem für regelmäßig stattfindende Fahrten (zum Beispiel Wege zur Arbeit) im Bereich mittlerer Strecken Mitfahrgelegenheiten zu vermitteln. Damit sieht sich die Plattform als Ergänzung zu anderen Mobilitätsangeboten wie Fernbussen, Taxis und dem öffentlichen Verkehr (Henseling et al. 2018). Laut Eigenaussage hatte die Plattform im Jahr 2017 350.000 Kunden in Deutschland.[17] Seit September 2017 gehört Flinc der Daimler AG – zudem wurde von dem Unternehmen 2016 die Shuttle-Plattform Flott gestartet.

---

15 URL: https://www.homelink.de/fuer-mitglieder/mitgliedschaft-verlaengern/ (letzter Zugriff: 24.04.2018)
16 URL: http://www.crowdbiz.de/drivy-schliesst-neue-finanzierungsrunde-ueber-31-mio-euro-erfolgreich-ab/ (letzter Zugriff: 29.4.2018)
17 URL: https://flinc.org/ (letzter Zugriff: 29.04.2018)

Wimdu: Wimdu, eine deutsche Kopie des Geschäftsmodells von Airbnb, ist aktuell nach eigenen Angaben „Europas größtes Portal für Privatunterkünfte mit mehr als 350.000 Unterkünften in über 150 Ländern". Dies nehmen nach Eigenauskunft 2,5 Millionen Nutzer weltweit in Anspruch. Bisher kamen so rund 10 Millionen Übernachtungen zustande[18] Gegründet wurde Wimdu im März 2011 in Berlin. Im Juni 2011 statteten der Risikokapitalgeber Rocket Internet sowie die schwedische Kapitalgesellschaft Kinnevik Wimdu mit 90 Millionen US-Dollar aus, um sich am deutschen Markt etablieren zu können. Verfolgt wurde eine Strategie schneller Expansion, die zu einem rapiden Wachstum führte: Nach vier Monaten verfügte das Unternehmen über 400 Mitarbeiter in 15 Büros (Khoschnam 2011), entließ jedoch bereits 2012 wieder einen Teil der Mitarbeiter und schloss einige Büros. 2014 fand eine strategische Neuausrichtung statt, die auf höherklassige Wohnungen setzt, um sich von der Konkurrenz abzugrenzen. 2016 wurde Wimdu vom Konkurrenten 9flats und 2017 wiederum vom dänischen Ferienwohnungsvermittler Novasol übernommen (Peuckert et al. 2017).

Kleiderkreisel: Kleiderkreisel, gegründet 2008 und Tochterunternehmen der litauischen Firma Vinted, ist der größte deutsche Online-Markt für Secondhand-Kleidung. Der Marktführer Kleiderkreisel konsolidierte sich über mehrere Finanzierungsrunden 2013 bis 2015, welche insgesamt 60 Mio. US-Dollar generierten.[19] Zu Anfang nahm Kleiderkreisel keine Provision von seinen Nutzern. Die spätere Einführung eines Bezahlmodells gestaltete sich schwierig und wurde nach Protesten der Nutzer und stagnierenden Nutzerzahlen wieder zurückgenommen. Seinen Firmensitz in München schloss die Plattform 2016 (Schade 2016). Nach Eigenaussage hat die Plattform 5,8 Millionen Nutzer in Deutschland und gibt des Weiteren an, im Durchschnitt 491.000 Verkäufe pro Monat im Jahr 2017 vermittelt zu haben.[20]

2.10   Fazit

Die Bestandsaufnahme der Online-Plattformen für Peer-to-Peer Sharing zeigt, dass sich das Internet-gestützte Peer-to-Peer Sharing in Deutschland dynamisch entwickelt und vielfältige Konzepte und Angebote aus unterschiedlichen Konsumbereichen umfasst. Warum Plattformen genutzt werden und welche Potenziale bestehen, wird in den folgenden Kapiteln beleuchtet.

---

18 URL: https://www.wimdu.de/ (letzter Zugriff: 29.04.2018)
19 URL: https://www.kleiderkreisel.de/presse (letzter Zugriff: 29.04.2018)
20 Ebd.

3 Verbreitung, Potenziale und Zielgruppen des Peer-to-Peer Sharing

Gerd Scholl, Maike Gossen

Wie die beiden vorhergehenden Kapitel gezeigt haben, hat sich die Sharing Economy, insbesondere in der Ausprägung des Teilens von privat zu privat, in den letzten Jahren rasant verbreitet. Diese Beobachtung gilt mindestens, wenn man das Gründungsgeschehen bei Online-Plattformen für Peer-to-Peer Sharing betrachtet. Doch gilt sie auch, wenn man die tatsächliche Nutzung der Plattformen zum Maßstab der Verbreitung nimmt? Wer nimmt solche innovativen Dienste bislang tatsächlich in Anspruch und wer kann sich vorstellen, dies zukünftig zu tun? Antworten auf diese Fragen sollte eine repräsentative Umfrage liefern, die im Rahmen des Forschungsprojektes PeerSharing im Mai 2016 durchgeführt wurde.

Bis zu diesem Zeitpunkt hatte es bereits eine Reihe von Befragungen zum Thema Sharing Economy in Deutschland gegeben (z. B. Heinrichs und Grunenberg 2012, Frick et al. 2013, ING-DiBa 2015, PwC 2015, VZBV 2015). Eine repräsentative Umfrage, die sich auf das online-gestützte Peer-to-Peer Sharing konzentriert, die vier konkrete Anwendungsbereiche in den Blick nimmt und die die aktuelle Inanspruchnahme sowie die zukünftige Nutzungsbereitschaft thematisiert, stand bis dato allerdings aus.

Abgesehen davon, dass repräsentativ erhobene Daten zu den Einstellungen und Nutzungsmustern beim Peer-to-Peer Sharing bis zum Erhebungszeitpunkt praktisch nicht vorlagen, erfüllte die Befragung auch innerhalb des Forschungsvorhabens wichtige Aufgaben. Ihre Befunde gingen in die Erstellung von Zukunftsszenarien ein und hier insbesondere in die Ausformulierung von nutzerseitigen Entwicklungsperspektiven (s. Kapitel 8). Auch waren sie relevant für verhaltensbasierte Annahmen im Rahmen der ökologischen Bilanzierung des Peer-to-Peer Sharing (s. Kapitel 5). Schließlich lieferten die Ergebnisse eine empirisch fundierte Orientierung für die Marktakteure des Peer-to-Peer Sharing, etwa in Form der auf Grundlage der Daten erstellten Zielgruppen-Typologie (siehe unten).

Im Folgenden werden die wichtigsten Befunde der Befragung dargestellt. Zunächst wird die methodische Vorgehensweise erläutert. Dann werden die

© Springer Fachmedien Wiesbaden GmbH, ein Teil von Springer Nature 2019
S. Behrendt et al. (Hrsg.), *Digitale Kultur des Teilens*,
https://doi.org/10.1007/978-3-658-21435-7_4

Resultate präsentiert, die die Umfrage zum Peer-to-Peer Sharing auf allgemeiner Ebene etwa mit Blick auf die Bekanntheit und die wahrgenommenen Vorteile hervorgebracht hat. Daran schließen sich Ausführungen zu den vier Anwendungsfeldern – Autoteilen, Mitfahrgelegenheiten, Übernachten, Kleiderhandel – sowie zu Zielgruppen des Peer-to-Peer Sharing an. Auf eine abschließende Diskussion der Befunde im Lichte der Leitfragen folgt am Kapitelende ein kurzes Fazit mit einem Ausblick.

3.1   Vorgehensweise

Der repräsentativen Erhebung ging eine qualitative Vorstudie voraus (Gossen et al. 2016), deren Ziel es war, Hypothesen in Bezug auf die Vertrautheit, die Nutzungsmotive sowie die Nutzungserfahrungen und -perspektiven im Bereich des Peer-to-Peer Sharing zu entwickeln. Für die Vorstudie wurden zwei Gruppen von Personen befragt: mit Peer-to-Peer Sharing Erfahrene und Unerfahrene. Die Studie zeigte, dass sowohl die befragten Erfahrenen als auch die Unerfahrenen mit dem Konzept der Sharing Economy generell vertraut sind und dem Teilen von privat zu privat positiv gegenüberstehen. Ferner gehen die Befragten von positiven ökologischen und sozialen Effekten aus. Ressourcenschonung und der Kontakt mit Menschen beziehungsweise mehr Austausch und soziales Miteinander sind in diesem Zusammenhang die am häufigsten erwarteten Folgen. Das Hauptmotiv der Befragten für die (potenzielle) Nutzung von Peer-to-Peer Sharing ist allerdings finanzieller Natur, d. h. der Wunsch beim Konsum Geld zu sparen beziehungsweise mit eigenen Konsumgütern Erlöse zu erwirtschaften.

Vor diesem Hintergrund wurden die folgenden Leitfragen für die Repräsentativbefragung formuliert:

–   Wie vertraut sind die Menschen mit dem Internet-gestützten Peer-to-Peer Sharing?
–   Welche Einstellungen haben sie gegenüber den neuen Diensten?
–   Wie bereit sind sie, solche Dienste zukünftig in Anspruch zu nehmen?

Quer zu diesen Fragen sollte untersucht werden, wer die Hauptzielgruppen für die zukünftige Nutzung des Peer-to-Peer Sharing sein könnten.

Der daraufhin entwickelte Fragebogen adressierte – in Anlehnung an die Theorie des geplanten Verhaltens – die Vertrautheit mit Peer-to-Peer Sharing, die Einstellungen dazu sowie die Nutzungserfahrungen und Nutzungsabsichten.

Diese Aspekte wurden bezogen auf Peer-to-Peer Sharing allgemein sowie mit Bezug auf die vier Anwendungsfelder abgefragt. Die Befragung wurde durch das Marktforschungsinstitut aproxima als Online-Befragung durchgeführt. Grundgesamtheit war die bundesdeutsche Wohnbevölkerung ab dem 16. Lebensjahr. Es wurde eine quotierte Auswahl aus zwei Online-Access-Panels vorgenommen. Quotierungsmerkmale waren Alter, Geschlecht, Bildungsabschluss, Region und Ortsgröße. Die Nettostichprobe umfasste $N = 2.004$ Befragte. Sie entsprach bereits in ungewichteter Form hinsichtlich der Quotierungsmerkmale recht gut der Grundgesamtheit, weshalb für die Auswertung die ungewichteten Daten verwendet wurden. Die Feldphase begann am 18. Mai 2016 und endete am 25. Mai 2016.

Die Auswertung umfasste deskriptive statistische Analysen sowie zur Zielgruppenbestimmung Cluster-analytische Verfahren.[21]

3.2   Einstellungen zu Peer-to-Peer Sharing im Allgemeinen

Bei der Repräsentativbefragung wurde zunächst – nach der Präsentation einer Definition des Internet-gestützten Peer-to-Peer Sharing (siehe Kasten) – nach der Vertrautheit mit diesen innovativen Formen des Konsums gefragt.

Beim Sharing geht es darum, Dinge des Alltags wie Werkzeuge, Autos oder Wohnungen mit anderen Menschen zu teilen. So können Güter genutzt werden, die man selbst nicht besitzt. Oder man kann eigene Sachen, die man gerade nicht braucht, anderen Menschen zur Verfügung stellen.

Seit ein paar Jahren übernehmen Internet-Plattformen die Vermittlung zwischen Menschen, die Dinge zum Teilen anbieten oder suchen. Durch die Vermittlungsplattformen wird das Teilen auch zwischen Fremden möglich. Das über Online-Plattformen vermittelte Teilen von Dingen zwischen Fremden wird als Peer-to-Peer Sharing bezeichnet.

Bei den meisten Online-Plattformen im Bereich Peer-to-Peer Sharing kann man als Anbieter von eigenen Dingen Geld verdienen. In diesen Fällen zahlen die Nachfrager für die Nutzung einen Preis an den jeweiligen privaten Anbieter. Viele Online-Plattformen behalten für die Vermittlung eine Gebühr ein.

---

21 Wir danken Dr. Brigitte Holzhauer und Dr. Martin P. Fritze für die Unterstützung bei der Entwicklung des Fragebogens und bei der Auswertung der Daten.

Dafür wurde das Konstrukt der Sharing-Kenntnis nach Lamberton und Rose (2012) genutzt und mit drei Items operationalisiert: „Ich habe Erfahrung mit Peer-to-Peer Sharing", „Ich bin mit Peer-to-Peer Sharing vertraut" sowie „Ich weiß einiges über Peer-to-Peer Sharing". Als Antwortskala wurde, wie durchgehend im Fragebogen, eine Skala von „1 – stimme überhaupt nicht zu" bis „7 – stimme voll und ganz zu" verwendet. Auf dieser erzielten die drei Aussagen nur niedrige Zustimmungswerte (Skalendurchschnittswerte von 1,50, 1,91 und 2,31), was den Anfangsverdacht bestätigt. Das heißt, insgesamt ist die Bevölkerung mit dem über Online-Plattformen vermittelten Teilen von privat zu privat kaum vertraut. Am höchsten ist noch das selbstberichtete Wissen über die Sharing Economy. Diejenigen, die sich im Sinne dieser drei Aussagen als eher vertraut damit betrachten, sind eher jung und verfügen über einen höheren Bildungsabschluss.

Die eher geringe Vertrautheit mit Peer-to-Peer Sharing in der Bevölkerung untermauern auch die Antworten auf die Frage, wie häufig man Peer-to-Peer Sharing schon praktiziert habe. Auf einer Skala von „1 – überhaupt nicht" bis „7 – sehr häufig" liegt der Mittelwert bei 1,34 beziehungsweise kreuzten 83 Prozent der Befragten die Option „überhaupt nicht" an. Auch hier finden sich unter den häufigeren Nutzern überproportional oft jüngere Altersgruppen und Menschen mit höheren Bildungsabschlüssen.

Gleichzeitig ist die Einstellung gegenüber der Idee des Güterteilens mit Fremden sehr positiv. Sie wurde mit einem semantischen Differenzial gemessen (z. B. Bodur et al. 2000) (siehe Abbildung 6).

Dabei wurden auf einer Skala von 1 bis 7 negative beziehungsweise positive Ausprägungen bestimmter Attribute abgefragt. Der Mittelwert über alle Attribute liegt bei 4,70, das heißt die Befragten schätzen das Konzept insgesamt eher positiv ein. Abbildung 6 stellt die (aggregierten) Häufigkeiten der Skalenpunkte dar. Sie zeigt, dass Peer-to-Peer Sharing von zwei Dritteln der Befragten als eine nachhaltige, aber auch von fast der Hälfte als eine eher riskante Konsumoption betrachtet wird.

Jenseits der allgemein eher positiven Einstellung zum Internet-gestützten Peer-to-Peer Sharing werden mit dem Konzept eine Reihe von Vorteilen assoziiert (siehe Abbildung 7). Dies sind aus Sicht der Befragten vor allem positive Wirkungen auf die natürlichen Lebensgrundlagen (Umwelt schonen und Umweltausbeutung verringern: eher Zustimmung von 67 beziehungsweise 64 Prozent) sowie auf den eigenen Geldbeutel (Geld sparen: 68 Prozent). Gegenüber letzterem ist die Möglichkeit, mit Peer-to-Peer Sharing Geld zu verdienen, weit weniger bedeutsam (44 Prozent).

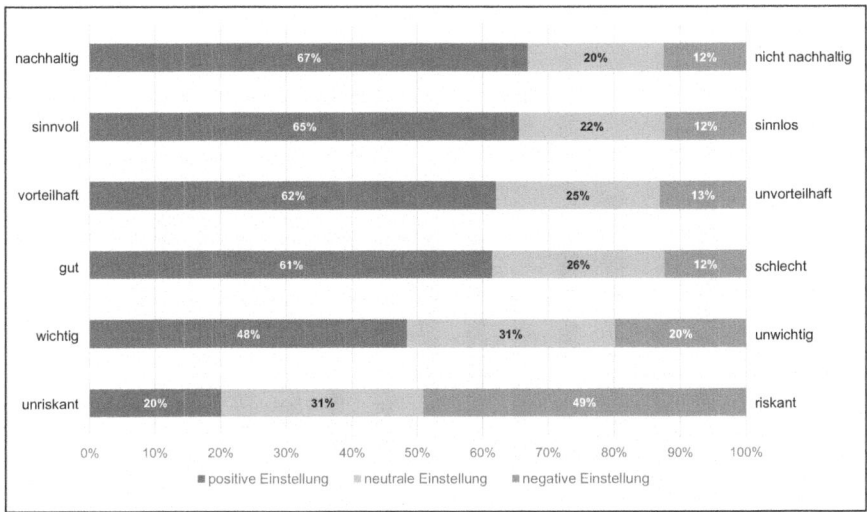

Abbildung 6:   Attribute, die mit Peer-to-Peer Sharing verbunden werden.
Frage: Im Großen und Ganzen ist Peer-to-Peer Sharing meiner Meinung
nach...; Skalenpunkte 1 bis 3 „positive Einstellung", Skalenpunkt 4
„neutrale Einstellung", Skalenpunkte 5 bis 7 „negative Einstellung";
$N = 1.990$

Die neuen Formen des Konsums genügen zudem der wahrgenommenen sozialen Norm: Peer-to-Peer Sharing „entspricht dem Zeitgeist" (57 Prozent), „wird von vielen Leuten als etwas Positives gesehen" (53 Prozent) und „von vielen Leuten befürwortet" (47 Prozent). Gleichzeitig werden Aussagen, die auf den individuellen symbolischen Nutzen der Inanspruchnahme von Sharing-Plattformen („prestigeträchtig", „Statussymbol") beziehungsweise die Kongruenz des individuellen Konsumhandelns („passt zu mir") abzielen, eher abgelehnt, nämlich von fast zwei Drittel der Befragten.

Schließlich sind im Vergleich zu den ökologischen und ökonomischen Vorteilen die sozialen Wirkungen von etwas geringerer Bedeutung: Während noch knapp die Hälfte der Befragten der Aussage eher zustimmt, dass Peer-to-Peer Sharing eine Möglichkeit ist, neue Menschen kennenzulernen (49 Prozent), sieht hierin nur gut ein Drittel der Befragten (37 Prozent) eine Möglichkeit, mit anderen Menschen ein Gefühl der Gemeinschaftlichkeit zu empfinden.

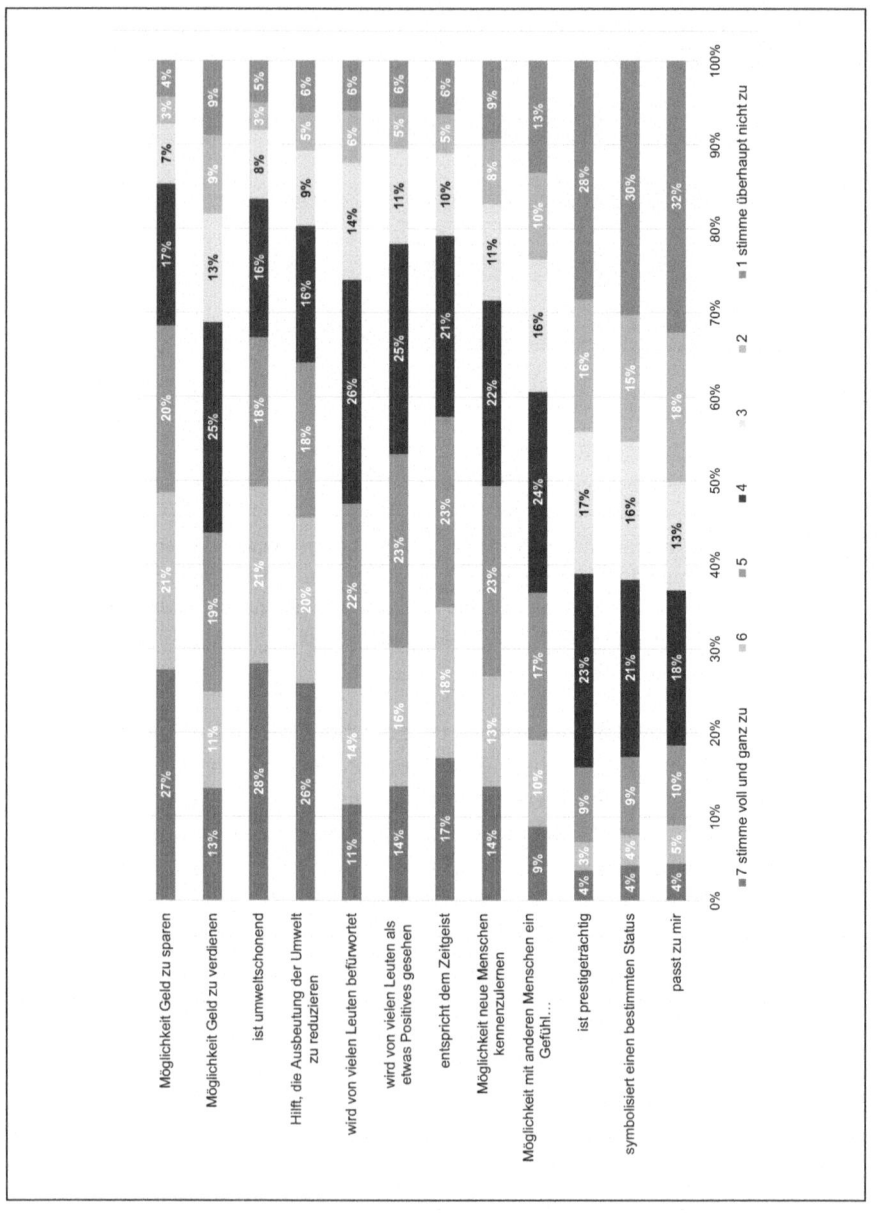

Abbildung 7: Spezifische Einstellungen gegenüber Peer-to-Peer Sharing
Frage: Ich denke, dass Peer-to-Peer Sharing...; $N = 1.994$

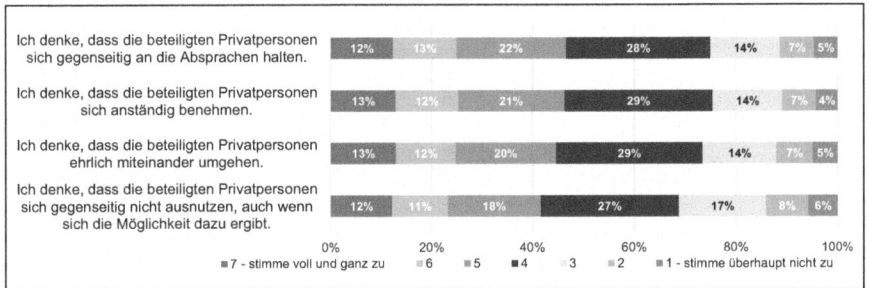

Abbildung 8:   Interpersonales Vertrauen beim Peer-to-Peer Sharing
Frage: Wie Sie zuvor gelesen haben, geht es beim Peer-to-Peer Sharing um den Austausch unter Privatpersonen. Wie würden Sie den gegenseitigen Umgang der beteiligten Privatpersonen einschätzen? $N = 1.995$

Bei dem über Internet-Plattformen vermittelten Güterteilen zwischen Privatpersonen, die sich nicht kennen, wird Vertrauen als eine wichtige „Währung" (Botsman und Rogers 2011) angesehen. Wie die Befragten, die zum Zeitpunkt der Erhebung kaum Erfahrungen mit Peer-to-Peer Sharing gemacht hatten, diese Voraussetzung für erfolgreiche Transaktionen einschätzen, wurde in Anlehnung an Benlian und Hess (2011) mit vier Aussagen gemessen (siehe Abbildung 8).

Demnach gibt fast die Hälfte der Befragten dem Internet-gestützten Güterteilen zwischen Fremden einen Vertrauensvorschuss (die Summe der Prozentwerte der Skalenpunkte 7 bis 5, die für „eher Zustimmung" stehen, liegt je nach Aussage zwischen 41 und 47 Prozent). Gleichzeitig sind aber auch fast 30 Prozent der Befragten – möglicherweise aufgrund mangelnder Erfahrungen – diesbezüglich unentschieden. Hierin könnte eine Erklärung für den obigen Befund liegen, nach dem viele Befragte die neuen Sharing-Konzepte eher als „riskant" einstufen.

Eine weitere Frage bezog sich auf die Verfügbarkeit von Angeboten des Peer-to-Peer Sharing aus Sicht der Befragten. Der Aussage „Ich denke, dass ich grundsätzlich gute Möglichkeiten habe, derartige Dienste in Anspruch zu nehmen" stimmen 26 Prozent eher zu – die Mehrheit sieht sich diesbezüglich also eher in einer ungünstigen Situation. Dabei fällt die Zustimmung umso höher aus, je jünger die Befragten sind.

Schließlich wurden die Nutzungsabsichten abgefragt, zunächst unabhängig von der Rolle, die beim Peer-to-Peer Sharing eingenommen wird, ob als *peer consumer* oder *peer provider*, und dann mit Blick auf genau diese beiden unterschiedlichen Nutzungsperspektiven (Abbildung 9).

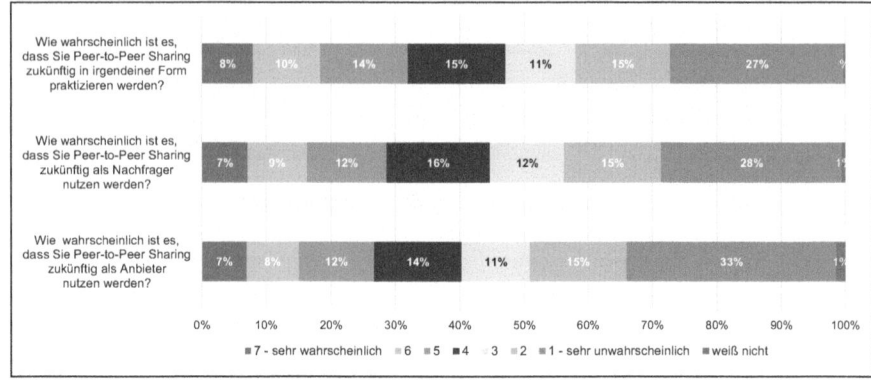

Abbildung 9: Nutzungsabsichten für Peer-to-Peer Sharing
Fragen: wie in Abbildung; $N = 1.986$

Dabei zeigt sich, dass sich ein knappes Drittel der Befragten (32 Prozent) vorstellen kann, die Angebote des Internet-gestützten Peer-to-Peer Sharing zukünftig zu nutzen. Konkretisiert man die Frage im Sinne einer der beiden erwähnten Rollen, sinkt dieser Wert leicht, vor allem bei der Anbieterrolle. Aber auch dann kann sich immerhin noch ein gutes Viertel der Befragten (27 Prozent) eine zukünftige Nutzung von Peer-to-Peer Sharing-Plattformen vorstellen. Es wird auf der anderen Seite also auch deutlich, dass geteilte Güternutzung mit Fremden für die Mehrheit der Bevölkerung nicht in Frage kommt und nur ein verhältnismäßig geringer Anteil (14 bis 16 Prozent) diesbezüglich noch unentschieden ist.

Welche Faktoren beeinflussen die Absicht, Sharing-Dienste in Zukunft zu nutzen? Die Nutzungsabsicht korreliert positiv mit der allgemeinen Einstellung zum Peer-to-Peer Sharing, d. h. wer der Meinung ist, dass diese Form des geteilten Konsums nachhaltig, sinnvoll, vorteilhaft usw. ist, der oder die gibt eher an, dass er oder sie solche Dienste zukünftig in Anspruch nehmen würde. Ähnliches gilt für Personen, die davon ausgehen, dass der geteilte Konsum der sozialen Norm entspricht beziehungsweise der Gemeinschaftlichkeit förderlich ist. Auch für Menschen, für die Peer-to-Peer Sharing einen individuellen Statusnutzen stiftet oder bei denen es zum Selbstbild passt, ist diese Konsumoption überdurchschnittlich interessant. Schließlich setzen – wenig überraschend – solche Menschen zukünftig stärker auf privates Güterteilen, die der Meinung sind, dass sie grundsätzlich gute Möglichkeiten für Internet-gestütztes Teilen von privat zu privat haben.

Insgesamt machen die Befunde deutlich, dass die Menschen zwar wenig Erfahrung mit Peer-to-Peer Sharing haben, dem Konzept aber grundsätzlich sehr
positiv gegenüberstehen. Ein Drittel der Bevölkerung kann sich vorstellen, derartige Dienste zukünftig in Anspruch zu nehmen, was angesichts der geringen
aktuellen Verbreitung ein großes Entwicklungspotenzial darstellt. Die Motive für
die (potenzielle) Nutzung sind vorwiegend ökonomischer Natur, vor allem das
Motiv Geld zu sparen. Aber auch der wahrgenommene ökologische Nutzen des
Güterteilens spielt eine Rolle. Im Vergleich dazu sind soziale Motive eher nach-
rangig, gleichwohl aber nicht bedeutungslos. Zudem erhalten die Transaktionspartner im Peer-to-Peer Sharing von den Befragten einen Vertrauensvorschuss.
Es bleiben allerdings Vorbehalte, was mögliche Risiken der geteilten Güternutzung mit Fremden angeht.

3.3　Einstellungen zu Peer-to-Peer Sharing im Bereich Mobilität

3.3.1　Carsharing

Carsharing ist vermutlich eines der bekanntesten Beispiele der Sharing Economy. Hierunter fallen zum einen gewerbliche Angebote, entweder stationsbasierte
oder vollflexible Carsharing-Systeme. Zum anderen gibt es Online-Plattformen,
die das Autoteilen von privat zu privat vermitteln, wie etwa Drivy, Snappcar
oder Turo. Hier können Personen ihr eigenes, selten genutztes Auto anderen
gegen eine Gebühr zur Verfügung stellen und Menschen, die ein Auto brauchen,
dieses von anderen mieten. Diese Form des privaten Carsharing stand im Fokus
der Befragung.

Entsprechend einer vorgegebenen Definition (siehe Box) gab in der Umfrage nur jede und jeder Zehnte an, mit Carsharing von privat zu privat eher vertraut
zu sein.[22] In dieser Gruppe sind Männer sowie jüngere und besser gebildete
Menschen etwas häufiger vertreten.

22　Aus Gründen der Befragungsökonomie wurde dieser Sachverhalt mit der Frage „Wie
vertraut sind Sie mit Peer-to-Peer Carsharing im Allgemeinen?" (von 1 – überhaupt
nicht vertraut bis 7 – voll und ganz vertraut) und nicht via Zustimmung zu drei State-
ments wie beim Peer-to-Peer Sharing allgemein erhoben. Der Wert für „eher vertraut"
entspricht dabei der Summe der Skalenpunkte 5 bis 7.

Das Mieten und Vermieten von Autos unter Privatpersonen, die sich nicht kennen, wird als Peer-to-Peer Carsharing bezeichnet. Die Vermittlung zwischen
dem privaten Autobesitzer und der Person, die ein Auto sucht, geschieht nach
kostenloser Registrierung auf dafür bestimmten Online-Plattformen über das
Internet bzw. über Apps für Smartphone/Tablets. Für die Inanspruchnahme der
Dienste, inklusive eines Versicherungsschutzes, erhebt die Vermittlungsplattform üblicherweise eine Gebühr.

Noch weniger Menschen haben schon praktische Erfahrung gesammelt: Nur
zwei Prozent der Bevölkerung haben auf Peer-to-Peer Plattformen ihr Auto
schon einmal zur Miete angeboten. Etwa genauso viele haben Autos über solche
Plattformen schon einmal gemietet.

Obwohl wenige mit Peer-to-Peer Carsharing vertraut sind, verbinden sie mit
der Idee zahlreiche positive Aspekte (siehe Abbildung 10). Im Vergleich zum
Konzept des Peer-to-Peer Sharing im Allgemeinen fällt die positive Bewertung
allerdings geringer aus (Skalendurchschnitt von 4,40 zu 4,70). Menschen, die
gegenüber Peer-to-Peer Carsharing insgesamt eine positive Einstellung haben,
sind eher höher gebildet.

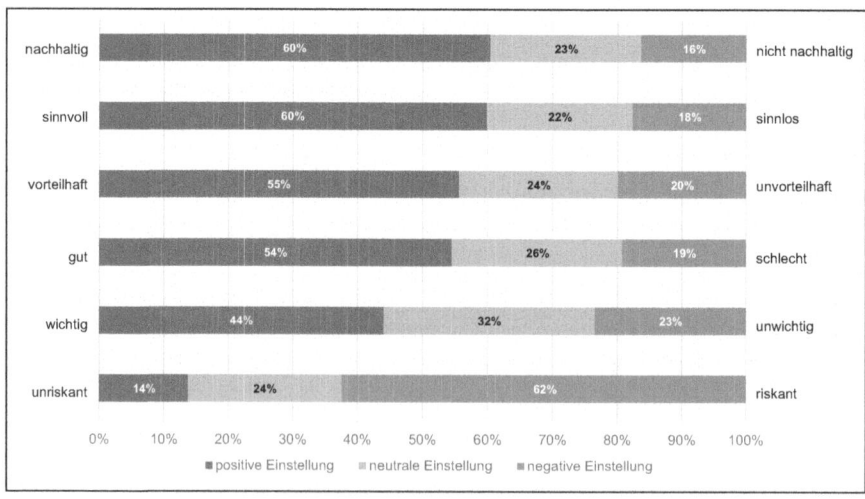

Abbildung 10:   Attribute, die mit Peer-to-Peer Carsharing verbunden werden
Frage: Im Großen und Ganzen ist Peer-to-Peer Carsharing meiner Meinung nach...; Skalenpunkte 1 bis 3 „positive Einstellung", Skalenpunkt 4
„neutrale Einstellung", Skalenpunkte 5 bis 7 „negative Einstellung";
$N = 1.991$

Die wichtigste Eigenschaft des Peer-to-Peer Carsharing ist aus Sicht der Befragten die Nachhaltigkeit. Mehr als 60 Prozent der Befragten sind eher der Meinung, dass das private Autoteilen die Umwelt schont. In der jüngsten Befragtengruppe von 16 bis 24 Jahren sind es sogar gut 73 Prozent. Allerdings betrachten 62 Prozent das private Carsharing als riskant. Im Vergleich: Nur etwa 49 Prozent schätzen das Peer-to-Peer Sharing im Allgemeinen als risikoreich ein.

Die eigenen Möglichkeiten, Peer-to-Peer Carsharing zu nutzen, schätzt eine große Mehrheit eher schlecht ein. Nur knapp 17 Prozent finden, dass sie grundsätzlich gute Möglichkeiten haben, Peer-to-Peer Carsharing als Nachfrager zu nutzen, und gut zehn Prozent sehen dies als Anbieter gegeben. Diese Einschätzung ändert sich auch in größeren Wohnorten nicht, in denen es mehr Anbieter und Nachfrager für privates Autoteilen gibt. Für das Nutzungspotenzial von Peer-to-Peer Carsharing stellt die Wahrnehmung begrenzter Möglichkeiten eine wichtige Einschränkung dar.

Auch wenn die Befragten, ihre Möglichkeiten Peer-to-Peer Carsharing-Dienste zu nutzen als eher begrenzt sehen, können sich etliche Menschen vorstellen, in Zukunft derartige Angebote in Anspruch zu nehmen (siehe Abbildung 11). Auf die Frage, wie wahrscheinlich es ist, dass man Peer-to-Peer Carsharing zukünftig in irgendeiner Form nutzen wird, antwortete jede und jeder zehnte Befragte mit eher wahrscheinlich. Etwa elf Prozent können es sich als Mieter vorstellen. Sechs Prozent sehen sich in Zukunft als Vermieter. An einer zukünftigen Nutzung von Peer-to-Peer Carsharing sind Männer, junge Menschen zwischen 16 und 24 Jahren, Menschen mit höherer Bildung sowie Menschen, die in großen Städten wohnen, häufiger interessiert als andere.

Wenngleich diese Werte für sich genommen niedrig erscheinen, stehen sie im Vergleich zu den gegenwärtigen Nutzungsraten von Peer-to-Peer Carsharing für erhebliche Wachstumschancen. So könnte sich die Nachfrage nach privaten Carsharing-Fahrzeugen mehr als verfünffachen und das Angebot an Fahrzeugen könnte sich mehr als verdreifachen.

Das von Online-Plattformen vermittelte Autoteilen von privat zu privat bietet also erhebliche Entwicklungspotenziale. Als Zielgruppe stehen dabei junge Menschen im Vordergrund. Stärkstes Argument für diese Form der Mobilität ist die wahrgenommene Nachhaltigkeit.

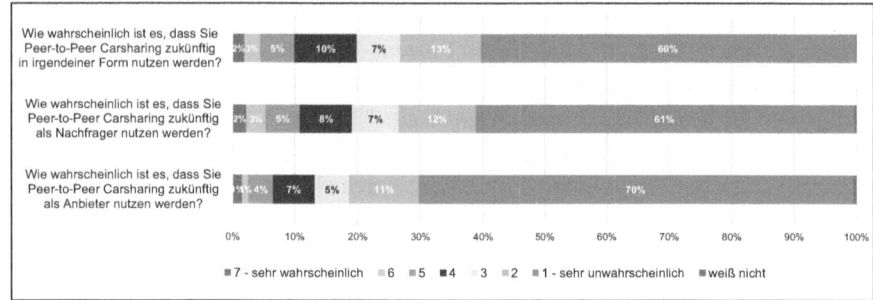

Abbildung 11: Nutzungsabsichten für Peer-to-Peer Carsharing
Fragen: wie in Abbildung; $N = 2.001$

3.3.2 Mitfahrgelegenheiten

Es ist an sich nichts Neues, dass Menschen andere Mitfahrer für Pkw-Fahrten auf längeren Strecken mitnehmen. Derartige Angebote gibt es seit vielen Jahren. Verändert hat sich dieser Markt jedoch durch das Internet und durch Smartphone-Apps, die es deutlich einfacher und bequemer gemacht haben, Mitreisende oder Reisemöglichkeiten zu finden. Außerdem werden nun auch vermehrt kürzere und kurzfristige Fahrten möglich gemacht. Vermittler für längere Fahrten sind beispielsweise Blablacar oder Bessermitfahren; bei kürzeren Distanzen, teilweise auch für die Zielgruppe Berufspendler, gibt es Anbieter wie Flinc. Letztere standen im Mittelpunkt der Befragung.

Gut 16 Prozent aller Befragten gaben an, mit den modernen Vermittlungsplattformen für kurzfristige Mitfahrgelegenheiten – entsprechend der Definition in der unten stehenden Box – eher vertraut zu sein. Bei jüngeren Befragten und Menschen mit höherem Bildungsniveau liegt dieser Wert noch höher.

Eine Internet- oder App-gestützte Vermittlungsplattform für kurzfristige Mitfahrgelegenheiten bringt Menschen zusammen, die Mitfahrgelegenheiten suchen beziehungsweise anbieten. Die Nutzung eines solchen Dienstes erfordert eine kostenlose Registrierung. Für die Inanspruchnahme des Dienstes erheben manche Vermittlungsplattformen eine Gebühr.

Knapp jede und jeder Zehnte hat auf Peer-to-Peer Plattformen schon einmal eine Mitfahrgelegenheit angeboten; in etwa gleich viele Menschen haben Mitfahrgelegenheiten über solche Plattformen bereits gebucht.

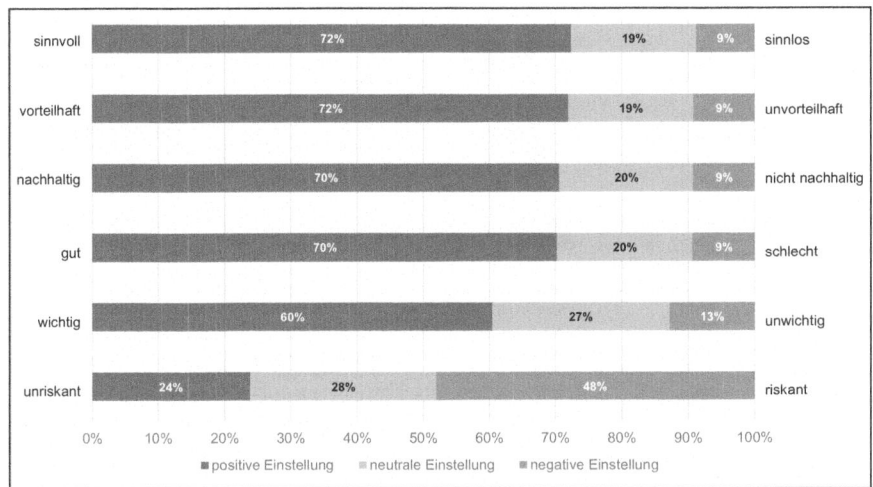

Abbildung 12: Attribute, die mit kurzfristigen Mitfahrgelegenheiten verbunden werden
Frage: Im Großen und Ganzen ist Peer-to-Peer Sharing für Mitfahrgelegenheiten meiner Meinung nach…; Skalenpunkte 1 bis 3 „positive Einstellung", Skalenpunkt 4 „neutrale Einstellung", Skalenpunkte 5 bis 7
„negative Einstellung"; $N = 1.990$

Moderne Plattformen für die Vermittlung von kurzfristigen Mitfahrgele-
genheiten werden von vielen Befragten mit einer Reihe positiver Aspekte in
Verbindung gebracht (siehe Abbildung 12), vor allem assoziieren sie damit eine
sinnvolle und vorteilhafte Mobilitätsform. Die Beurteilung derartiger Dienste
(Skalendurchschnitt über alle Attribute 4,98) fällt sogar noch positiver aus als die
Bewertung von Peer-to-Peer Sharing-Plattformen im Allgemeinen (4,70) und
deutlich besser als die Bewertung von Peer-to-Peer Carsharing (4,40). Junge
Menschen zwischen 16 und 24 Jahren sowie Menschen mit hohem Bildungsabschluss bewerten Vermittlungsplattformen für Mitfahrgelegenheiten sogar
noch positiver als der Bevölkerungsdurchschnitt. Insgesamt nehmen viele – fast
die Hälfte der Befragten – Mitfahrgelegenheiten jedoch als riskant wahr.

Die Möglichkeiten, Vermittlungsplattformen für kurzfristige Mitfahrgele-
genheiten – als Anbieter oder Nachfrager – zu nutzen, werden etwa von einem
Fünftel bis Viertel der Befragten als recht gut eingeschätzt. Grundsätzlich gute
Möglichkeiten, Online-Plattformen für kurzfristige Mitfahrgelegenheiten als
Nachfrager zu nutzen, sehen knapp 27 Prozent, als Anbieter hingegen gut 19
Prozent der Befragten. Beim Peer-to-Peer Carsharing stimmen deutlich weniger
Befragte diesen Aussagen zu (siehe oben).

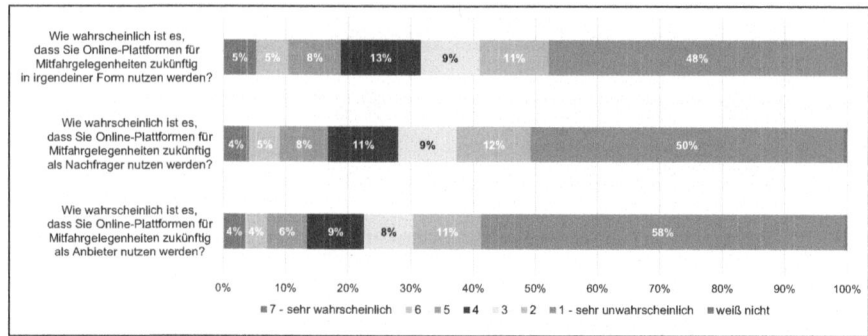

Abbildung 13: Nutzungsabsichten für Peer-to-Peer Mitfahrgelegenheiten
Fragen: wie in Abbildung; $N = 2.001$

Während ungefähr jede und jeder Zehnte Online-Vermittlungsplattformen für kurzfristige Mitfahrgelegenheiten schon einmal als Fahrer beziehungsweise Mitfahrer ausprobiert hat, kann sich fast ein Fünftel der Bevölkerung (18 Prozent) vorstellen, entsprechende Plattformen zukünftig (weiter) zu nutzen. Dabei gilt auch hier: In der Tendenz sehen sich die Befragten eher als Mitfahrer (17 Prozent) denn als Anbieter einer Fahrt (13 Prozent) (siehe Abbildung 13).

Wie schon beim Peer-to-Peer Carsharing sind an kurzfristigen Mitfahrgelegenheiten vor allem Männer, junge Menschen (insbesondere 16- bis 24-Jährige, aber auch 25- bis 44-Jährige) und Menschen mit höherem Bildungsstand interessiert.

Anders als beim Autoteilen wächst beim Fahrtenteilen das Interesse an einer zukünftigen Nutzung jedoch nicht mit der Wohnortgröße. Also: Auch wer in kleineren Städten lebt, kann sich vorstellen, digitale Plattformen zu nutzen, um eine Mitfahrgelegenheit zu buchen oder anzubieten.

Das Potenzial für digital vermittelte Mitfahrgelegenheiten ist also noch nicht ausgeschöpft. Mehr Menschen mit diesen Diensten zu erreichen, erscheint angesichts der sehr positiven Wahrnehmung dieser Form des Peer-to-Peer Sharing auch nicht unmöglich. Als Zielgruppe stehen dabei, wie schon beim privaten Autoteilen, jüngere bis mittlere Altersgruppen im Vordergrund.

3.4 Einstellungen zu Peer-to-Peer Sharing im Bereich Übernachtung

Ein sehr prominentes Beispiel für die Peer-to-Peer Sharing Economy ist das Apartment-Sharing. Hier bieten Privatleute über Vermittlungsplattformen die Möglichkeit, in deren Zimmern, Wohnungen oder Häusern zu übernachten. Es gibt Plattformen für kommerzielles Apartment-Sharing, wie etwa Airbnb, Wimdu oder 9Flats, bei denen Übernachtungen eine Miete kosten. Und es gibt Plattformen, wie Couchsurfing, die ausschließlich unentgeltliche Übernachtungsangebote vermitteln. Der Schwerpunkt der Befragung lag auf Ersteren.

Auch hier haben wir – nach Vorlage einer Definition (siehe Box) – nach der Vertrautheit mit derartigen Sharing-Diensten gefragt. Danach geben nur acht Prozent der Befragten an, mit Peer-to-Peer Apartment-Sharing eher vertraut zu sein. Hier sind abermals junge Befragte (16- bis 44-Jährige) teils deutlich vertrauter mit der Idee als ältere. Ebenso finden sich hier eher Menschen mit höherem Bildungsabschluss.

Beim Apartment-Sharing stellen Menschen ihre Zimmer oder Wohnungen anderen Personen, die sie nicht kennen, vorübergehend zur Verfügung. Die Vermittlung zwischen dem privaten Anbieter einer Unterkunft und der Person, die eine Unterkunft sucht, geschieht nach kostenloser Registrierung auf dafür bestimmten Online-Plattformen über das Internet bzw. über Apps für Smartphone/Tablets. Für die Inanspruchnahme der Dienste, inklusive eines Versicherungsschutzes, erhebt die Vermittlungsplattform üblicherweise eine Gebühr.

Erfahrungen mit Online-Plattformen für Apartment-Sharing haben die wenigsten: Nur knapp drei Prozent der Bevölkerung haben auf Peer-to-Peer Plattformen Unterkünfte schon einmal zur Verfügung gestellt; knapp sechs Prozent haben Unterkünfte über solche Plattformen bereits gemietet.

Privatunterkünfte zu teilen wird deutlich schlechter beurteilt als Peer-to-Peer Sharing im Allgemeinen (siehe Abbildung 14). Der Skalendurchschnitt liegt über alle sechs abgefragten Attribute bei 4,03 im Vergleich zu 4,70 bei der Einschätzung des Peer-to-Peer Sharing auf allgemeiner Ebene. Dies kommt vor allem daher, dass etwa zwei Drittel der Befragten es als eher riskant und ein Drittel als eher unwichtig einschätzen. Im Vergleich zu Peer-to-Peer Sharing allgemein werten die Befragten Motive für Apartment-Sharing unterschiedlich: Vor allem Nachhaltigkeit fällt in der Bedeutung ab – von Rang eins auf Rang

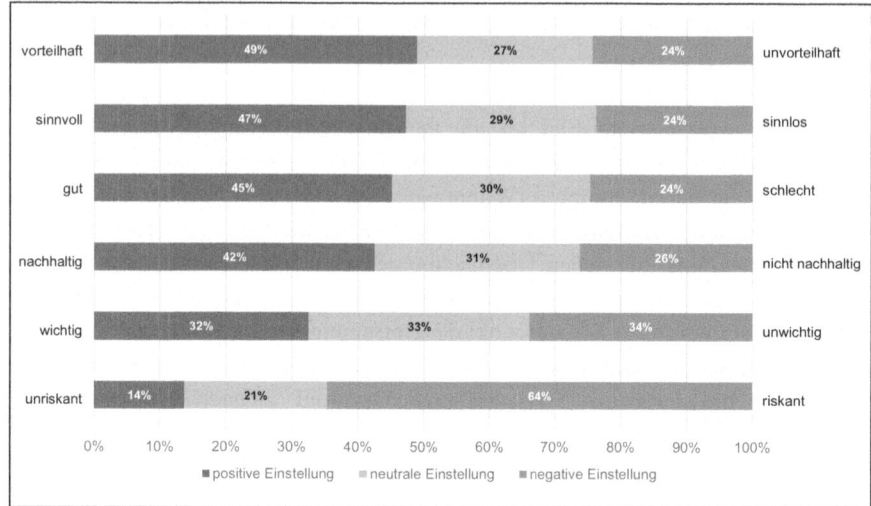

Abbildung 14: Attribute, die mit Peer-to-Peer Apartment-Sharing verbunden werden
Frage: Im Großen und Ganzen ist Peer-to-Peer Apartment-Sharing meiner Meinung nach...; Skalenpunkte 1 bis 3 „positive Einstellung", Skalenpunkt 4 „neutrale Einstellung", Skalenpunkte 5 bis 7 „negative Einstellung"; $N = 1.986$

vier. Stattdessen steht der praktische Nutzen („vorteilhaft", „sinnvoll") im Vordergrund. Junge Menschen zwischen 16 und 24 Jahren sowie Menschen mit
hohem Bildungsabschluss bewerten das Apartment-Sharing entlang der abgefragten Attribute positiver als der Bevölkerungsdurchschnitt.

Laut Befragung finden 23 Prozent, dass sie grundsätzlich gute Möglichkeiten haben, Peer-to-Peer Apartment-Sharing als Nachfrager zu nutzen. Als Anbieter sehen noch etwa elf Prozent gute Möglichkeiten. Auch hier kommen jüngere
Befragte und Befragte mit höheren Bildungsabschlüssen zu noch positiveren
Einschätzungen.

Während aktuell nur wenige Menschen digitale Plattformen für Apartment-
Sharing nutzen, können sich immerhin 15 Prozent der Bevölkerung vorstellen,
dies zukünftig zu tun (siehe Abbildung 15).

Als Nachfrager in Zukunft in einer privaten Unterkunft zu übernachten,
können sich 17 Prozent der Befragten vorstellen, fast drei Mal so viele wie derzeit. Ihre eigenen Unterkünfte in Zukunft als Übernachtungsmöglichkeit auf
Sharing-Plattformen zur Verfügung zu stellen, können sich sechs Prozent vor-

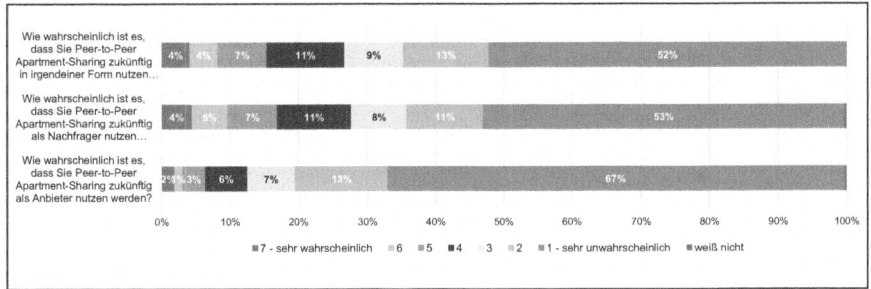

Abbildung 15:   Nutzungsabsichten für Peer-to-Peer Apartment-Sharing
Fragen: wie in Abbildung; $N = 2.001$

stellen – doppelt so viele wie aktuell. Die (auch) zukünftig Interessierten haben dasselbe Profil wie die, die Apartment-Sharing eher positiv bewerten: Sie sind eher jung und eher gut gebildet.

Betrachtet man die aktuelle Wohnsituation der Befragten, so können sich Menschen, die zur Miete wohnen, etwas eher vorstellen, Unterkünfte über Online-Plattformen zu teilen als Menschen, die im eigenen Wohnraum leben.

Das Potenzial, dass in Zukunft noch mehr Menschen private Unterkünfte teilen, ist also recht groß. Gleichzeitig gibt es noch Vorbehalte, inwieweit diese Form des Sharing zuverlässig ist. Die Entwicklung in diesem Bereich wird also davon abhängen, inwieweit es gelingt, den Kernzielgruppen – vor allem junge und besser gebildete Menschen – diese Vorbehalte zu nehmen.

3.5   Einstellungen zu Peer-to-Peer Sharing im Bereich Bekleidung

Gebrauchte Kleidung weitergeben ist ein alter Hut. Dennoch hat sich dieser Bereich durch innovative digitale Plattformen in den letzten Jahren verändert. Bekleidung wird auf großen, etablierten Plattformen wie Ebay Kleinanzeigen ebenso gehandelt wie auf spezialisierten, auf bestimmte Zielgruppen ausgerichteten Plattformen wie Kleiderkreisel, Mädchenflohmarkt oder – für Kinderbekleidung – Mamikreisel oder Kinderado. Viele Plattformen bieten neben der Möglichkeit, Kleider zu verkaufen und zu kaufen, auch den reinen Tausch an. Manche Plattformen schaffen mit Blogs und Community-Funktionen einen zusätzlichen Mehrwert.

Beim Kleider-Sharing kommen Menschen zusammen, die Kleidung verschenken, tauschen, kaufen oder verkaufen wollen. Die Vermittlung zwischen dem
privaten Anbieter von Kleidung und der Person, die bestimmte Kleidung sucht,
geschieht nach kostenloser Registrierung auf dafür bestimmten Online-
Plattformen über das Internet bzw. über Apps für Smartphone/Tablets. Manche
Dienste besitzen eine Nachrichtenfunktion und ein aktives Forum. Für die Inanspruchnahme der Dienste erheben manche Vermittlungsplattformen eine Gebühr.

In der Online-Erhebung richtete sich – im Anschluss an eine Definition für
„Kleider-Sharing" (siehe Box) – die erste Frage wieder an die Vertrautheit mit
diesem Konzept. Rund neun Prozent der Befragten, also knapp jede und jeder
Zehnte, geben sich demnach als eher vertraut damit – Frauen eher als Männer
und junge Menschen (zwischen 16 und 34 Jahren) eher als ältere Personen.
Gleichwohl gibt rund ein Fünftel der Befragten an, auf Peer-to-Peer Plattformen
schon einmal Kleider angeboten (19 Prozent) oder nachgefragt (20 Prozent) zu
haben[23] – auch hier Frauen sehr viel häufiger als Männer und jüngere Befragte
deutlich häufiger als ältere.

Peer-to-Peer Kleider-Sharing wird in fast jeder Hinsicht genauso positiv beurteilt wie Peer-to-Peer Sharing allgemein (siehe oben). Der Skalendurchschnitt
von 4,84 liegt sogar noch etwas über dem für Peer-to-Peer Sharing allgemein
(4,70). Bei der Einschätzung, ob es sich um eine riskante oder unriskante Form
des Konsums handelt, schneidet diese Form des Sharing sogar mit Abstand am
besten ab (siehe Abbildung 16). Vor allem Frauen und die jüngste Befragtengruppe der 16-24-Jährigen bewerten Kleider-Sharing positiv.

Die Möglichkeiten, Kleider-Sharing – als Anbieter oder Nachfrager – zu
praktizieren, werden von fast einem Drittel der Befragten als gut eingeschätzt. 30
Prozent denken, dass sie grundsätzlich gute Möglichkeiten haben, Peer-to-Peer
Kleider-Sharing als Nachfrager zu nutzen. Etwa genauso viele (31 Prozent) se-
hen gute Möglichkeiten als Anbieter. Diese Einschätzung wird insbesondere von
Frauen und jungen Befragten geteilt.

---

23 Der Wert für die praktische Erfahrung mit Kleider-Sharing fällt deutlich höher aus als
    der Wert für die Vertrautheit mit dem Konzept. Dieser überraschende Befund ist ver-
    mutlich darauf zurückzuführen, dass nach der Frage nach der Vertrautheit und vor der
    Frage nach den eigenen Erfahrungen zu der Bekanntheit einiger Plattformen (u. a.
    Ebay Kleinanzeigen, die auf einen Bekanntheitswert von 84 Prozent kommen) gefragt
    worden war. Der Hinweis auf bekannte Marken mag zusätzliche Nutzungserfahrun-
    gen ins Bewusstsein der Befragten gerückt haben.

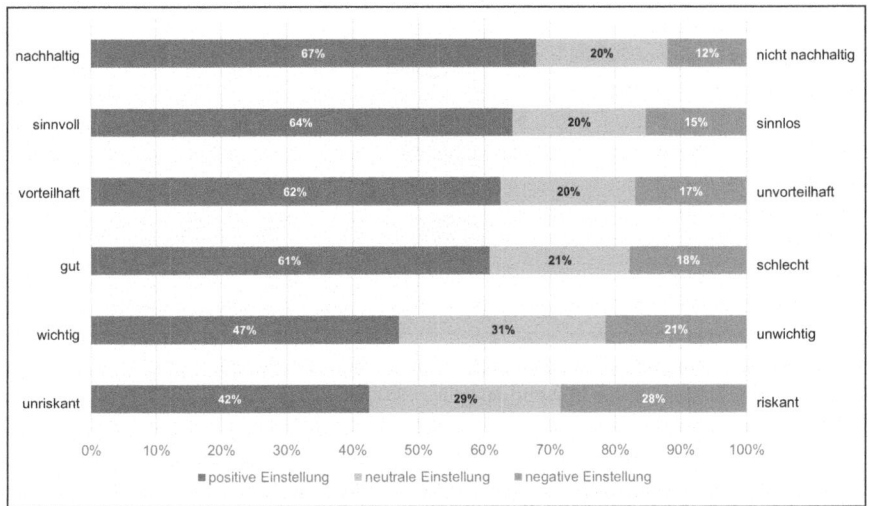

Abbildung 16: Attribute, die mit Peer-to-Peer Kleider-Sharing verbunden werden
Frage: Im Großen und Ganzen ist Peer-to-Peer Kleider-Sharing meiner
Meinung nach...; Skalenpunkte 1 bis 3 „positive Einstellung", Skalenpunkt 4 „neutrale Einstellung", Skalenpunkte 5 bis 7 „negative Einstellung"; $N = 1.991$

Der Internet-gestützte Handel mit gebrauchter Kleidung ist bereits heute
recht weit verbreitet. Daher überrascht es auch nicht, dass das zukünftige Nutzungspotenzial nicht mehr besonders groß ausfällt. Rund ein Fünftel der Bevölkerung praktiziert nach eigener Aussage Kleider-Sharing bereits und ein gutes
Viertel der Bevölkerung (26 Prozent) kann sich vorstellen, dies zukünftig zu tun
(siehe Abbildung 17).

Dabei gibt es noch etwas mehr Potenzial, dass mehr Leute ihre Kleidung
anbieten (26 Prozent) als nachfragen (22 Prozent). Bei den zukünftig (weiterhin)
Interessierten sind Frauen und junge Menschen (bis 34 Jahre) sowie Menschen,
die „gerne shoppen gehen" beziehungsweise denen „Kleidung viel bedeutet",
überproportional vertreten. Einen weiteren Schwerpunkt bilden einkommensschwache Gruppen.

Der Markt für Kleider-Sharing bietet die vergleichsweise geringsten Entwicklungspotenziale. Diese als sehr positiv wahrgenommene Form des Teilens
wird von Vielen bereits praktiziert. Dennoch bieten sich auch in Zukunft Marktchancen bei bestimmten Zielgruppen – vor allem jungen Frauen.

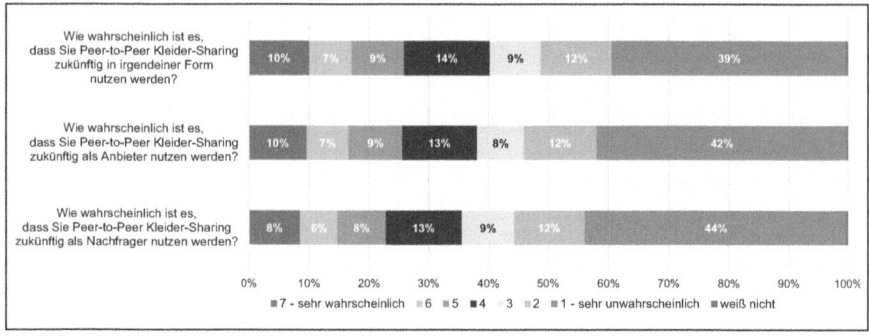

Abbildung 17: Nutzungsabsichten für Peer-to-Peer Kleider-Sharing
Fragen: wie in Abbildung; $N = 2.001$

3.6   Zielgruppen für Peer-to-Peer Sharing

Die Menschen, die Peer-to-Peer Sharing schon heute und in der Zukunft nutzen beziehungsweise nicht nutzen, zeichnen sich durch diesbezüglich unterschiedliche Einstellungen und Verhaltensweisen aus. Um diesen Unterschieden – etwa in der zielgruppenspezifischen Kommunikation – gerecht zu werden, wurden die Befragten in insgesamt fünf Typen gruppiert (siehe Abbildung 18): Die jetzigen oder zukünftigen Nutzer von Peer-to-Peer Sharing sind auf die Gruppen „Aktive", „Pragmatische" und „Aufgeschlossene" aufgeteilt; insgesamt zählt fast die Hälfte der Bevölkerung dazu. Zudem wurden zwei Typen ausgemacht – die „Indifferenten" und die „Ablehnenden" –, die an Peer-to-Peer Sharing wenig interessiert sind.[24]

Die „Aktiven" sind der „harte Kern" unter den Zielgruppen für Peer-to-Peer Sharing. Sie sind eher männlich, jung und gut gebildet und nutzen Peer-to-Peer Sharing weit mehr als andere. Für sie ist diese Form des Konsums vor allem eine Möglichkeit, Geld zu sparen, die aber auch ökologische und soziale Vorteile bringt. Auch für die „Pragmatischen", ebenfalls eine eher junge und gut gebildete sowie mit Peer-to-Peer Sharing vertraute Zielgruppe, stehen finanzielle Motive im Vordergrund, dicht gefolgt von ökologischen Motiven. Soziale Aspekte sind für diese Gruppe weniger bedeutsam. Die „Aufgeschlossenen", eher weiblich und deutlich älter als die beiden anderen Gruppen, haben demgegenüber

---

24 Für eine ausführlichere Darstellung siehe Scholl et al. (2017).

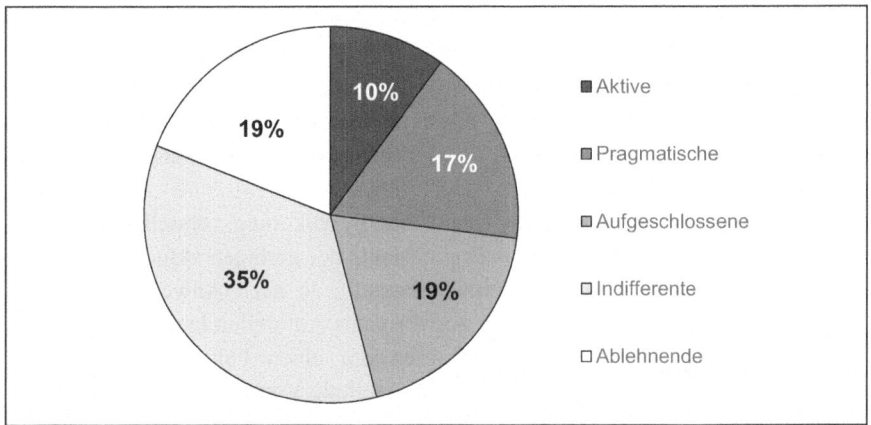

Abbildung 18: Die fünf Typen des Peer-to-Peer Sharing

wenig Erfahrungen mit Peer-to-Peer Sharing. Sie können sich aber vorstellen, dies zukünftig zu praktizieren. Bei dieser Gruppe stehen ökologische Motive sogar an erster Stelle und sind die sozialen Motive ähnlich wichtig wie bei den „Aktiven".

3.7 Diskussion

Die repräsentative Online-Befragung der deutschen Bevölkerung ab 16 Jahre hat gezeigt, dass die Vertrautheit mit dem über Online-Plattformen vermittelten Teilen von privat zu privat gering ist. Deutlich über 80 Prozent geben an, derartige Dienste noch nie in Anspruch genommen zu haben. Die mit Peer-to-Peer Sharing Vertrauteren beziehungsweise Erfahreneren sind eher jung und verfügen über einen höheren Bildungsabschluss als der Bevölkerungsdurchschnitt.

Die Idee des Güterteilens mit Fremden wird insgesamt sehr positiv wahrgenommen. Rund zwei Drittel der Befragten betrachten Peer-to-Peer Sharing zudem als eine nachhaltige Form des Konsums. Für fast die Hälfte stellt sie aber auch eine eher riskante Konsumoption dar. Bei den vier Anwendungsfeldern werden auf Ebene der allgemeinen Einstellung digital vermittelte Mitfahrgelegenheiten am positivsten beurteilt, gefolgt von Kleider-Sharing, Carsharing und Apartment-Sharing. Bei der Risikowahrnehmung verändert sich die Reihenfolge: Apartment-Sharing und Carsharing werden am riskantesten wahrgenommen, gefolgt von Mitfahrgelegenheiten und Kleider-Sharing.

Bei den spezifischen Einstellungen gegenüber dem Internet-gestützten Peer-to-Peer Sharing dominieren ökonomische und ökologische Motive: Nach Ansicht der Befragten kann der geteilte Konsum vor allem dazu beitragen, Geld zu sparen und die Umwelt zu schonen. Als Einkommensquelle beziehungsweise als Möglichkeit der sozialen Interaktion wird diese Form des Konsums von den Befragten weit weniger gesehen.

Perspektivisch kann sich ein Drittel der Bevölkerung vorstellen, derartige Dienste in Anspruch zu nehmen, was angesichts der geringen aktuellen Verbreitung ein großes Entwicklungspotenzial darstellt. Je nach Anwendungsbereich fällt dieses Potenzial unterschiedlich aus: Privates Autoteilen kann laut selbstberichteter Nutzungsabsichten der Befragten um einen Faktor fünf wachsen, Apartment-Sharing um einen Faktor 2,5, die digitale Vermittlung von Mitfahrgelegenheiten um einen Faktor 1,7 und der digitale Handel von Gebrauchtkleidern um einen Faktor 1,3.

Entscheidend für die Umsetzung der Entwicklungsmöglichkeiten wird es sein, ob es gelingt, neben den aktuellen Nutzern von Peer-to-Peer Sharing-Plattformen, die eher jung, gut gebildet und oft pragmatisch motiviert sind, auch ältere Zielgruppen zu erreichen. Für sie spielen ökologische und soziale Motive eine etwas größere Rolle.

Überdies verweisen die Daten auf einen weiteren Zusammenhang: Die Nutzungsabsichten bei privatem Carsharing, Mitfahrgelegenheiten und Apartment-Sharing korrelieren positiv miteinander.[25] Das heißt, wer sich vorstellen kann, zukünftig Autos oder Mitfahrgelegenheiten über digitale Plattformen zu teilen, kann sich dies auch bei Unterkünften vorstellen – und anders herum. Hier schimmert eine Art „homo collaborans" (Heinrichs 2013) durch, der gleich in mehreren Feldern seine Konsumbedürfnisse durch kollaborative Formen der Güternutzung zu befriedigen bereit ist.

Im Vergleich zu anderen Umfragen (z. B. Heinrichs und Grunenberg 2012, ING DiBa 2015, PwC 2015) kommt die vorliegende Studie bezüglich der bisherigen Erfahrungen mit der Sharing Economy zu teils deutlich niedrigeren, aber womöglich realistischeren Einschätzungen. Dies kann darin begründet sein, dass mit dem Internet-gestützten Peer-to-Peer Sharing nur ein Teilbereich der Sharing Economy adressiert wurde. Eine ähnliche Diskrepanz tut sich bei den Nutzungspotenzialen auf: VZBV (2015) und PwC (2015) beziffern dies auf allgemeiner

---

25 Die Korrelationswerte liegen zwischen 0,51 und 0,60 und sind auf dem Niveau von 0,01 (2-seitig) signifikant. Demgegenüber fällt die Korrelation zwischen diesen drei Bereichen und dem Bereich Kleider-Sharing deutlich ab. Hier liegen die Werte zwischen 0,32 und 0,39.

Ebene auf rund zwei Drittel der Bevölkerung, also ein doppelt so hohes Nutzungspotenzial als in der hier vorliegenden Befragung. Dies kann nur zum Teil durch die unterschiedlichen Definitionen des Befragungsgegenstandes der Studien erklärt werden. Auch bei den Anwendungsbereichen liegen die Werte teils deutlich höher: So wird etwa in der Umfrage der ING DiBa (2015) festgestellt, dass knapp 45 Prozent aller Deutschen sich einen Urlaub in privat vermittelten Häusern vorstellen können – fast dreimal so viele wie in der vorliegenden Umfrage (17 Prozent). Und beim privaten Carsharing sind es laut der ING DiBa-Studie 18 Prozent der Deutschen, die bereit wären, ihr eigenes Auto gegen Bezahlung mit anderen Menschen zu teilen – ebenfalls nahezu dreimal mehr als in der hier vorgestellten Erhebung (7 Prozent). Beim Apartment-Sharing kommt lediglich die Befragung von BMUB und UBA (2015) auf eine ähnliche Größenordnung: Danach verfügen fünf Prozent der Befragten über Erfahrungen damit und 13 Prozent der Unerfahrenen können es sich zukünftig vorstellen.

Bezüglich der Motive für die (zukünftige) Nutzung von Peer-to-Peer Sharing-Angeboten ergibt sich im Vergleich zu anderen Befragungen ein gemischtes Bild. Der hohe Stellenwert pragmatischer, vor allem finanzieller Motive (Geld sparen) wird beispielsweise durch die Untersuchungen von Belotti et al. (2015), Böcker und Meelen (2017) und Hamari et al. (2015) sowie am Beispiel von Apartment-Sharing durch die Studien von Tussyadiah (2016) und Tussyadiah und Pesonen (2016) bestätigt. Ökologische Motive, denen in der Literatur eine hohe Bedeutung beigemessen wird (z. B. Heinrichs 2013, Phipps et al. 2013) und deren Relevanz in der vorliegenden Untersuchung bestätigt wurde, haben in anderen Befragungen hingegen nur einen geringen (Tussyadiah 2016) bis gar keinen Einfluss (Möhlmann 2015) auf die Nutzungsabsicht. Dieser Befund kann darauf zurückzuführen sein, dass sich die beiden erwähnten Studien auf den Bereich Apartment-Sharing (Tussyadiah 2016, Möhlmann 2015) beziehen. Denn für die geteilte Nutzung von Unterkünften wurde auch in der vorliegenden Befragung ein vergleichsweise geringer Stellenwert von Nachhaltigkeitsmotiven festgestellt. Schließlich ließen sich für die Hypothese, dass die Sharing Economy einen positiven Einfluss auf soziale Interaktion und soziale Vernetzung hat (z. B. Nica und Potcovaru 2015), nur sehr schwache empirische Hinweise finden.

3.8   Fazit

Die obigen Ausführungen haben gezeigt, dass das große mediale Interesse, das
der Sharing Economy seit geraumer Zeit zukommt, und die oftmals postulierte
gesellschaftliche und wirtschaftliche Bedeutung mit der noch recht geringen Verbreitung von Praktiken des Internet-gestützten Peer-to-Peer Sharing kontrastie-
ren. Nur ein sehr kleiner Teil der Bevölkerung verfügt bislang über Erfahrungen
mit modernen Formen des über Online-Plattformen vermittelten privaten Teilens, etwa bei Autos oder bei Unterkünften. Gleichwohl verweisen die insgesamt
sehr positiven Einschätzungen dieser neuartigen Form des geteilten Konsums
sowie die in der vorgestellten Befragung geäußerten Nutzungsabsichten auf erhebliche Entwicklungspotenziale dieses Teils der Sharing Economy. Um die
Potenziale auszuschöpfen, müssen Zielgruppen jenseits der aktuell Sharing-Affi-
nen, die eher jung und gut gebildet sind, erschlossen werden – nach den vorliegenden Befunden vor allem eine etwas ältere und eher weibliche Klientel, die
nicht nur pragmatisch motiviert ist, sondern auch die ökologischen und sozialen
Qualitäten des Sharing schätzt.

Die Ergebnisse zeigen aber auch: Für die Mehrheit der Bevölkerung ist Internet-gestütztes Peer-to-Peer Sharing aus heutiger Sicht keine Option. Zugangs-
basierter Konsum wird eigentumsbasierte Konsumpraktiken daher nicht vollständig ablösen können. Nicht zuletzt deshalb, weil irgendjemand auch Dinge
besitzen muss, damit andere sie nutzen können. Modernes Peer-to-Peer Sharing
wird also konventionelle, eigentumsbasierte Konsummuster bestenfalls ergänzen
und somit zu hybriden Konsumformen führen, bei denen die Bedürfnisbefriedi-
gung durch einen Mix von eigentumsbasierter und eigentumsloser Güternutzung
bewerkstelligt werden wird.

Für die zukünftige Forschung ergeben sich daraus zwei wichtige Fragen.
Zeichnet sich angesichts der vorliegenden Befunde tatsächlich ein Wandel in
Richtung „liquider" Konsummuster (Bardhi und Eckhardt 2012) ab? Um diese
These empirisch überprüfen zu können, müsste das individuelle Konsumverhalten bedürfnisfeldübergreifend hinsichtlich der Ausprägungen „liquide" (flüchtig,
zugangsbasiert, dematerialisiert) und „fest" (dauerhaft, eigentumsbasiert, materi-
alintensiv) (ebd.) analysiert werden. Zum anderen stellt sich die Frage, ob die
hohe Sharing-Affinität von jüngeren Menschen mit hohem Bildungsniveau ein
Lebensphasen- oder ein Generationenphänomen darstellt. Wird also weniger geteilt und mehr besessen, wenn man älter wird beziehungsweise in neue Lebens-
phasen eintritt, wie etwa die Familiengründung? Oder bleibt die hohe Neigung
zum Güterteilen von aktuell jungen Menschen bestehen und führt so mittel- bis

langfristig zu einer Verbreitung des Sharing-Gedankens in weiten Teilen der Gesellschaft? Aufschluss hierüber könnten Längsschnittstudien geben, die den Wandel individueller Konsummuster im Laufe der Zeit erfassen.

Die Fragen machen deutlich, dass mit der hier vorgestellten Repräsentativerhebung zum Internet-gestützten Peer-to-Peer Sharing lediglich eine Momentaufnahme des gegenwärtigen Konsumwandels geliefert werden konnte. Die Dynamik besteht fort und in welche Richtung sie sich entwickelt, ist eine empirisch offene Frage.

4 Nutzungsmuster von Plattformen des Peer-to-Peer Sharing

Christine Henseling

Neben der Frage nach der Verbreitung und den Potenzialen des Peer-to-Peer Sharing in der Bevölkerung (siehe Kapitel 3) steht die Frage nach der aktuellen Nutzung ausgewählter Plattformen im Fokus. Aus welchen Gründen nehmen Menschen Peer-to-Peer Sharing in Anspruch? Wie werden Sharing-Dienste in unterschiedlichen Konsumbereichen genutzt und wie werden sie von ihren Nutzern wahrgenommen? Um Antworten hierauf zu finden, wurden im Forschungsprojekt neben der oben vorgestellten repräsentativen Bevölkerungserhebung Befragungen bei Nutzern von vier Peer-to-Peer Sharing-Plattformen durchgeführt. Diese sind Kleiderkreisel (eine Plattform für Kleider-Sharing), Wimdu (ein Vermittler von Apartment-Sharing), Flinc (ein Anbieter für Mitfahrgelegenheiten) und Drivy (eine Plattform für Carsharing).

Ziel war es,

- die Motive für die Nutzung von Peer-to-Peer Sharing-Diensten zu identifizieren,
- detaillierte Informationen zum Nutzungsverhalten zu gewinnen,
- zu erfahren, wie die Nutzer das Teilen von Gütern wahrnehmen und bewerten, und
- Erkenntnisse darüber zu gewinnen, ob Nutzer Peer-to-Peer Sharing auch in anderen Konsumbereichen in Anspruch nehmen.

Eine zentrale Frage des Gesamtprojekts ist, ob und inwieweit Peer-to-Peer Sharing zu einem nachhaltigeren Wirtschaften beiträgt. Die im Rahmen einer qualitativen Vorstudie durchgeführte Interviewreihe hat gezeigt, dass in der Bevölkerung ökologische Vorteile durch die geteilte Güternutzung erwartet werden. Insbesondere wird erwartet, dass Ressourcen besser genutzt werden und Neuproduktion vermieden werden kann (Gossen et al. 2016). Ob allerdings tatsächlich Entlastungseffekte für die Umwelt entstehen, hängt entscheidend auch vom Nutzerverhalten ab. So könnte durch den einfachen und kostengünstigen Zugang zu Produkten, den das Peer-to-Peer Sharing bietet, möglicherweise auch zusätzlicher Konsum induziert werden (Behrendt et al. 2017, UBA 2015). Vor diesem

Hintergrund sollte die Befragung Hinweise liefern, welche Konsumalternativen durch das Peer-to-Peer Sharing ersetzt werden und ob additiver Konsum entsteht. Die Ergebnisse bildeten eine Input-Größe für die ökobilanzielle Abschätzung der Effekte verschiedener Sharing-Plattformen (siehe hierzu Kapitel 5).

Im Folgenden wird zunächst das Vorgehen kurz erläutert, bevor die wichtigsten Ergebnisse der Nutzerbefragungen bei Drivy, Flinc, Kleiderkreisel und Wimdu vorgestellt werden.

4.1 Vorgehensweise

Die Erhebungen wurden zwischen Juni 2016 und Januar 2017 als Online-Befragungen durchgeführt[26]. In jeder der untersuchten Nutzer-Communities wurden sowohl Anbieter *(peer provider)* als auch Nachfrager *(peer consumer)* von geteilten Gütern befragt. Die Befragungen wurden in allen vier Fällen in den jeweiligen Nutzer-Communities breit beworben, indem ein Aufruf zur Beteiligung mittels Newsletter verschickt wurde (Wimdu, Flinc, Drivy) bzw. auf der Plattform selbst und im Nutzerforum erfolgte (Kleiderkreisel). Die Rücklaufquoten waren in allen Befragungen sehr hoch: Die Zahl der in die Auswertung einbezogenen Fragebögen betrug bei Kleiderkreisel 4.433, bei Wimdu 1.637, bei Flinc 1.035 und bei Drivy 844 – in der Summe also fast 8.000 Befragte.

Da von Seiten der Plattformbetreiber nur vereinzelt Informationen zu zentralen Merkmalen (Alter, Geschlecht, Bildung) der Grundgesamtheit der jeweiligen Nutzerschaft zur Verfügung gestellt wurden, konnte kein Abgleich hinsichtlich der Repräsentativität der gewonnenen Stichproben vorgenommen werden. Eine Rücksprache mit Vertretern der Plattformen zeigte jedoch, dass – im Fall von Drivy, Flinc und Kleiderkreisel – die Einschätzung besteht, dass die Stichprobe die Nutzerschaft gut abbildet. Dies gilt im Wesentlichen auch für die Wimdu-Befragung, allerdings scheint das Durchschnittsalter in der Stichprobe hier etwas über dem der Gesamtnutzerschaft zu liegen.

---

26 Wir danken den Vertretern der Praxispartner Drivy, Kleiderkreisel, Wimdu und Flinc für die Unterstützung bei der Umsetzung und Platzierung der Befragungen.

4.2   Zusammensetzung der Stichproben

Drivy: Die in der Stichprobe abgebildeten Drivy-Nutzer sind überwiegend männlich (65 Prozent), das Durchschnittsalter beträgt 41 Jahre. Dabei ist die Gruppe der 20- bis 39-Jährigen etwas stärker vertreten als die Gruppe der 40- bis 59-Jährigen. Auffällig ist das hohe Bildungsniveau der Befragten: 71 Prozent haben Abitur oder einen Hochschulabschluss. Die Befragung zeigt außerdem, dass es sich bei den Anbietern und bei den Nachfragern um weitgehend getrennte Gruppen handelt. Das heißt, entweder ein Nutzer besitzt ein Auto und bietet es anderen Personen zur Mit-Nutzung an oder er nimmt ein Auto über Drivy in Anspruch, ohne aber ein eigenes Fahrzeug anzubieten. Nur wenige Personen tun beides.

Flinc: Wie bei Drivy weist auch die Stichprobe der Flinc-Nutzer einen höheren Anteil männlicher Nutzer auf (ebenfalls 65 Prozent). Das Durchschnittsalter der Befragten liegt bei 42 Jahren, wobei die Altersgruppe der 40- bis 59-Jährigen fast ebenso häufig vertreten ist wie die der 20- bis 39-Jährigen (42 Prozent gegenüber 44 Prozent). Das Bildungsniveau ist hier mit 71 Prozent an Personen, die Abitur oder einen Hochschulabschluss haben, ebenso hoch wie bei den Drivy-Nutzern. Fahrer und Mitfahrer bilden überwiegend getrennte Personenkreise. Aber etwa jeder fünfte Mitfahrer bietet auch selbst Mitfahrten an.

Wimdu: Die Wimdu-Nutzer in unserer Befragung setzen sich zu fast gleichen Teilen aus Männern und Frauen zusammen (Frauenanteil: 54 Prozent). Ebenso wie bei Drivy und Flinc stellen Vermieter und Mieter überwiegend getrennte Gruppen dar. Nur 9 Prozent der befragten Nutzer gebrauchen die Plattform sowohl, um eine eigene Wohnung an Gäste zu vermieten, als auch, um selbst Ferienunterkünfte zu buchen. Vor allem bezüglich des Durchschnittsalters unterscheiden sich die beiden Gruppen: Bei den Mietern liegt es bei 45 Jahren, bei den Vermietern bei 51 Jahren. Auch in dieser Community findet sich mit 66 Prozent ein hoher Anteil an Personen mit hohem Bildungsniveau.

Kleiderkreisel: Die Plattform Kleiderkreisel hat eine sehr junge und überwiegend weibliche Nutzerschaft. Dies spiegelt sich auch in der durchgeführten Befragung wider. Die Befragten in der Stichprobe sind überwiegend weiblich (95 Prozent), das Durchschnittsalter liegt bei 23 Jahren. Der Großteil der Befragten (59 Prozent) hat ein abgeschlossenes Studium oder Abitur. Hinzu kommen noch einmal 20 Prozent, die noch zur Schule gehen. Im Gegensatz zu Drivy, Flinc und Wimdu nehmen die meisten Nutzer Kleiderkreisel sowohl als Anbieter als auch als Nachfrager in Anspruch. Zwei Drittel nutzen die Plattform sowohl zum Kaufen als auch zum Verkaufen von gebrauchter Kleidung.

4.3   Motive und Bewertung des Peer-to-Peer Sharing

Die Ergebnisse zeigen, dass ökonomische Motive („Geld sparen" und „Geld verdienen") bei den Plattformen Kleiderkreisel, Wimdu und Drivy die größte Rolle für die Nutzung des Sharing-Dienstes spielen. Aber auch ökologische Motive („die Umwelt schonen", „Ressourcen besser nutzen") erreichen hohe Werte (siehe Abbildung 19 und 20). Dagegen spielen soziale Motive („mit Gleichgesinnten in Kontakt kommen", „neue Leute kennenlernen") nur eine untergeordnete Rolle. Lediglich bei den Wimdu-Nutzern (und hier vor allem bei den Anbietern) erzielen die sozialen Motive etwas höhere Mittelwerte. Eine andere Rangfolge der Motive zeigt sich bei der Ridesharing-Plattform Flinc: Hier stehen die ökologischen Motive an erster Stelle, noch vor dem Aspekt „Geld sparen". Das Motiv „Geld verdienen" ist für die Nutzer von Flinc am wenigsten bedeutend für ihre Entscheidung die Plattform zu nutzen und liegt noch hinter den sozialen Motiven. Allerdings muss hier berücksichtigt werden, dass das Geschäftsmodell von Flinc festgelegte Preise für die Mitnahme eines Mitfahrers vorschreibt, die den Charakter einer Aufwandsentschädigung haben und somit auf einem niedrigen Niveau liegen[27].

---

27 Um nicht unter das Personenbeförderungsgesetz zu fallen und die damit verbundenen erheblichen Auflagen erfüllen zu müssen, sind die Preise, die Flinc-Fahrer verlangen können, von der Plattform stark gedeckelt. Es ist den Fahrern laut Geschäftsbedingungen verboten, mehr Geld für die Fahrt zu verlangen, als zur Deckung der Betriebskosten der Fahrt nötig sind (siehe Vogelpohl und Simons 2015).

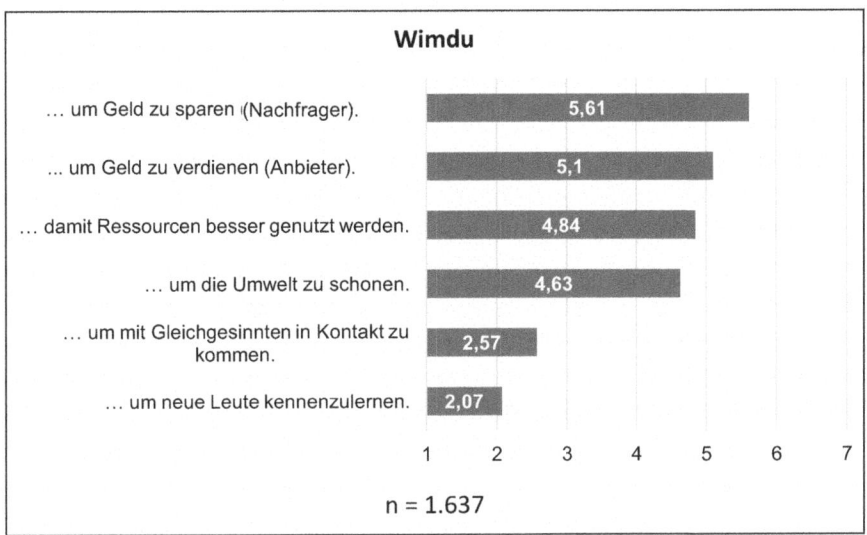

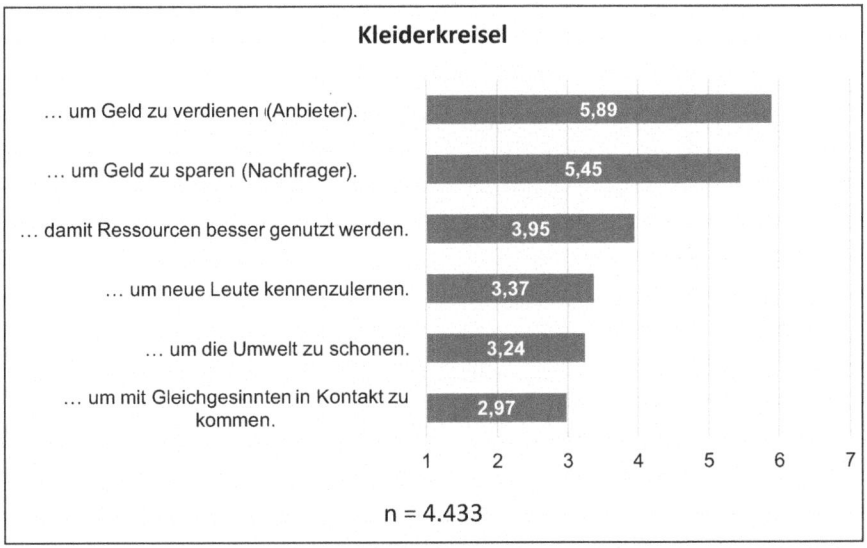

Abbildung 19: Motive für die Nutzung von Wimdu und Kleiderkreisel
Frage: „Inwieweit spielen die folgenden Motive eine Rolle für deine Nutzung von [Wimdu/Kleiderkreisel]? Ich nutze die Plattform…"; Mittelwerte basierend auf einer Skala von 1 „stimme überhaupt nicht zu" bis 7 „stimme voll und ganz zu"

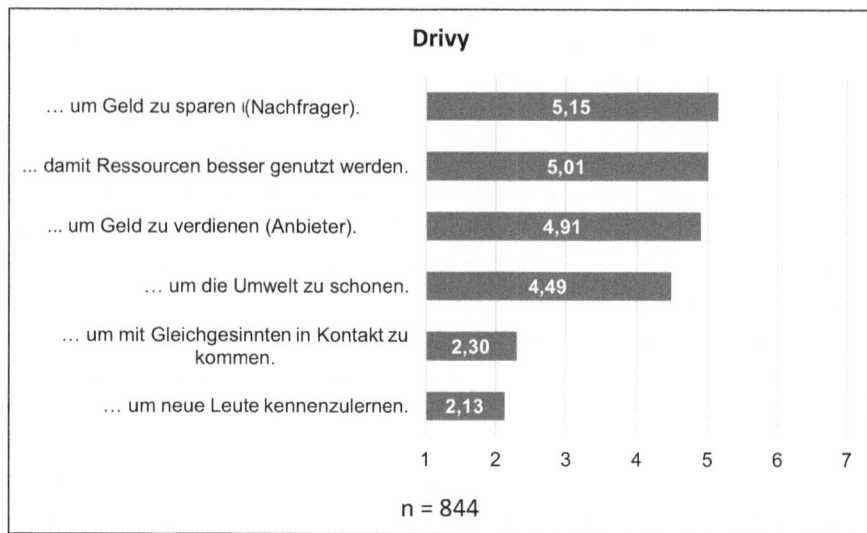

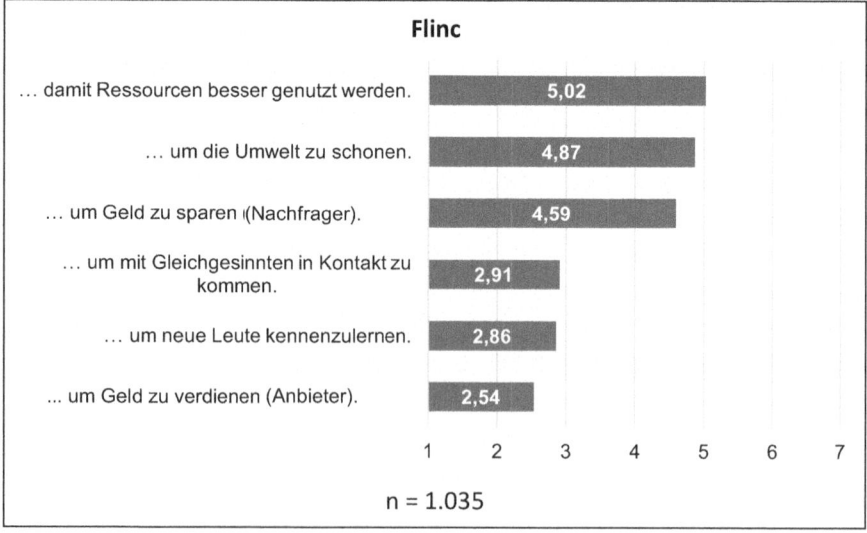

Abbildung 20: Motive für die Nutzung von Drivy und Flinc
Frage: „Inwieweit spielen die folgenden Motive eine Rolle für deine
Nutzung von [Drivy/Flinc]? Ich nutze die Plattform…"; Mittelwerte basierend auf einer Skala von 1 „stimme überhaupt nicht zu" bis 7 „stimme
voll und ganz zu"

In einem weiteren Fragenblock wurden die Einstellungen gegenüber dem online-vermittelten Güterteilen als allgemeiner Konsumpraktik erhoben. Hierzu wurde den Befragten die im Projekt erarbeitete Definition des Peer-to-Peer Sharing vorgelegt (siehe Kasten). Anschließend wurden sie gebeten, ihre Einschätzung dazu zu äußern[28].

Die Plattform [Drivy/Flinc/Wimdu/Kleiderkreisel] zählt zum so genannten Peer-to-Peer Sharing. Dieser Begriff bezeichnet das Teilen von Dingen zwischen Privatpersonen. Autos, Kleidung, Wohnungen – Produkte und Dienstleistungen werden so von privat zu privat verliehen, getauscht und verkauft. Dabei vermitteln oftmals Online-Plattformen zwischen Anbietern und Nachfragern. Sie machen das Teilen unter Fremden möglich.

Es zeigt sich, dass die Nutzer Peer-to-Peer Sharing sehr positiv bewerten. So ist die Zustimmung zu der Aussage „Alles in allem denke ich, dass Peer-to-Peer Sharing etwas Positives ist" über alle Nutzer-Communities hinweg sehr hoch (Wimdu: 84 Prozent, Drivy: 93 Prozent, flinc: 85 Prozent, Kleiderkreisel: 90 Prozent[29]).

Ebenso fällt auch die Bewertung der konkreten Dienste Wimdu, Drivy, Flinc und Kleiderkreisel sehr positiv aus, wie Abbildung 21 zeigt. Die Mittelwerte liegen bei allen abgefragten Items im positiven Bereich, in den meisten Fällen jenseits des Wertes 5 (basierend auf einer Skala von 1 bis 7). Demnach halten die Nutzer ihre Plattform überwiegend für wichtig, nachhaltig, sinnvoll, vorteilhaft und gut.

Auch bei der Frage, ob sie die Nutzung der Plattform als eher riskant oder unriskant einschätzen, fallen die Antworten der Nutzer positiv aus. Hier zeigt sich ein erheblicher Unterschied zur Repräsentativerhebung (siehe Kapitel 3). Dort wurde zwar nicht nach dem Risiko konkreter Plattformen gefragt, wohl aber nach der Einschätzung bezüglich der verschiedenen Sharing-Bereiche. Auch wenn also die Ergebnisse nicht direkt miteinander vergleichbar sind, so liefern sie doch aufschlussreiche Hinweise. So sind beim Carsharing 62 Prozent der Bevölkerung der Meinung, dass dies als eher riskant einzuschätzen sei. Betrach-

---

28 Da die Nutzer mit dem Konzept des Peer-to-Peer Sharing durch die von ihnen genutzte Plattform bereits vertraut sind, wurde hier eine gekürzte Version der in der Repräsentativ-Befragung eingesetzten Definition verwendet.

29 Zustimmung auf einer Skala von 1 „stimme überhaupt nicht zu" bis 7 „stimme voll und ganz zu"; Aggregation der Skalenpunkte 5 bis 7.

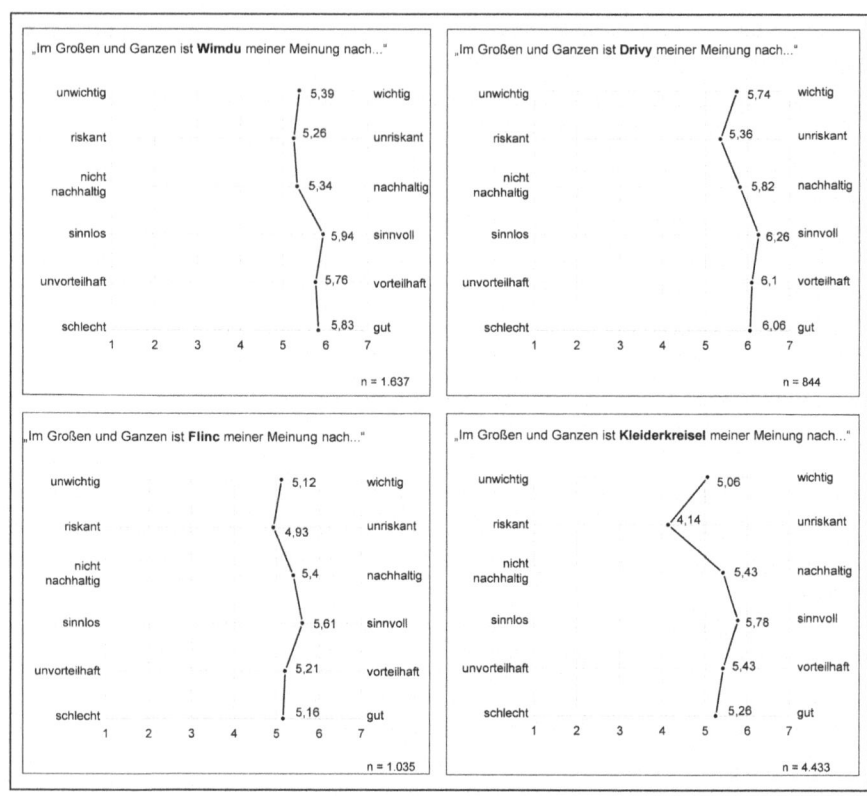

Abbildung 21: Bewertung der Peer-to-Peer Sharing-Dienste
Frage: „Bitte bewerten Sie [Wimdu/Drivy/Flinc/Kleiderkreisel] anhand
der folgenden Aussagen."; Mittelwerte basierend auf einer Skala von 1 –
negativste Ausprägung bis 7 – positivste Ausprägung

tet man hingegen die Drivy-Nutzer und ihre Bewertung der Plattform, so zeigt
sich, dass nur 11 Prozent der Nutzer von Drivy diesen Dienst als eher riskant
bewerten. Eine ähnliche Diskrepanz zeigt sich in den Bereichen Übernachten
und Mitfahrgelegenheiten. Von der Gesamtbevölkerung wird Peer-to-Peer Sharing in diesen beiden Bereichen als eher riskant wahrgenommen. Demgegenüber
bewertet nur eine Minderheit der Nutzer die Plattformen Flinc (17 Prozent) und
Wimdu (13 Prozent) als risikoreich. Ein anderes Bild ergibt sich in Bezug auf
das Kleider-Sharing: In der Bevölkerung wird dieser Sharing-Bereich von 28
Prozent als eher riskant eingeschätzt. Der Anteil der Nutzer, der die Plattform
Kleiderkreisel für eher riskant hält, liegt mit 32 Prozent in einem ähnlichen Bereich.

4.4   Nutzungsverhalten

Einen zentralen Part in den Befragungen stellte die Erhebung des konkreten Nutzerverhaltens auf den vier untersuchten Plattformen dar. Ziel war es, Informationen darüber zu gewinnen, zu welchen Konsumoptionen die Peer-to-Peer Sharing-Plattformen als Alternative eingesetzt werden und ob die Nutzung anderen Konsum ersetzt oder additiv dazu stattfindet.

Drivy

Um Anhaltspunkte darüber zu gewinnen, an Stelle welcher Konsumalternativen Drivy genutzt wird, wurden die Befragten gebeten, Auskunft darüber zu geben, was sie voraussichtlich getan hätten, wenn es Drivy und ähnliche Plattformen zum privaten Autoteilen nicht gäbe. Die Ergebnisse in Abbildung 22 zeigen, dass Drivy vor allem als Ersatz zu klassischen Autovermietungen sowie zu öffentlichen Verkehrsmitteln genutzt wird. 39 Prozent geben an, sie hätten ohne Drivy ein Auto von Sixt oder einem anderen Autovermieter gebucht, 23 Prozent hätten die Fahrt mit Bus oder Bahn zurückgelegt. Allerdings werden auch zusätzliche Fahrten induziert: 9 Prozent der Befragten geben an, dass sie ohne Drivy die Fahrt nicht unternommen hätten.

Es wurde auch untersucht, inwieweit Angebote zum Autoteilen den privaten Pkw-Besitz beeinflussen. Hier tritt ein uneinheitliches Bild zutage. Einerseits gibt ein erheblicher Teil der Mieter (17 Prozent) an, aufgrund der Nutzung von Drivy und ähnlichen Plattformen in ihrem Haushalt ein Auto abgeschafft zu haben. Und sogar mehr als die Hälfte (57 Prozent) berichtet, dass sie durch die Sharing-Möglichkeiten auf die Anschaffung eines Autos verzichtet haben. Andererseits führt die Nutzung von Drivy bei 17 Prozent der Nutzer dazu, dass sie ein Auto behalten, das sie ansonsten abgeschafft hätten. Hierbei spielt wahrscheinlich der Aspekt eine zentrale Rolle, dass durch den Zuverdienst über Drivy die Unterhaltskosten für das Auto zum Teil ausgeglichen werden.

Aus den Daten geht aber auch hervor, dass Drivy eine Konkurrenz zum klassischen Carsharing darstellt. 42 Prozent der Drivy-Nutzer haben eigenen Aussagen zufolge aufgrund der Nutzung von Plattformen zum privaten Autoteilen auf die Mitgliedschaft bei einem klassischen Carsharing-Unternehmen (z. B. Flinkster, Greenwheels, Cambio) verzichtet.

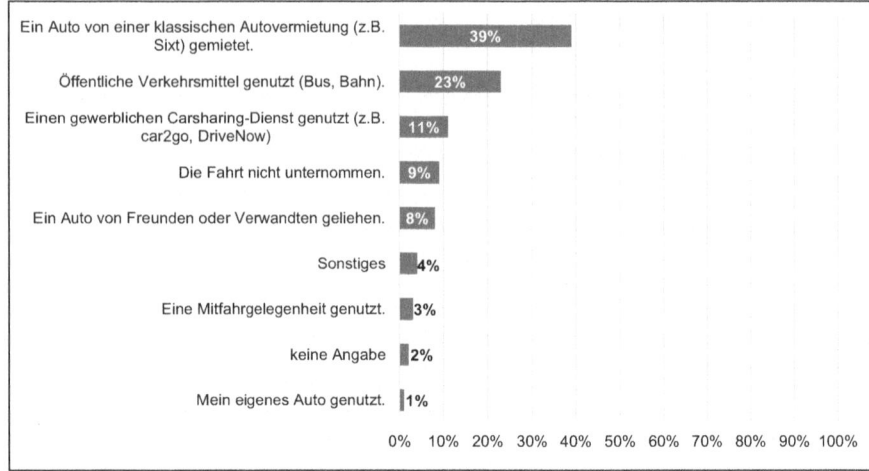

Abbildung 22: Welche Konsumalternativen ersetzt Drivy?
Frage: „Was hättest du voraussichtlich getan, wenn es Drivy und
ähnliche Plattformen zum privaten Autoteilen nicht gäbe? Ich hätte…";
befragt wurden hier nur Mieter; $n = 544$

Flinc

Auch bei Flinc wurde untersucht, welche anderen Mobilitätsformen die Plattform ersetzen. Die Nutzer wurden auch hier gefragt, was sie getan hätten (bezogen auf die letzte Mitfahrt), wenn es Flinc und ähnliche Plattformen nicht gäbe.
Wie aus Abbildung 23 hervorgeht, hätten zwei Drittel der befragten Mitfahrer
ohne Flinc öffentliche Verkehrsmittel benutzt (Bus, Bahn, Fernbus etc.) und
12 Prozent hätten das eigene Auto genommen. Der Großteil der Fahrer
(87 Prozent) gibt an, dass er die Strecke auch ohne Flinc mit dem eigenen Auto
zurückgelegt hätte – in diesem Fall allerdings ohne einen Mitfahrer.

Wie bei Drivy ist auch bei Flinc ein deutlicher Effekt auf die Autonutzung
und den Autobesitz festzustellen. Bei den Mitfahrern geben 39 Prozent an, dass
sie, seit sie Flinc und andere Mitfahr-Plattformen nutzen, seltener mit dem eigenen Auto fahren als früher. 14 Prozent sagen, dass sie seitdem ein Auto in ihrem
Haushalt abgeschafft haben und sogar 36 Prozent haben nach eigener Aussage
durch Flinc auf die Anschaffung eines Autos verzichtet.

Anders als bei Drivy ist Flinc für die Nutzer offensichtlich kein Grund, ein
Auto zu behalten, das sie ansonsten abgeschafft hätten. Lediglich 3 Prozent der
Fahrer erklären, dass sie ohne Flinc wahrscheinlich ihr Auto nicht länger behal-

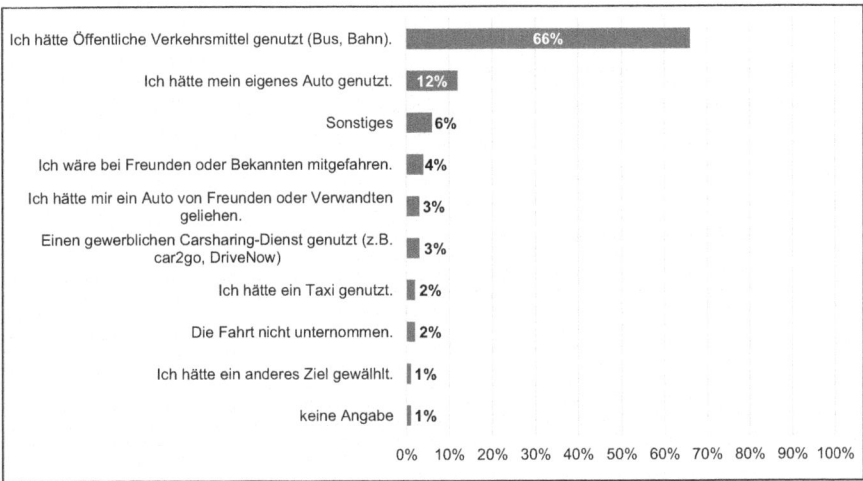

Ich hätte Öffentliche Verkehrsmittel genutzt (Bus, Bahn). 66%

Ich hätte mein eigenes Auto genutzt. 12%

Sonstiges 6%

Ich wäre bei Freunden oder Bekannten mitgefahren. 4%

Ich hätte mir ein Auto von Freunden oder Verwandten geliehen. 3%

Einen gewerblichen Carsharing-Dienst genutzt (z.B. car2go, DriveNow) 3%

Ich hätte ein Taxi genutzt. 2%

Die Fahrt nicht unternommen. 2%

Ich hätte ein anderes Ziel gewählht. 1%

keine Angabe 1%

0% 10% 20% 30% 40% 50% 60% 70% 80% 90% 100%

Abbildung 23: Welche Mobilitätsalternativen ersetzt Flinc?
Frage: „Was hättest Du voraussichtlich getan, wenn es Flinc und ähnliche Plattformen (z. B. BlaBlaCar) nicht gäbe?"; befragt wurden hier nur Mitfahrer; $n = 185$

ten hätten. Hierbei spielt sicherlich auch eine Rolle, dass der Zuverdienst durch Flinc gegenüber den Unterhaltungskosten für ein Auto kaum ins Gewicht fällt.

Auffällig bei Flinc ist, dass nur ein relativ kleiner Teil derjenigen, die auf der Plattform registriert sind, auch tatsächlich schon einmal eine Transaktion darüber getätigt hat. Das heiß konkret: Nur 37 Prozent der registrierten Fahrer haben überhaupt schon einmal über Flinc einen Mitfahrer mitgenommen. Und nur 40 Prozent der Mitfahrer haben überhaupt schon einmal hierüber eine Mitfahrgelegenheit gebucht. Es kann vermutet werden, dass diese geringe faktische Inanspruchnahme in der Schwierigkeit begründet liegt, einen Mitfahrer bzw. Fahrer für eine geplante Strecke zu finden. Ein passgenaues Matching von Angebot und Nachfrage ist im Bereich Mitfahrgelegenheiten eine besondere Herausforderung, da hier zum einen der Weg übereinstimmen muss, zum anderen aber auch die Abfahrtzeit häufig bis auf wenige Minuten feststeht. So wurde in der Befragung auch von vielen Nutzern kritisiert, dass bei einer Anfrage über Flinc zu häufig kein passendes Angebot gefunden wird. Dies zeigen die Antworten auf eine offene Frage, die den Befragten die Möglichkeit gab, Kritik und Verbesserungsvorschläge zu äußern.

Wimdu

Für die Nutzer stellt Wimdu offensichtlich eine gute Alternative zu klassischen Ferienwohnungen, Hotels oder Pensionen dar. Etwas mehr als 80 Prozent erklären, dass sie ohne Wimdu eine dieser Unterkunftsarten gebucht hätten. Bei einigen Nutzern führt Apartment-Sharing aber auch dazu, dass sie häufiger und länger verreisen. So sagen etwa 9 Prozent der Befragten, dass sie – bezogen auf die letzte Reise – ohne Wimdu auf diese Reise verzichtet hätten. Und sogar 23 Prozent stellen fest, dass sie, seitdem sie Plattformen zum Apartment-Sharing nutzen, übers Jahr betrachtet häufiger verreisen. Sowohl die Zahl der Städtereisen als auch die Zahl der Auslandsreisen und der Flugreisen hat sich dadurch erhöht wie Abbildung 24 zeigt.

Andererseits würde ohne Wimdu und andere Plattformen zum Apartment-Sharing ein großer Teil (46 Prozent) der Befragten seine Unterkünfte nicht vermieten. Sie würden dann einfach leer stehen, wenn der Vermieter sie nicht braucht. Vorhandene Ressourcen würden damit ungenutzt bleiben.

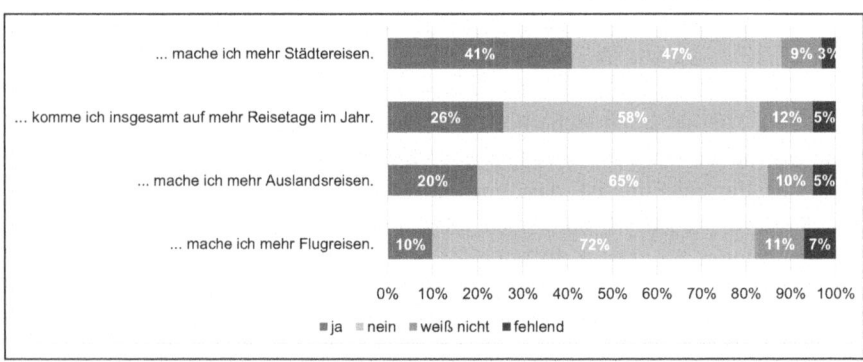

Abbildung 24: Veränderungen Reisegewohnheiten
Frage: „Seit ich Wimdu und andere Plattformen im Internet (z. B. Airbnb oder Couchsurfing) nutze, ..."; befragt wurden hier nur Mieter; *n* = 1.120

Kleiderkreisel

Kleiderkreisel und vergleichbare Internet-Plattformen werden von einem maßgeblichen Teil der Nutzer (36 Prozent) als Alternative zum Neukauf genutzt. Bei etwa einem Viertel ersetzt Kleiderkreisel andere Einkaufsmöglichkeiten für Gebrauchtkleidung (Kleinanzeigen, Secondhand-Läden etc.). Allerdings regen

Abbildung 25: Welche Konsumalternativen ersetzt Kleiderkreisel?
Frage: „Was hättest Du voraussichtlich getan, wenn es Kleiderkreisel (oder vergleichbare Plattformen im Internet wie eBay) nicht gäbe? Ich hätte...“; befragt wurden nur Nachfrager; *n* = 3.964

die Kleider-Sharing-Plattformen auch zu zusätzlichem Konsum an: 34 Prozent der Befragten hätte ohne Kleiderkreisel zu diesem Zeitpunkt auf den Kauf des Kleidungsstücks verzichtet (siehe Abbildung 25).

Hinweise darauf, ob Kleiderkreisel eher den Neukauf von Kleidung ersetzt oder zu additivem Konsum beiträgt, gibt auch die Frage, inwieweit sich die Kleidermenge verändert hat. Hier zeigt sich ein heterogenes Bild. Während bei 28 Prozent der Befragten die Nutzung von Plattformen wie Kleiderkreisel dazu geführt hat, dass sie nun mehr Kleidungsstücke besitzen, verfügt eine fast gleichgroße Gruppe (23 Prozent) über weniger Kleidungsstücke.

Um einen genaueren Einblick zu erhalten, welche verschiedenen Nutzergruppen es auf der Plattform gibt, wurde eine Gruppierung der Nutzer mit Hilfe einer Clusteranalyse vorgenommen. Im Ergebnis zeigen sich vier Typen, die die Plattform auf verschiedene Art und Weise in Anspruch nehmen:

Die *„Reduzierer“ (20 Prozent)*: Sie sind die Gruppe, die sich auf Kleiderkreisel am nachhaltigsten verhält. Sie nutzen Kleiderkreisel, um ihre Ausgaben für Kleidung zu reduzieren. Gleichzeitig führt das Kleider-Sharing bei ihnen dazu, dass sie insgesamt weniger Kleidungsstücke besitzen als früher. Die Nutzung von gebrauchten Kleidungsstücken hat für sie einen hohen Stellenwert. Dementsprechend kaufen sie – seit sie Kleiderkreisel und ähnliche Plattformen nutzen – weniger Neuware. Sie weisen von allen Gruppen das höchste Bildungsniveau auf und geben am häufigsten ökologische Motive für die Kleiderkreisel-Nutzung an. Sie sind vor allem in der Gruppe der 20- bis 29-Jährigen zu finden.

Die *„Optimierer"* *(24 Prozent)*: Diese Gruppe nutzt Kleider-Sharing, um für weniger Geld mehr zu konsumieren. Das Nutzungsmotiv „Geld sparen" ist bei den Optimierern besonders stark ausgeprägt. Bei ihnen haben sich durch die Nutzung von Kleiderkreisel die Ausgaben für den Kleidungskauf insgesamt reduziert, während gleichzeitig die Zahl der Kleidungsstücke in ihrem Besitz zugenommen hat. Seit sie Plattformen für Kleider-Sharing nutzen, hat sich ihr Konsum noch stärker als zuvor in Richtung Gebrauchtkleidung verlagert: sie kaufen mehr Secondhand und weniger Neuprodukte. Die Optimierer finden sich v. a. in der jüngsten Altersgruppe (bis 19-Jährige).

Die *„Beschleuniger"* *(11 Prozent)*: Sie nutzen Kleiderkreisel häufiger als alle anderen Gruppen (zwei Drittel nutzen die Plattform täglich), wobei sie öfter Kleidung kaufen, als selbst welche zu verkaufen. Seit sie Sharing-Plattformen nutzen, geben sie übers Jahr betrachtet mehr Geld für Kleidung aus als zuvor. Die Menge an Kleidungsstücken in ihrem Besitz hat zugenommen. Das Kleider-Sharing führt bei ihnen häufig zu additivem Konsum. Fast die Hälfte gibt – bezogen auf die letzte Transaktion – an, dass sie ohne Kleiderkreisel und ähnliche Plattformen auf den Kauf des Kleidungsstücks verzichtet hätte. Überrepräsentiert ist hier die Altersgruppe der 30-bis 39-Jährigen, stark vertreten sind aber auch die 20- bis 29-Jährigen.

Die *„Unveränderten"* *(45 Prozent)*: Sie machen mit 45 Prozent die größte Gruppe der Kleiderkreisel-Nutzer aus. Bei ihnen findet man nur sehr wenige Veränderungen im Konsumverhalten, seit sie Kleider-Sharing nutzen. Obwohl sie die Plattform häufig nutzen (die Hälfte von ihnen täglich), haben sich sowohl die Gesamtausgaben für Kleidung als auch die Kleidermenge bei ihnen nicht verändert. In Bezug auf Alter und Bildung entsprechen sie dem Durchschnitt der Kleiderkreisel-Nutzer.

4.5 Nutzung von Peer-to-Peer Sharing in anderen Konsumbereichen

In der Studie wurde des Weiteren danach gefragt, ob die Nutzer Peer-to-Peer Sharing auch in anderen Konsumbereichen in Anspruch nehmen. Die Ergebnisse aller vier Befragungen zeigen, dass Personen, die Erfahrung in einem Sharing-Bereich haben, überdurchschnittlich häufig Sharing-Dienste auch in anderen Bereichen nutzen. Dies zeigt sich insbesondere, wenn man die Angaben aus der

Tabelle 3:   Anteil der Personen, die Erfahrung mit Peer-to-Peer Sharing in den
verschiedenen Konsumbereichen haben

	Carsharing	Apartment-Sharing	Kleider-Sharing	Mitfahr-gelegenheiten
Gesamtbevölkerung[30]	**3 %**	**6 %**	**25 %**	**14 %**
Wimdu-Nutzern	´11 %	–	37 %	37 %
Kleiderkreisel-Nutzer	6 %	30 %	–	40 %
Drivy-Nutzer	–	50 %	38 %	70 %
Flinc-Nutzern	16 %	33 %	37 %	–

Nutzerbefragung mit Daten aus der oben beschriebenen Repräsentativerhebung
vergleicht. Beispielsweise haben lediglich drei Prozent der Gesamtbevölkerung
schon einmal Peer-to-Peer Carsharing als Anbietende oder Nachfragende genutzt, während unter den Nutzern von Kleiderkreisel sechs Prozent, von Wimdu
elf Prozent und von Flinc sogar 16 Prozent Erfahrung mit einem solchen Dienst
haben (siehe Tabelle 3). Ein ähnliches Bild ergibt sich in den Bereichen Apartment-Sharing, Kleider-Sharing und Mitfahrgelegenheiten. Dabei sind es nicht
nur die jüngeren Altersgruppen, die verschiedene Sharing-Dienste in Anspruch
nehmen, wie detailliertere Analysen der vier Nutzergruppen zeigen. Neben der
Altersgruppe der 20- bis 29-Jährigen ist es insbesondere auch die Gruppe der 30-
bis 39-Jährigen, die vielfältige Erfahrungen mit dem Peer-to-Peer Sharing in
unterschiedlichen Konsumbereichen aufweisen.

Die zukünftige Nutzungsabsicht liegt bei den Sharing-Erfahrenen ebenfalls
weit über dem Bevölkerungsdurchschnitt (siehe Tabelle 4). So geben beispielsweise 15 Prozent der Gesamtbevölkerung an, dass sie wahrscheinlich zukünftig
Apartment-Sharing nutzen werden. Bei den Nutzern von Flinc und Kleiderkreisel sind es mit 38 Prozent beziehungsweise 41 Prozent mehr als doppelt so viele
und bei den Drivy-Nutzern mit 58 Prozent fast viermal so viele.

Ein Vergleich der Zahlen in den Tabellen 3 und 4 weist auf erhebliche zukünftige Nutzungspotenziale für das Peer-to-Peer Sharing hin. In den Bereichen

---

30 Hier wurde aus den in der Repräsentativerhebung gewonnenen Angaben die Gesamtheit derjenigen ermittelt, die Erfahrung mit Peer-to-Peer Sharing in dem jeweiligen
Bereich haben – sei es als Nutzer oder als Anbieter oder als beides.

Tabelle 4:   Anteil der Personen, die angeben, in Zukunft Peer-to-Peer Sharing nutzen zu
wollen

	Carsharing	Apartment-Sharing	Kleider-Sharing	Mitfahr-gelegenheiten
Gesamtbevölkerung	**10 %**	**15 %**	**26 %**	**19 %**
Wimdu-Nutzern	27 %	–	31 %	44 %
Kleiderkreisel-Nutzer	22 %	41 %	–	49 %
Drivy-Nutzer	–	58 %	34 %	70 %
Flinc-Nutzer	35 %	38 %	32 %	–

Carsharing, Apartment-Sharing, Kleider-Sharing und Mitfahrgelegenheiten
könnten sich demnach die Nutzerzahlen z. T. um ein Vielfaches erhöhen – sowohl in der überwiegend mit Sharing unerfahrenen Gesamtbevölkerung als auch
in den einzelnen Nutzer-Communities mit Sharing-Erfahrung. Anders verhält es
sich mit dem Kleider-Sharing: Bei den untersuchten Nutzergruppen ist das Potenzial in diesem Bereich offensichtlich weitgehend ausgeschöpft. Beispielsweise wollen nur 31 Prozent der Wimdu-Nutzer in Zukunft Kleider-Sharing praktizieren, während 37 Prozent damit Erfahrung haben. Ähnliches ist bei den Flinc-
und Drivy-Nutzern zu beobachten.

4.6   Schlussfolgerungen

Mit Ausnahme von Kleiderkreisel, das eine sehr junge Nutzerschaft hat, sind in
den Nutzer-Communities nicht nur die jüngeren Altersgruppen der so genannten
„Digital Natives" vertreten, sondern ebenso mittlere Altersgruppen. Dieser Befund kontrastiert mit dem jungen Image, das die Sharing Economy hat. Das Bildungsniveau der untersuchten Nutzer-Communities ist sehr hoch.

Auch wenn sich leichte Abweichungen bei den unterschiedlichen Plattformen zeigen, so lässt sich zusammenfassen, dass ökonomische Motive die größte
Rolle für die Nutzung von Peer-to-Peer Sharing-Diensten spielen. Ebenfalls von
großer Bedeutung sind ökologische Motive. Dagegen spielen soziale Motive für
die Nutzung bei der Mehrzahl der hier untersuchten Plattformen nur eine untergeordnete Rolle. Es ist allerdings zu berücksichtigen, dass in der vorliegenden

Studie kommerzielle Plattformen untersucht wurden, bei nicht-kommerziellen Plattformen kann der Befund ein anderer sein.

Positive Bewertungen eines konkreten Peer-to-Peer Sharing-Dienstes gehen mit einer positiven Bewertung des Peer-to-Peer Sharing als allgemeiner Konsumpraktik einher. Darüber hinaus haben die Nutzerbefragungen gezeigt, dass bei Personen, die bereits Erfahrung mit dem Güterteilen in einem Bereich haben, ein deutlich höherer Anteil diese Konsumpraxis auch in den drei anderen Bereichen nutzt als im Bevölkerungsdurchschnitt. Auch die zukünftige Nutzungsabsicht von Peer-to-Peer Sharing liegt bei ihnen weit über dem Durchschnitt. Es kann daher vermutet werden, dass die Nutzung eines Peer-to-Peer Sharing-Dienstes und die offensichtlich guten Erfahrungen damit in einer Art „Türöffnerfunktion" die Verbreitung dieser Konsumpraktik auch in anderen Konsumbereichen fördert.

Die Ergebnisse zum Nutzerverhalten bei Drivy, Flinc, Wimdu und Kleiderkreisel zeigen, dass der Konsum über diese Plattformen bei einem erheblichen Teil der Nutzer zu einer besseren Auslastung vorhandener Ressourcen und zur Reduzierung von individuellem Besitz führt. So ist bei Flinc und Drivy eine Reduzierung des individuellen Pkw-Besitzes festzustellen. Wimdu führt zu einer besseren Auslastung vorhandenen Wohnraums. Kleiderkreisel trägt bei einer großen Nutzergruppe zur Vermeidung von Neukäufen bei. Gleichzeitig sind aber auch Rebound-Effekte festzustellen. Beispielsweise regt Kleiderkreisel bestimmte Nutzergruppen dazu an, insgesamt mehr Kleidung zu kaufen. Bei Wimdu führt die Nutzung der Plattform bei einigen dazu, dass mehr (mit dem Flugzeug) gereist wird. Bei Drivy gibt es eine relevante Gruppe, die ihr Auto ohne Drivy bereits abgeschafft hätte.

Die sich hier anschließende Frage, inwieweit in einer Gesamtbilanz die Nutzung der Plattformen Drivy, Flinc, Wimdu und Kleiderkreisel gegenüber anderen „klassischen" Konsumoptionen ökologisch vorteilhaft ist, wurde im Rahmen des Forschungsprojektes in einem weiteren Arbeitsschritt untersucht. Die wesentlichen Ergebnisse der durchgeführten ökobilanziellen Betrachtungen sind im folgenden Kapitel beschrieben.

5 Ökologische Betrachtung des Peer-to-Peer Sharing

Sabrina Ludmann

In diesem Kapitel wird die Frage nach der ökologischen Nachhaltigkeit von Peer-to-Peer Sharing-Angeboten gestellt, die das Teilen über Plattformen im Internet vermitteln. Insbesondere wird die Annahme der allgemeinen ökologischen Nachhaltigkeit des Sharing hinterfragt. Das Nutzerverhalten wird basierend auf der tatsächlichen Nutzung der betrachteten Plattformen und mithilfe aktueller empirischer Informationen modelliert. So kann quantitativ erfasst werden, welche Umweltauswirkungen ein Konsumverhalten mit Peer-to-Peer Sharing für die Nutzer mit sich bringt und welche ökologischen Potenziale deutschlandweit bei einer verstärkten Nutzung von Sharing angenommen werden können.

Die Erwartungen an die Nachhaltigkeit des Sharing basieren auf dem Gedanken, dass vorhandene Ressourcen bzw. Gegenstände durch Weitergabe eine Verlängerung ihrer Lebensdauer erfahren und eine vorzeitige Entsorgung verhindert werden kann (Lebensdauerverlängerung) oder dass Gegenstände während ihrer Lebensdauer durch mehrere Personen intensiver genutzt werden können (Nutzungsintensivierung). Durch diese Effekte kann die Neuproduktion von Konsumgegenständen vermieden oder verzögert werden, da der bestehende ,Bedarf durch bereits vorhandene Güter gedeckt wird. Darüber hinaus spielen Rebound-Effekte eine Rolle für die ökologischen Auswirkungen der Sharing-Nutzung. So kann eine Hinwendung zu Sharing-Praktiken bewusstere und nachhaltigere Konsumgewohnheiten fördern; andererseits kann der erleichterte Zugang zu Konsum einen Mehrkonsum auslösen. Durch Sharing gesparte oder eingenommene Geldbeträge können ebenfalls eine Bandbreite ökologischer Auswirkungen mit sich bringen, abhängig davon, wofür der Konsument sie einsetzt.

5.1   Grundlagen

Methode und Modell

Die quantitative Betrachtung der ökologischen Auswirkungen von Konsumverhaltensweisen wird mit der Methode der Lebenszyklusanalyse oder Life Cycle Assessment (LCA) adressiert. Diese Methode wird auf die Zielsetzung des Projektes angepasst, um die Umweltauswirkungen der Verhaltensweisen von Konsumtypen miteinander vergleichen können.[31]

Modelliert wird das Konsumverhalten einer durchschnittlichen Person in einem Jahr und im Rahmen eines bestimmten Konsumfeldes. Die betrachteten Konsumfelder orientieren sich an den vier Praxispartnern des Projektes, da für deren Nutzer detaillierte empirische Informationen zum Konsumverhalten vorliegen. Die Praxispartner sind die vier Online-Plattformen *Kleiderkreisel* für das Teilen von Kleidung, *Drivy* für privates Automieten, *Flinc* für die Vermittlung von Mitfahrgelegenheiten und *Wimdu* für das Vermieten privater Wohnungen an Urlaubsreisende.

Die Systemgrenzen des Modells umfassen alle relevanten Prozesse des betrachteten Konsums und berücksichtigen deren Materialbedarfe und Emissionen. Die relevanten Prozesse beinhalten zum Beispiel die Herstellung der benutzten oder geteilten Gegenstände, die Nutzung dieser Gegenstände wie PKW-Fahrten oder das Waschen von Kleidung, Entsorgungsprozesse sowie die Bereitstellung der verwendeten Energieträger und des elektrischen Stroms für diese Prozesse. Als Datengrundlage für die Modellierungen dienten die Ergebnisse der Nutzerbefragungen, Angaben der Praxispartner und zusätzliche externe Studien bzw. Statistiken zum Konsumverhalten in Deutschland und zu technischen Details der relevanten Prozesse.

Ökologische Nachhaltigkeit für die Nutzer

Die Modellierungen zielen darauf ab, das jährliche Konsumverhalten mehrerer Nutzertypen im jeweiligen Konsumfeld vollständig zu erfassen und vergleichbar zu machen. Insbesondere wird die aktuelle Konsumsituation der Nutzer dem wahrscheinlichsten Alternativkonsum gegenübergestellt; anschließend werden deren Umweltlasten verglichen. Um die Konsumsituationen zu erfassen, wurden die Nutzer nicht nur zur allgemeinen Gestaltung ihres Konsumverhaltens und der

---

31 Die Methodik wird ausführlich in einem Arbeitsbericht zur ökologischen Betrachtung dargestellt, der unter www.peer-sharing.de zum Download bereit steht.

Plattformnutzung befragt, sondern auch zu den Alternativen des Konsums in einer Situation, in der es die Plattform nicht gäbe. Zu den möglichen Alternativen gehören Konsum ohne Sharing, andere Formen des Teilens oder auch Konsumverzicht. Basierend auf der Gegenüberstellung der unterschiedlichen Konsumsituationen wird eine Aussage über die ökologischen Folgen der tatsächlitatsächlichen Sharing-Nutzung getroffen. Die Änderungen im Konsumverhalten, die eine Nutzung von Sharing-Plattformen hervorruft, umfassen ökologisch vorteilhafte, neutrale oder nachteilige Verhaltensänderungen. Bei den Nutzern kann zum einen eine Konsumbeschleunigung beobachtet werden, also zusätzlicher Konsum aufgrund des durch Sharing-Angebote erleichterten Zugangs. Gleichzeitig zeigen die Nutzer eine verstärkte Hinwendung zu gebrauchten und geteilten Gütern als Alternative zum individuellen Eigentum oder als Ersatz für den Kauf von Neuware.

Neben dem durchschnittlichen Nutzer der jeweiligen Plattform werden weitere Konsumtypen modelliert. Entsprechend ist es zum Teil möglich, die Umweltwirkungen der Sharing-Nutzer mit denen eines durchschnittlichen deutschen Konsumenten oder einer Person ohne jeglichen Bezug zu geteilten Gütern zu vergleichen. Als ein anderer beispielhafter Konsumtyp wird für jedes Praxisbeispiel ein hypothetischer nachhaltiger Nutzer angenommen. Dies dient unter anderem dazu, im Rahmen der Hochrechnung ein nachhaltiges Szenario zu entwerfen.

Potenziale ökologischer Nachhaltigkeit für Deutschland

Die Hochrechnungen der Praxisbeispiele auf die deutsche Bevölkerung dienen dazu, die ökologischen Potenziale der Sharing-Angebote in den untersuchten Konsumbereichen innerhalb Deutschlands abzuschätzen. Hierzu werden zunächst die Ergebnisse der Praxisbeispiele in den jeweiligen Konsumbereichen Kleider-Sharing, Carsharing, Ridesharing und Apartment-Sharing verallgemeinert. Eine Repräsentativbefragung (s. Kapitel 3) erhob, in welchem Ausmaß Sharing-Angebote in diesen Konsumbereichen bereits genutzt werden und welches Nutzungspotenzial noch vorliegt, wie viele Menschen sich also vorstellen können, diese Angebote zukünftig zu nutzen, auch wenn sie bisher keine Erfahrungen damit gemacht haben. Die potenziellen Nutzer innerhalb der deutschen Bevölkerung werden in zwei Zukunftsszenarien rechnerisch zu zusätzlichen aktiven Nutzern gemacht. Die Hochrechnungen erfassen daraufhin, welche Änderungen sich für die Umweltwirkungen im jeweiligen Konsumbereich deutschlandweit ergeben.

In einem Trendszenario wird angenommen, dass sich der Anteil der Sharing-Nutzer an der deutschen Bevölkerung so erhöht, dass das laut Umfrage anzunehmende Nutzungspotenzial ausgeschöpft ist. Den neuen Nutzern wird nun ein verändertes Konsumverhalten basierend auf den vorliegenden nutzerbasierten Ergebnissen zugeschrieben. Diese Veränderung kann im entsprechenden Konsumbereich einen ökologischen Vorteil im Rahmen der Umweltlasten der deutschen Bevölkerung mit sich bringen.

Im Transformationsszenario wird neben dem Nutzungspotenzial ein Nachhaltigkeitspotenzial ausgeschöpft, dem ein insgesamt nachhaltigerer Konsum der Sharing-Nutzer zugrunde liegt. Die Nachhaltigkeitspotenziale wurden für die Praxisbeispiele individuell gewählt und erheben nicht den Anspruch realistischer Annahmen. Zum Beispiel wird im Rahmen der Mobilitätsbeispiele die maximal mögliche PKW-Abschaffungsrate bei den Sharing-Nutzern angenommen, was eine insgesamt verstärkte Hinwendung zum öffentlichen Personenverkehr nach sich zieht; im Fall des Kleiderkonsums wird ein suffizientes Konsumverhalten mit stark verringerter Einkaufsmenge angenommen; bei den Reisen wird ebenfalls eine gewisse Bereitschaft zum Verzicht unterstellt. Die Nutzer von Sharing-Angeboten verhalten sich im Transformationsszenario also nachhaltiger als im Trendszenario, die Verbreitung des Sharing innerhalb der Bevölkerung ist in beiden Szenarien jedoch identisch, was eher einer konservativen Annahme im Rahmen des Transformationsszenarios entspricht.

Wahl der Ergebnisdarstellung

Die Ergebnisse einer LCA umfassen üblicherweise eine bestimmte Gruppe unterschiedlicher Umweltwirkungskategorien. Für die vorliegenden Modellierungen gilt im Allgemeinen, dass eine Reduktion von Umweltlasten im Bereich einer dieser Umweltwirkungskategorien sich ähnlich auch in den anderen Kategorien zeigt (wenn auch ggf. in anderem Ausmaß), da die verglichenen Systeme sich stark ähneln. Daher wurde als repräsentativer Indikator für die Bilanzierungen der Praxisbeispiele der aussagekräftige und weithin bekannte Indikator des Treibhauspotenzials (Global Warming Potential, GWP) gewählt. Der Umweltwirkungsindikator GWP (genauer GWP100) beschreibt, welches Potenzial die Gesamtheit der klimarelevanten Emissionen zur Erhöhung der globalen Durchschnittstemperatur in den nächsten 100 Jahren hat. Zu den klimarelevanten Emissionen gehören neben dem Kohlendioxid (CO_2) das Methan (CH_4) oder das Lachgas (N_2O). Methan und Lachgas werden in geringerem Maße emittiert als Kohlendioxid, bringen jedoch bei gleicher Menge eine deutlich stärkere Klimawirkung mit sich. Die Gase werden entsprechend ihrer Wirkung in CO_2-Äquivalente umgerechnet und als zusammengefasster Indikator GWP100 in Gramm CO_2-Äquivalenten ausgegeben. Die Umweltwirkung eines errechneten Nutzungsverhaltens wird in GWP100 pro Person und Jahr im entsprechenden Konsumbereich dargestellt. Diese Umweltlast setzt sich dabei aus Beiträgen unterschiedlicher Abschnitte des Konsums zusammen, die relevante Prozesse zu Lebenswegabschnitten zusammenfassen. Hierbei wird klar, wie bedeutsam unterschiedliche Lebenswegabschnitte in Bezug auf die gesamten ökologischen Auswirkungen sind. Bei der Deckung des Mobilitätsbedarfes zum Beispiel verursacht die tatsächliche Nutzung eines Verkehrsmittels im Allgemeinen den Großteil der Umweltlasten. Werden nun Umweltlasten unterschiedlicher Nutzungsverhalten nebeneinander dargestellt, so ist erkennbar, in welchen Abschnitten sich ökologische Vorteile oder auch Nachteile ergeben, wo sie sich ggf. aufheben oder wo sich keine Änderungen zeigen.

5.2 Die Ergebnisse der Bilanzierungen

Bei allen Praxisbeispielen ergeben die Modellierungen basierend auf den empirisch festgestellten Konsumverhaltensweisen von 2016 ein ökologisch vorteilhaftes Ergebnis für die Plattformnutzung. Das heißt, die Nutzung jeder der vier untersuchten Plattformen, so wie sie sich aktuell darstellt, ist insgesamt umweltentlastend. Die Vorteile liegen für die vier Praxispartner in unterschiedlichen Größenordnungen.

5.2.1 Ökologische Nachhaltigkeit von Kleider-Sharing

Für das Beispiel *Kleiderkreisel* wird der jährliche Konsum an T-Shirts aus Baumwolle als Repräsentant für konsumierte Oberteile bzw. Kleidung insgesamt gewählt. Der durchschnittliche Nutzer von Kleiderkreisel konsumiert im Jahr etwa 2,3 kg Oberteile. Die Nutzer treten in der Regel auf der Plattform sowohl als Käufer als auch als Verkäufer auf. Entsprechend werden die Konsum- und Entledigungsgewohnheiten der modellierten Nutzer gleichermaßen abgebildet. Hierbei fordert jede Anschaffung eines Kleidungsstücks im Laufe des Jahres auch die Entledigung eines Kleidungsstückes, da die Menge der Kleidung eines Nutzers im Modell über das Jahr konstant gehalten wird. Die Herstellungslast, die im Bereich der Kleidung einen großen Teil der Gesamtlast ausmacht, kann im Rahmen der Modellierung mit der Weitergabe eines gebrauchten Kleidungsstückes anteilig an den folgenden Besitzer übertragen werden. Daher führt das Sharing gebrauchter Kleidung für den Konsumenten zu ökologischen Vorteilen gegenüber Neukäufe und einer Entledigung über die Textilsammlung im Container. Die aktuellen Konsumentscheidungen der Kleiderkreisel-Nutzer unterscheiden sich in mehreren Punkten von den Verhaltensweisen in einer Situation ohne Kleiderkreisel: Der durchschnittliche Kleiderkreisel-Nutzer konsumiert mit insgesamt 2,3 kg etwa 0,2 kg mehr T-Shirts, als er es nach eigenen Angaben in einer Situation ohne Kleiderkreisel täte. Gleichzeitig erhöht sich der Konsum gebrauchter Kleidung mit der Plattform-Nutzung von 0,1 kg auf 0,4 kg Gebrauchtware. Die Nutzer tragen darüber hinaus dazu bei, dass weniger gebrauchte Kleidung durch Containersammlungen ins Ausland exportiert wird, und verbessern somit das Angebot auf dem deutschen Gebrauchtwarenmarkt: Statt 1,4 kg in der Situation ohne Kleiderkreisel werden mit Kleiderkreisel 1,6 kg der getragenen Oberteile gebraucht weitergegeben; es gelangen 0,2 kg weniger Kleidungsstücke pro Person und Jahr in die Containersammlung. Diese Unterschiede wirken sich auch auf die Umweltlasten aus, die den Konsumenten im Rahmen des Kleiderkonsums zugeschrieben werden können.

Ergebnisse der nutzerbasierten Modellierung

Aus der Summe dieser Konsumveränderungen ergibt sich in der Situation „mit Kleiderkreisel" eine Verringerung der Umweltlast aus dem Konsum von Oberteilen (T-Shirts) von etwa 5,4 kg CO_2-Äquivalenten pro Person und Jahr im Vergleich zur durchschnittlichen Situationen „ohne Kleiderkreisel". Diese Umweltentlastung entspricht einer Reduktion um etwa zwölf Prozent durch die Nutzung von Kleiderkreisel. Die Entlastung kann trotz eines durchschnittlichen Mehrkonsums von 0,2 kg Oberteilen erreicht werden, der durch die Plattformnutzung angeregt wird. Die Ergebnisse der Konsumtypen mit und ohne Kleiderkreisel sind in Abbildung 26 in der Mitte dargestellt. Insgesamt wird deutlich, dass die Lasten des Kleiderkonsums hauptsächlich in der Herstellung der Kleidung liegen (Produktion). Eine verstärkte aktive Weitergabe gebrauchter Kleidung in Deutschland wirkt sich ökologisch vorteilhaft aus, da die entsprechenden Kleidungsstücke intensiver genutzt werden, bevor sie den deutschen Kleidermarkt verlassen: Neukäufe können durch Gebrauchtkäufe ersetzt werden. Gebrauchte Kleidung geht vor allem dann dem deutschen Kleidermarkt verloren, wenn sie über die Containersammlung entsorgt wird, denn nur etwa vier Prozent der noch tragbaren Kleidung werden in Deutschland weiterverkauft.

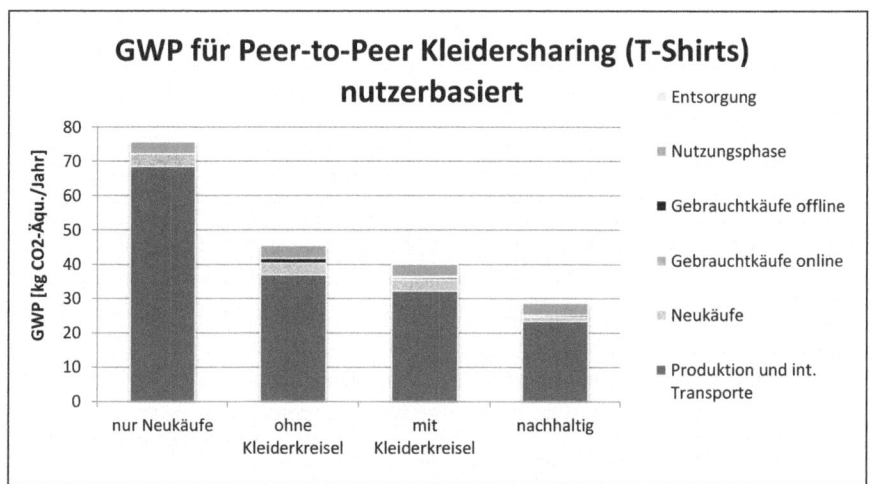

Abbildung 26: Nutzerbasierte Ergebnisse für das Beispiel Kleiderkreisel, Treibhauspotenzial (GWP)

Die Umweltlast eines Konsumenten ohne jeglichen Kontakt zum Gebrauchtwarenmarkt zeigt sich im linken Balken in Abbildung 26 unter „nur Neukäufe". Hier wird angenommen, dass sämtliche konsumierten Kleidungsstücke neu gekauft und hauptsächlich über die Containersammlung entsorgt werden. Die resultierende Umweltlast liegt bei einem nahezu doppelt so hohen Wert im Vergleich zum durchschnittlichen Kleiderkreisel-Nutzer. Es ist anzumerken, dass hier vor allem die Vermeidung von Neuproduktion für deutsche Konsumenten eine Umweltentlastung erzeugt. Exportierte Kleidung (aus Containersammlungen) verhindert dagegen potenziell Neuproduktionen in anderen Ländern. Aufgrund der Einschränkung der Systemgrenzen auf deutsche Konsumenten und der Unklarheiten über den tatsächlichen Verbleib der im Container gesammelten Kleidungsstücke wird dieser Effekt jedoch in den vorliegenden Modellierungen nicht betrachtet.

Einen (hypothetischen) Extremfall des Kleiderkonsums stellt der nachhaltige Nutzer dar (rechts in Abbildung 26), der sich durch ein suffizientes Konsumverhalten auszeichnet. Er ersetzt lediglich verschlissene Kleidungsstücke. Dabei wird angenommen, dass einem Konsumenten, die sich am Gebrauchtwarenmarkt versorgt, eine Person gegenüber stehen muss, die den Gebrauchtwarenmarkt bestückt, indem sie zuvor neu gekaufte Kleidung weiterverkauft. Der Typ „nachhaltig" erreicht durch sein suffizientes Konsumverhalten eine Reduktion um etwa 11 kg CO_2-Äquivalente pro Person und Jahr oder um gut ein Viertel der Umweltlasten der Nutzer „mit Kleiderkreisel".

Ergebnisse der Hochrechnung

Für die Hochrechnung wurde der Anteil von Personen, die Sharing-Angebote nutzen, von 25 Prozent auf 26 Prozent lediglich leicht erhöht; das Nutzungspotenzial ist hier bereits nahezu ausgeschöpft. Die gezeigten Ergebnisse des T-Shirt-Konsums werden zudem auf den gesamten Kleiderkonsum verallgemeinert; die konsumierte Kleidermenge erhöht sich entsprechend für die Sharing-Nutzer von 2,3 kg T-Shirts auf etwa 8 kg Kleidung pro Jahr.

Im Trendszenario verhalten sich alle Sharing-Nutzer wie der durchschnittliche Kleiderkreisel-Nutzer. Die Erhöhung des teilenden Bevölkerungsanteils um ein Prozent (Nutzungspotenzial) ergibt eine geringe rechnerische Einsparung von insgesamt 280 t CO_2-Äquivalenten pro Jahr in Deutschland gegenüber der Ist-Situation. Die Einsparung entsteht aus der Verschiebung von Neukäufen (inkl. Neuproduktion) und Offline-Gebrauchtkäufen hin zu Online-Gebrauchtkäufen. Basierend auf einer Abschätzung der Umweltlasten aus dem durchschnittlichen deutschen Kleiderkonsum von etwa 11 Millionen t CO_2-Äquivalenten pro Jahr ist diese Reduktion der Lasten vernachlässigbar gering (siehe Abbildung 27 links).

Im Transformationsszenario verhalten sich die Sharing-Nutzer zusätzlich entsprechend des Typen „nachhaltig". Sie zeigen ein grundsätzlich suffizientes Konsumverhalten mit stark verringertem jährlichem Kleiderkonsum (Nachhaltigkeitspotenzial). Bei nachhaltiger Nutzung des Kleider-Sharing-Angebotes ergibt sich im Transformationsszenario eine signifikante Einsparung von 1,3 Millionen t CO_2-Äquivalenten pro Jahr in Deutschland (siehe Abbildung 27 rechts), deutlich mehr als im Trendszenario. Dies entspricht einer Reduktion der Umweltlasten aus dem durchschnittlichen deutschen Kleiderkonsum von etwa zwölf Prozent deutschlandweit. Die Entlastung entsteht als Folge des suffizienten Konsumverhaltens hauptsächlich im Bereich der Vermeidung von Neuproduktion für deutsche Konsumenten.

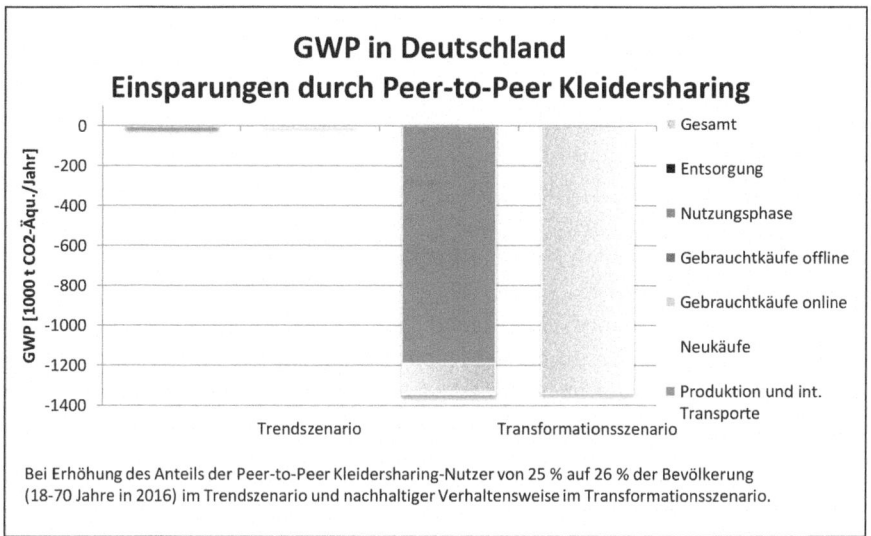

Bei Erhöhung des Anteils der Peer-to-Peer Kleidersharing-Nutzer von 25 % auf 26 % der Bevölkerung (18-70 Jahre in 2016) im Trendszenario und nachhaltiger Verhaltensweise im Transformationsszenario.

Abbildung 27: Ergebnisse der Hochrechnung im Trend- und Transformationsszenario für Peer-to-Peer Kleider-Sharing in Deutschland, Treibhauspotenzial (GWP).

5.2.2 Ökologische Nachhaltigkeit von privatem Carsharing

Für das Beispiel des privaten Automietens oder Carsharing über die Plattform *Drivy* wird der jährliche Mobilitätsbedarf einer Person in Deutschland über motorisierte Verkehrsmittel (PKW mit Verbrennungsmotor und öffentliche Verkehrsmittel) betrachtet. Dieser Mobilitätsbedarf beträgt etwa 13.600 km pro Person. Welcher Anteil dieser Strecke mit dem PKW zurückgelegt wird, hängt stark von der Verfügbarkeit eines PKW im eigenen Haushalt ab.

Die Gruppen der Vermieter und Mieter bei Drivy überschneiden sich kaum, daher werden ihre Umweltwirkungen getrennt voneinander modelliert.

Der durchschnittliche Drivy-Mieter führt im Jahr etwa drei Anmietungen mit durchschnittlich drei Tagen Mietdauer durch und legt dabei insgesamt knapp 1.000 km mit den über Drivy gemieteten PKW zurück. Aufgrund des erleichterten Zugangs zu einer Fahrzeuganmietung erhöht sich durch die aktive Nutzung von Drivy bei den Mietern die Wahrscheinlichkeit, den eigenen PKW abzuschaffen: Die Mieter besaßen vor der Nutzung von Drivy zu 48 Prozent einen eigenen PKW, mit Drivy ließ sich dieser Anteil auf 31 Prozent reduzieren. Jede Fahrzeugabschaffung wiederum wirkt sich auf das alltägliche Mobilitätsverhalten insofern aus, dass vermehrt auf ökologisch vorteilhaftere öffentliche Verkehrs-

mittel zurückgegriffen wird. Insgesamt wird eine multimodale Mobilität gefördert. Der durchschnittliche Drivy-Mieter zeigt insgesamt einen leicht erhöhten
jährlichen Mobilitätskonsum (gut 70 km zusätzlich) im Vergleich zu der eigenen
alternativen Situation ohne Drivy. Es werden vor allem verstärkt Freizeitfahrten
mit dem PKW durchgeführt.

Die Drivy-Vermieter teilen ihren PKW für durchschnittlich etwa vier Wochen im Jahr. Darüber hinaus zeigen sie kaum Veränderungen in ihrem Mobilitätsverhalten, jedoch hätte knapp ein Fünftel in einer Situation ohne Drivy den
eigenen PKW abgeschafft.

Es wird angenommen, dass einem vermieteten PKW (einem Vermieter)
etwa zehn aktive Mieter gegenüberstehen. Entsprechend setzt sich der durchschnittliche Drivy-Nutzer im Verhältnis 1:10 aus PKW-Vermietern und Mietern
zusammen.

Ergebnisse der nutzerbasierten Modellierung

Die getrennt ermittelten Ergebnisse für die Umweltwirkungen der Vermieter und
Mieter werden für die Betrachtung der durchschnittlichen Drivy-Nutzung zusammengefasst (1:10). Für den resultierenden durchschnittlichen Drivy-Nutzer
(„mit Drivy") ergibt sich ein Umweltvorteil von gut 96 kg CO_2-Äquivalenten pro
Person und Jahr gegenüber der Situation „ohne Drivy".

Beide Konsumtypen finden sich in Abbildung 28 in der Mitte. Die genannte
Menge an CO_2-Äquivalenten entspricht einer erreichten Reduktion der jährlichen
Umweltlasten um etwa sechs Prozent durch die Nutzung von Drivy. Diese Reduktion wird hauptsächlich durch die PKW-Abschaffungen bei den Mietern
hervorgerufen, die durch die Drivy-Nutzung ermöglicht werden und zu einer
verstärkten Nutzung des öffentlichen Personenverkehrs (ÖPV) im Alltag führen.
Diesem ökologischen Vorteil der Drivy-Nutzung stehen zwei ökologisch nachteilige Effekte entgegen. Zum einen werden durch Drivy zusätzliche PKW-Fahrten (Freizeitfahrten) angeregt, zum anderen wird bei knapp einem Fünftel der
Vermieter durch Drivy die Entscheidung zur PKW-Abschaffung verhindert.
Insgesamt überwiegen jedoch die zuerst genannten ökologischen Vorteile.

Die Umweltlast des durchschnittlichen jährlichen Mobilitätsverhaltens pro
Person in Deutschland zeigt sich im linken Balken in Abbildung 28 unter
„DE avg.". Etwa 76 Prozent der Bevölkerung steht ein PKW im eigenen Haus-
halt zur Verfügung. Die entsprechende Umweltlast von „DE avg." liegt etwa 20
Prozent über den Lasten der durchschnittlichen Drivy-Nutzer mit einem ge-

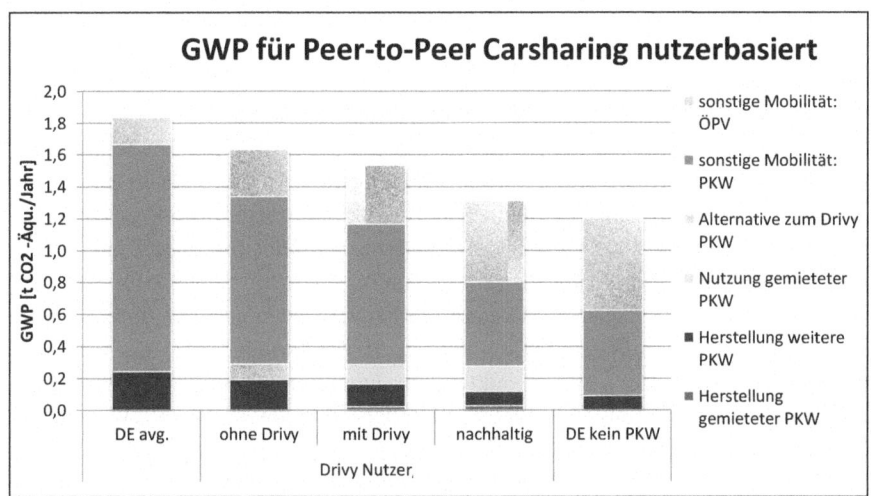

Abbildung 28: Nutzerbasierte Ergebnisse für das Beispiel Drivy, durchschnittliche Nutzer, Treibhauspotenzial (GWP).

ringeren durchschnittlichen PKW-Besitz. Die Lasten aus dem Mobilitätsverhalten einer Person ohne PKW im eigenen Haushalt sind im rechten Balken derselben Abbildung unter „DE kein PKW" zu sehen. Diese liegen etwa 21 Prozent unter denen der durchschnittlichen Drivy-Nutzer. Der ebenfalls dargestellte (hypothetische) Extremfall der „nachhaltigen" Nutzung von Drivy beinhaltet, dass sämtlichen Mieter von Drivy-PKW ihren eigenen PKW abschaffen, so dass nur noch diejenigen Drivy-Nutzer einen PKW besitzen, die als Vermieter auftreten. Die Umweltlasten der nachhaltigen Nutzung von Drivy liegen höher als die Lasten der Person ohne PKW im eigenen Haushalt, denn zum einen enthält auch die Situation „Drivy nachhaltig" je zehn Mieter einen Vermieter mit eigenem PKW. Zum anderen wird durch den mit Drivy erleichterten Zugang zur PKW-Nutzung der Anteil der ÖPV-Nutzung im Rahmen der Alltagsmobilität verringert.

In Abbildung 28 werden die Lasten aus der PKW-Nutzung und ÖPV-Nutzung (Mobilität) sowie die Herstellungslasten der genutzten PKW separat dargestellt. Es wird deutlich, dass die Lasten im Bereich der Mobilität zum Großteil aus der Nutzungsphase der Verkehrsmittel stammen, also aus Emissionen des Verkehrs. Die Herstellungslasten der PKW werden im Modell über die Lebensfahrleistung der PKW verteilt. Die Lasten aus „Herstellung PKW" stehen daher eher mit den im PKW zurückgelegten Strecken im Zusammenhang und weniger mit der Anzahl der vorhandenen Fahrzeuge.

Ergebnisse der Hochrechnung

Für die Hochrechnung wird der Anteil von Personen, die Peer-to-Peer Carsharing-Angebote nutzen, von drei Prozent auf zehn Prozent erhöht. Im Trendszenario verhalten sich die zusätzlichen Sharing-Nutzer wie die durchschnittlichen Drivy-Nutzer. Die Erhöhung des Anteils Peer-to-Peer Carsharing auf zehn Prozent der deutschen Bevölkerung ergibt eine rechnerische Einsparung von etwa 400.000 t CO_2-Äquivalente pro Jahr in Deutschland gegenüber der Ist-Situation mit drei Prozent Carsharing-Nutzern (siehe Abbildung 29 links). Basierend auf einer Abschätzung der Umweltlasten aus dem durchschnittlichen deutschen Mobilitätsverhalten von gut 100 Millionen t CO_2-Äquivalenten pro Jahr entspricht dies einer Reduktion im Transformationsszenario von etwa 0,4 Prozent der Lasten im Mobilitätsbereich deutschlandweit. Der PKW-Bestand in Deutschland lässt sich im Trendszenario um knapp 550.000 PKW oder etwa 1,2 Prozent reduzieren. Die Vorteile des verringerten PKW-Bestandes liegen neben der damit einhergehenden Förderung des ÖPV vor allem in der Entlastung der Parkflächen in den Städten.

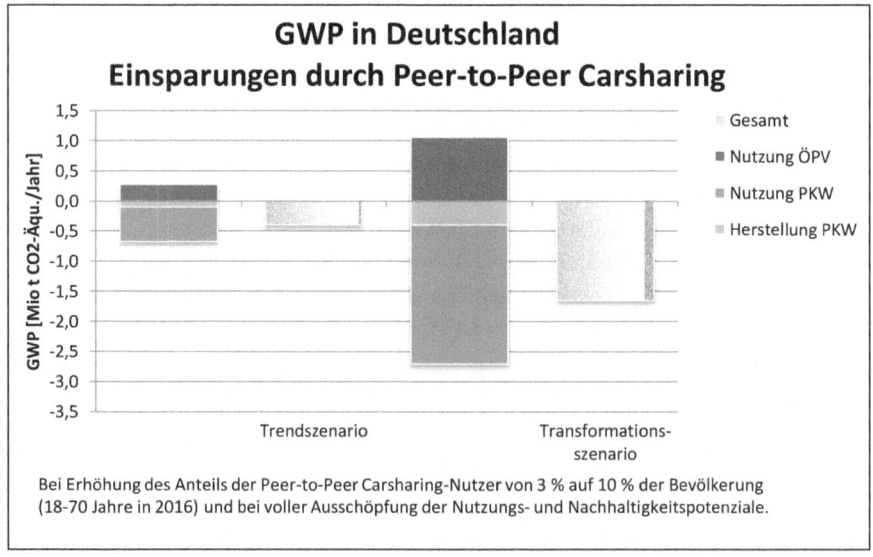

Abbildung 29: Ergebnisse der Hochrechnung im Trend- und Transformationsszenario für Peer-to-Peer Carsharing in Deutschland, Treibhauspotenzial (GWP).

Im Transformationsszenario wird den Mietern von Carsharing-PKW grundsätzlich der Verzicht auf privaten PKW-Besitz unterstellt, so dass eine verstärkte Hinwendung zum ÖPV und einer multimodalen Mobilität entsteht. Der PKW-Bestand in Deutschland lässt sich im Transformationsszenario damit um knapp 2,1 Millionen PKW oder 4,5 Prozent reduzieren. Die Sharing-Nutzer verhalten sich entsprechend des Typen „nachhaltig". Bei nachhaltiger Nutzung der Carsharing-Angebote durch alle Sharing-Nutzer ergibt sich eine Einsparung von gut 1,6 Millionen t CO_2-Äquivalenten pro Jahr in Deutschland (siehe Abbildung 29 rechts), etwa viermal so viel im Vergleich zum Trendszenario. Diese Reduktion im Transformationsszenario entspricht etwa 1,6 Prozent der Lasten im Mobilitätsbereich deutschlandweit.

5.2.3 Ökologische Nachhaltigkeit von privatem Ridesharing

Wie beim Carsharing wird für das Beispiel der Vermittlung privater Mitfahrgelegenheiten über die Plattform *Flinc* der jährliche Mobilitätsbedarf einer Person in Deutschland über motorisierte Verkehrsmittel mit PKW (Verbrennungsmotor) und öffentliche Verkehrsmitteln betrachtet (etwa 13.600 km). Auch hier hängt der Anteil der mit dem PKW zurückgelegten Strecken mit der Verfügbarkeit eines PKW im eigenen Haushalt zusammen.

Die Nutzergruppen der Fahrer und Mitfahrer überschneiden sich auch beim Ridesharing kaum, weshalb die Umweltwirkungen für diese Nutzergruppen getrennt voneinander modelliert werden.

Der durchschnittliche modellierte Flinc-Mitfahrer fährt im Jahr etwa dreimal bei einem Flinc-Fahrer mit und legt damit knapp 680 km jährlich in einem geteilten PKW zurück. Die Nutzung von Flinc erhöht die Wahrscheinlichkeit für die Abschaffung des eigenen PKW bei den Mitfahrern aufgrund der Möglichkeit des Mitfahrens. Jede Fahrzeugabschaffung wirkt sich wie bereits beschrieben auf das alltägliche Mobilitätsverhalten aus und unterstützt im Allgemeinen die Nutzung öffentlicher Verkehrsmittel. Die Mitfahrer besaßen vor der Nutzung von Flinc zu 45 Prozent einen eigenen PKW, mit der Flinc-Nutzung kann dieser Anteil auf 30 Prozent reduziert werden. Aufgrund der Ausrichtung des Flinc-Angebotes auf Pendlerstrecken zeigt der durchschnittliche Flinc-Nutzer einen nur leicht erhöhten jährlichen Mobilitätsbedarf im Vergleich zu einer Situation ohne Flinc-Nutzung (etwa 16 km bei den Mitfahrern).

Der Flinc-Fahrer nimmt im Jahr im Durchschnitt sechs- bis siebenmal Mitfahrer mit und legt dadurch etwa 1.400 km PKW-Strecken mit Mitfahrern zurück. Darin enthalten sind etwa 77 km zusätzliche PKW-Strecken im Jahr durch Umwege für Mitfahrer. Dabei handelt sich bei den über Flinc vermittelten Fahrten vorwiegend um Pendlerstrecken. Für sowohl Fahrer als auch Mitfahrer führt die Nutzung von Flinc zu einem ökologischen Vorteil, der sich direkt aus der geteilten Fahrt ergibt: Für die gleiche Transportleistung sind durch Sharing weniger PKW notwendig und die Emissionen des einen PKW verteilen sich auf mehr Personen.

Um die Fahrer und Mitfahrer zu einem durchschnittlichen Flinc-Nutzer zu aggregieren, wurde angenommen, dass bei einer geteilten Fahrt eines Fahrers etwa 1,8 Mitfahrer dem Fahrer gegenüberstehen. Diese Mittelung basiert auf der durchschnittlichen PKW-Besetzung von 2,8 Personen bei einer geteilten Fahrt, die aus der Nutzerbefragung abgeleitet wurde. Die durchschnittliche PKW-Fahrt in Deutschland hat eine Besetzung von 1,5 Personen pro PKW.

Ergebnisse der nutzerbasierten Modellierung

Die getrennt ermittelten Ergebnisse für die Umweltwirkungen der Fahrer und Mitfahrer werden für die Betrachtung einer durchschnittlichen Flinc-Nutzung zusammengefasst (1:1,8). Für den resultierenden durchschnittlichen Flinc-Nutzer („mit Flinc") ergibt sich ein Umweltvorteil von gut 97 kg CO_2-Äquivalente pro Person und Jahr gegenüber der Situation „ohne Flinc".

Beide Konsumtypen finden sich in Abbildung 30 in der Mitte. Die genannte Menge an CO_2-Äquivalenten entspricht einer erreichten Reduktion der jährlichen Umweltlasten um gut fünf Prozent durch die Nutzung von Flinc. Diese Reduktion wird sowohl durch die direkten Vorteile der erhöhten PKW-Besetzung hervorgerufen als auch durch die PKW-Abschaffungen bei den Mitfahrern, die durch die Flinc-Nutzung ermöglicht werden.

Die Umweltlast des durchschnittlichen jährlichen Mobilitätsverhaltens in Deutschland zeigt sich im linken Balken in Abbildung 30 unter „DE avg.". Hier steht etwa 76 Prozent der Bevölkerung ein PKW im eigenen Haushalt zur Verfügung. Die entsprechende Umweltlast liegt etwa 12 Prozent über den Lasten der durchschnittlichen Flinc-Nutzer. Die Lasten einer durchschnittlichen Person ohne PKW im eigenen Haushalt sind im rechten Balken derselben Abbildung unter „DE kein PKW" zu sehen. Diese liegen etwa 27 Prozent unter denen der durchschnittlichen Flinc-Nutzer. Der dargestellte (hypothetische) Extremfall der „nachhaltigen" Nutzung von Flinc beinhaltet, dass alle Mitfahrer ihren eigenen PKW abschaffen, so dass nur noch die Flinc-Fahrer einen PKW besitzen. Die Umweltlasten der nachhaltigen Nutzung von Flinc liegen vor allem deshalb höher als die Lasten der Person ohne PKW im eigenen Haushalt, weil der

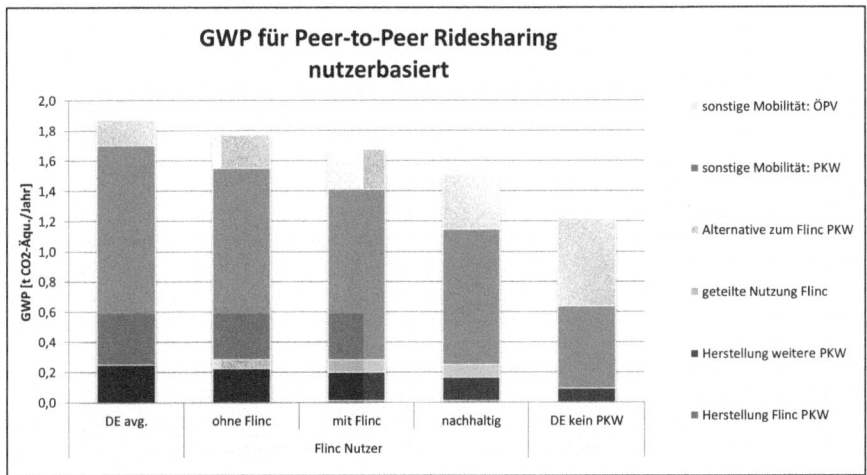

Abbildung 30: Nutzerbasierte Ergebnisse für Flinc, durchschnittliche Nutzer, Treibhauspotenzial (GWP).

nachhaltige Flinc-Nutzer je 1,8 Mitfahrer einen Fahrer mit eigenem PKW beinhaltet.

In Abbildung 30 werden die Lasten aus der PKW-Nutzung und ÖPV-Nutzung (Mobilität) neben den Herstellungslasten der genutzten PKW dargestellt. Wie bereits am Beispiel des Carsharing deutlich wurde, stammen die Lasten im Bereich der Mobilität zum Großteil aus der Nutzungsphase der Verkehrsmittel, also aus Emissionen des Verkehrs. Die Bereitstellung der Treibstoffe ist bei der PKW-Nutzung für etwa ein Fünftel der Lasten aus den Verbrennungsemissionen verantwortlich.

Ergebnisse der Hochrechnung

Für die Hochrechnung wird der Anteil von Personen, die Peer-to-Peer Mitfahrgelegenheiten nutzen, von 14 Prozent auf 19 Prozent erhöht.

Im Trendszenario verhalten sich die zusätzlichen Sharing-Nutzer wie die durchschnittlichen Flinc-Nutzer. Die Erhöhung des Anteils der Ridesharing-Nutzer auf 19 Prozent der deutschen Bevölkerung ergibt eine rechnerische Einsparung von etwa 360.000 t CO_2-Äquivalente pro Jahr in Deutschland gegenüber der Ist-Situation mit 14 Prozent Ridesharing-Nutzern (siehe Abbildung 31 links). Basierend auf einer Abschätzung der Umweltlasten aus dem durchschnittlichen

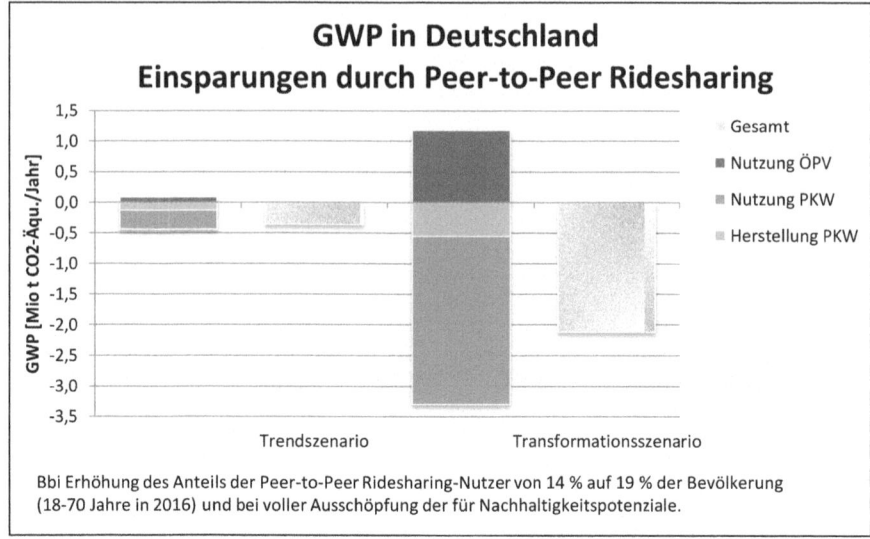

Abbildung 31: Ergebnisse der Hochrechnung im Trend- und Transformationsszenario für Peer-to-Peer Ridesharing in Deutschland, Treibhauspotenzial (GWP).

deutschen Mobilitätsverhalten von gut 100 Millionen t CO_2-Äquivalenten pro Jahr entspricht dies einer Reduktion im Transformationsszenario von fast 0,4 Prozent der Lasten im Mobilitätsbereich deutschlandweit. Der PKW-Bestand in Deutschland lässt sich im Trendszenario um knapp 220.000 PKW oder etwa 0,5 Prozent reduzieren.

Im Transformationsszenario verhalten sich die Sharing-Nutzer entsprechend des Typens „nachhaltig", wobei alle Mitfahrer ihren privaten PKW abschaffen. Der PKW-Bestand in Deutschland lässt sich damit um gut 2,2 Millionen PKW oder 4,9 Prozent reduzieren. Bei nachhaltiger Nutzung der Ridesharing-Angebote durch die bisherigen und neuen Sharing-Nutzer ergibt sich eine Einsparung von gut 2,1 Millionen t CO_2-Äquivalenten pro Jahr in Deutschland (siehe Abbildung 31 rechts), etwa viermal so viel im Vergleich zum Trendszenario. Diese Reduktion im Transformationsszenario entspricht gut zwei Prozent der Lasten im Mobilitätsbereich deutschlandweit.

Ökologische Nachhaltigkeit von Apartment-Sharing

Im Bereich des Apartment-Sharing wird das jährliche Reiseverhalten über die Plattform *Wimdu* für eine Person in Deutschland aus Sicht eines Reisenden erfasst. Im Durchschnitt verreist der Nutzer 1,4-mal im Jahr mit Wimdu mit fünf bis sechs Übernachtungen je Reise. Die Reisen umfassen zum Großteil Städtereisen innerhalb Deutschlands und in das umliegende Ausland. Nahezu die Hälfte der Ziele wird mit dem PKW erreicht, etwa ein Drittel mit dem Flugzeug und ein Fünftel mit der Bahn. Die Umweltwirkungen der Reisen werden für die Mieter der Wimdu-Apartments modelliert; dabei wird für die gemieteten Wohnräume angenommen, dass sie im Sinne des Sharing tatsächlich durch die Vermieter im Alltag privat genutzt werden. Die Ergebnisse der Modellierungen beziehen sich also auf das Teilen von Privatwohnungen und nicht auf das Vermieten von Ferienapartments.

Die Reisenden mit und ohne Nutzung der Plattform Wimdu unterscheiden sich darin voneinander, dass der durchschnittliche Wimdu-Reisende aufgrund des erleichterten Zugangs zu günstigen Unterkünften zusätzliche Reisen durchführt: etwa jede fünfte Reise wird durch das Angebot von Wimdu angeregt. Im Allgemeinen wird angenommen, dass die Alternative zur Anmietung eines Wimdu-Apartments eine durchschnittliche Hotelübernachtung ist.

Ergebnisse der nutzerbasierten Modellierung

Die Lasten im Bereich der Reisen mit Wimdu stammen wie in Abbildung 32 dargestellt zum Großteil aus der Nutzungsphase der Verkehrsmittel, und hierbei hauptsächlich aus dem Flugreiseverkehr. Eine Flugreise im Rahmen der modellierten Wimdu-Nutzung verursacht etwa 11-mal so viele Lasten wie eine PKW-Reise, während eine Bahnreise etwa die Hälfte der Lasten einer PKW-Reise mit sich bringt.

Für den durchschnittlichen Wimdu-Reisenden („mit Wimdu") ergibt sich insgesamt einen Umweltvorteil von etwa 21 kg CO_2-Äquivalenten pro Person und Jahr gegenüber der Situation „ohne Wimdu". Diese Einsparung beinhaltet zum einen eine Reduktion der jährlichen Last um 46 kg CO_2-Äquivalenten aus dem Bereich Unterkunft: Eine Wimdu-Übernachtung verursacht hierbei nur ein knappes Drittel der Lasten einer Hotelübernachtung. Dagegen entsteht durch mit Wimdu zusätzlich durchgeführte Reisen eine erhöhte Umweltlast im Bereich Verkehrsmittelnutzung von 25 kg CO_2-Äquivalenten; hiervon stammen knapp drei Viertel aus den zusätzlichen Flugreisen, die jedoch nur ein knappes Drittel der zusätzlichen Reisen ausmachen.

Der (hypothetische) Extremfall der nachhaltigen Nutzung von Wimdu beinhaltet, dass die Reisenden auf diejenigen Reisen verzichten, die sie nach eigenen Angaben ohne Wimdu nicht durchgeführt hätten. Der ökologisch nachhaltigste

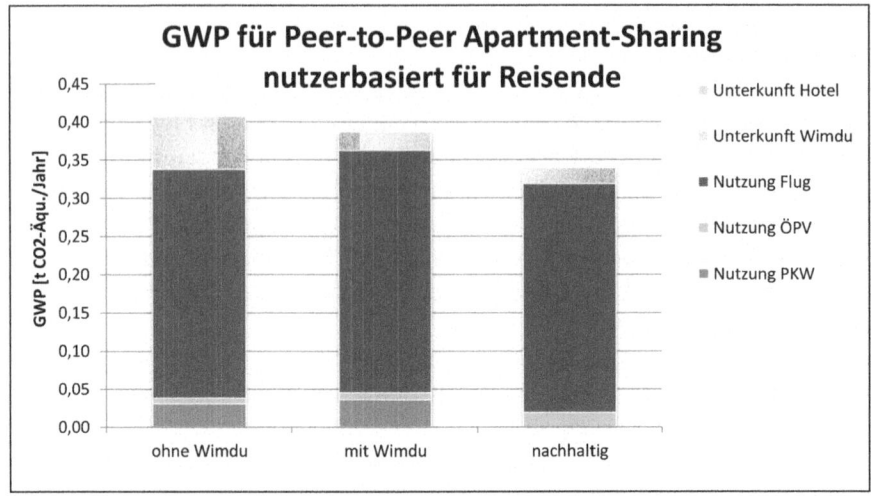

Abbildung 32: Nutzerbasierte Ergebnisse für Wimdu, durchschnittlicher Nutzer, Treibhauspotenzial (GWP).

Konsum im Bereich des Reisens ist sicherlich in erster Linie der Verzicht. Das hier unterstellte nachhaltige Reiseverhalten umfasst nur wenig Verzicht, da zum einen die individuelle Notwendigkeit einer Reise schwer zu bewerten ist. Zum anderen umfasst der Verzicht auf Reisen auch den Verzicht auf Apartment-Sharing, so dass die Frage nach den Nachhaltigkeitspotenzialen des Sharing nicht mehr beantwortet werden könnte. Darüber hinaus liegt die Annahme zugrunde, dass die reisenden Personen ihre PKW-Reisen auf die Bahn verlagern, wohingegen im Modell von der Verlagerung der Flugreisen auf andere Verkehrsmittel weitestgehend abgesehen wurde.

Ergebnisse der Hochrechnung

Für die Hochrechnung wird der Anteil von Personen, die Peer-to-Peer Apartment-Sharing als Nachfrager nutzen, von 6 Prozent auf 17 Prozent erhöht. Im Transformationsszenario verhalten sich die zusätzlichen Sharing-Nutzer analog zu den Wimdu-Nutzern. Im Transformationsszenario verhalten sie sich entsprechend des Typens „nachhaltig".

Die Erhöhung des teilenden Bevölkerungsanteils um 11 Prozent ergibt eine rechnerische Einsparung von insgesamt knapp 130.000 t CO_2-Äquivalenten pro Jahr in Deutschland gegenüber der Ist-Situation. Dabei entsteht im Bereich der

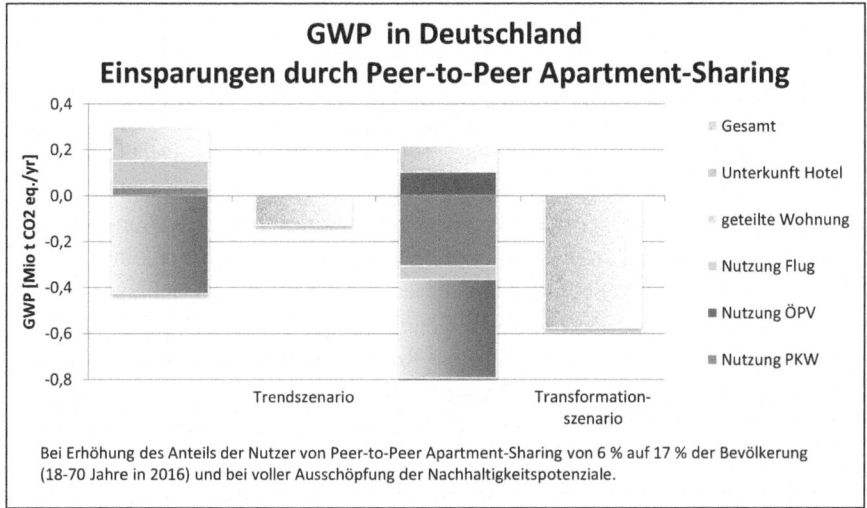

Abbildung 33: Ergebnisse der Hochrechnung im Trend- und Transformationsszenario für Peer-to-Peer Apartment-Sharing in Deutschland, Treibhauspotenzial (GWP).

Übernachtungen ein Einsparpotenzial von knapp 430.000 t CO_2-Äquivalenten, das zu einem großen Teil durch vermehrte Lasten aus zusätzlichen Reisen aufgehoben wird (siehe Abbildung 33 links).

Im Transformationsszenario wird den Reisenden ein eher nachhaltiges Reiseverhalten unterstellt, bei dem sich eine Einsparung von etwa 580.000 t CO_2-Äquivalenten pro Jahr ergibt. Wie in Abbildung 33 (rechts) deutlich wird, stammt hier anders als im Trendszenario ein guter Teil der Umweltentlastungen aus dem Verzicht auf etwa jede fünfte Reise (Nutzung Flug und Nutzung PKW) und aus der Verlagerung von PKW-Reisen auf die Bahn.

5.3 Der finanzielle Rebound-Effekt

Bei den Ergebnissen aus den Modellierungen handelt es sich um Angaben, die den betreffenden Konsumbereich jeweils für sich beschreiben. Das bedeutet, dass zwar diejenigen Konsumänderungen betrachtet werden, die innerhalb des Konsumbereiches liegen, Verschiebungen in andere Bereiche jedoch nicht berücksichtigt werden. Diese treten bei signifikanten Änderungen der finanziellen Situation der Konsumenten typischerweise auf. Die Vernachlässigung dieser

Betrachtung ist zum einen in der starken Heterogenität begründet, welche innerhalb der erhobenen finanziellen Auswirkungen von Sharing bei den Nutzern
auftritt: Die Durchschnittswerte z. B. für die mittlere Ersparnis eines Konsumenten pro Jahr durch die Nutzung von Sharing-Angeboten sind sehr ungenau. Zum
anderen stehen keine Informationen darüber zur Verfügung, in welche Bereiche
sich der Konsum der Nutzer tatsächlich verschob. Angemessene Daten zu den
durchschnittlichen ökologischen Auswirkungen eines mittleren konsumierten
Euro, die es erlauben würden, den verschobenen Konsumausgaben einen ökologischen Vorteil oder Nachteil zu attestieren, liegen ebenfalls nicht vor. Daher
kann lediglich der qualitative Hinweis bestehen bleiben, dass Verschiebungen in
andere Konsumbereiche eine bedeutsame Rolle spielen können, sobald sich eine
finanzielle Veränderung bei den Nutzern ergibt. Diese Veränderung kann dem
Konsummuster entsprechend sowohl ökologisch vorteilhaft, neutral oder nachteilig ausfallen.

Die Bedeutung des finanziellen Rebound-Effektes von Sharing-Praktiken
fällt in den betrachteten Konsumbereichen Kleiderkonsum, Mobilität und Reisen
jeweils unterschiedlich aus. Im Bereich der Kleidung verursacht die Sharing-
Nutzung Veränderungen sowohl bei den Ausgaben als auch bei den Einnahmen.
Mehrausgaben für Kleidung aufgrund des vereinfachten Konsumzugangs liegen
für einen kleinen Anteil der Kleiderkreisel-Nutzer zum Teil um die hundert Euro
pro Person im Jahr. Dem gegenüber stehen Einsparungen bei anderen Nutzern
im Bereich von wenigen Euro bis mehreren hundert Euro. Insgesamt sind die
Beträge relativ niedrig, so dass ihnen ein nur geringes Potenzial für Wechselwirkungen mit Konsum in anderen Bereichen zugeschrieben werden kann.

Bei den Vermietern privater PKW über Drivy liegen Einnahmen zwischen
wenigen hundert Euro bis zu über tausend Euro im Jahr vor. Diese Einnahmen,
die zur Deckung der Haltungskosten des PKW eingesetzt werden oder bereits als
Teil des Haushaltseinkommens angesehen werden, können signifikante Konsumverschiebungen nach sich ziehen. Die gezeigten Umweltwirkungen für Peer-
to-Peer Carsharing sollten im Licht dieser möglichen Konsumverschiebung betrachtet werden. Weitergehende Forschung zu Verschiebungen aus dem Bereich
der Mobilität in andere Konsumbereiche sollte angestrebt werden. Diese Aussage bezieht sich jedoch nicht auf das private Ridesharing. Die hier eingenomme-
nen Beträge sollen lediglich dazu beitragen, die Kosten der Fahrt zu decken;
jährliche Einnahmen gehen nur in wenigen Fällen über den zweistelligen Euro-
Bereich hinaus. Einsparungen der mit Wimdu reisenden Personen liegen bei bis
zu wenigen hundert Euro im Jahr. Die Einnahmen der Vermieter jedoch können

zu signifikanten Konsumverschiebungen führen, da beim tatsächlichen Sharing von Privatwohnungen für die Vermieter kaum zusätzliche Kosten entstehen.

5.4 Fazit

Stellschrauben für nachhaltigen Konsum

In den betrachteten Nutzungsbeispielen für online-basierte Peer-to-Peer Sharing-Angebote lassen sich unter den Voraussetzungen des aktuellen Konsumverhaltens lediglich geringe Umweltvorteile für die Nutzung von Sharing-Plattformen errechnen. Bezogen auf das Treibhauspotenzial wurden jährliche Entlastungen von wenigen kg bis zu etwa 100 kg CO_2-Äquivalenten pro Nutzer gefunden. Die Frage nach der ökologischen Nachhaltigkeit dieser Angebote kann daher mit einem „Ja, aber…" beantwortet werden. Das „aber" beinhaltet den Hinweis, dass die aktuelle Nutzung der Angebote ohne eine weiterführende nachhaltige Orientierung der Nutzer im Konsumverhalten kaum Umweltvorteile birgt. Diese nachhaltige Orientierung bezieht sich auch darauf, nachhaltig mit den durch Sharing möglicherweise gesparten oder dazuverdienten Geldbeträgen umzugehen.

Erst durch die Herausbildung eines substitutiven oder bestenfalls suffizienten Konsumstils wird die Sharing Economy zu einer spürbaren und nachhaltigen Umweltentlastung beitragen. Substitutiv meint hier, dass Konsumaktivitäten, die ohnehin stattgefunden hätten, durch geteilten Konsum zu ersetzen sind, um nennenswerte ökologische Vorteile zu erzielen. Eine Konsumbeschleunigung durch Sharing sollte dagegen vermieden werden. Darüber hinaus sollten die Konsumausgaben, die durch Sharing eingespart werden können, nicht in ökologisch nachteiligen (Luxus-) Konsum verlagert werden. Stattdessen muss durch Sharing ein Wertewandel, ein anderer Umgang mit Besitz und Verfügbarkeiten entstehen, so dass die ökologischen Potenziale des Sharing voll zum Tragen kommen können.

Transporte als Angriffspunkt für ökologische Nachhaltigkeit

Diejenigen Konsumfelder, in denen Transporte und Mobilität eine Rolle spielen, bergen vergleichbar große Umweltentlastungspotenziale. Verantwortlich hierfür ist die Bedeutung fossiler Treibstoffe, nicht nur für den Indikator GWP, sondern auch im Rahmen des Verbrauchs fossiler Ressourcen, sowie die Emissionen weiterer schädlicher Stoffe wie Stickoxide oder Feinstaub aus Verbrennungsprozessen. Bei Mobilitätsthemen ist zu bedenken, dass auch die hier nicht betrachteten Elektrofahrzeuge im Individualverkehr über den aktuellen Strommix zu einem Großteil fossile Energieträger nutzen; eine Umstellung auf moderne Antriebssysteme ist folglich nur ökologisch sinnvoll, wenn gleichzeitig die Energiewende, der Netzausbau und ähnliche Programme vorangetrieben werden. Der Verzicht auf PKW-Fahrten, entweder vollständig oder zugunsten öffentlicher Verkehrsmittel, oder auch der Verzicht auf unnötiges Versenden von Waren bergen ein hohes Entlastungspotenzial. Für das Ersetzen privater PKW-Fahrten ist entscheidend, dass eine Vielzahl von alternativen Angeboten eine komfortable multimodale Mobilität begünstigt und somit der Besitz privater PKW überflüssig wird. Ein Verzicht auf Flugreisen hat einen besonders starken Einfluss bei der Reduktion von Treibhausgasemissionen. Bei nicht vermeidbaren Transportwegen empfiehlt sich die Kompensation von Emissionen über entsprechende Anbieter, die mit den Einnahmen ökologisch sinnvolle Projekte fördern und so den negativen Umwelteffekten entgegenwirken.

Das Teilen von Gegenständen und Wertewandel im Konsum

Beim Konsum von Gegenständen zeigt sich, dass die Nutzungsintensivierung in den errechneten Beispielen große ökologische Vorteile hervorrufen kann. Bei den geteilten Wohnungen reduzieren sich Lasten für Übernachtungen auf ein gutes Drittel im Vergleich zu Hotelnutzungen. Gleichzeitig gilt dieses Ergebnis nur für Wohnungen, die durchgängig privat genutzt werden und nicht als Ferienwohnungen angelegt sind. Geteilte PKW-Fahrten zeigen ihre Umweltvorteile auf nachvollziehbare Art dadurch, dass für die Beförderung der gleichen Menge an Personen nun weniger PKW notwendig sind. Die Lasten der stattfindenden PKW-Fahrt werden dabei auf mehr Personen verteilt, so dass sich pro Person bereits ohne Verzicht deutliche Einsparungen zeigen. Bei geteilten Gegenständen wie Kleidungsstücken wird durch das aktive Sharing, also den Kauf und Verkauf gebrauchter Waren, die inländische Weiternutzung gefördert und die Nachfrage nach neuen Produkten in Deutschland reduziert. Um das vermehrte Teilen gebrauchter Gegenstände zu fördern, sollte beim ersten (Neu-) Kauf Wert auf Qualität und eine lange Lebensdauer gelegt werden, so dass sich die Lasten der Herstellung auf eine möglichst ausgedehnte Nutzungsphase verteilen lassen.

Insgesamt zeigt sich auch in den Hochrechnungen und Szenarien, dass der größte Vorteil des Sharing darin liegt, den Bedarf an neuen Waren zu verringern und dadurch Produktionsmengen neuer Güter zu reduzieren. Dieser Bedarf verringert sich zum einen dadurch, dass Sharing den Nutzern den Verzicht auf privaten Besitz von Gegenständen erleichtert; zum anderen werden mit Sharing bereits vorhandene Gegenstände effizienter genutzt. Im Projekt wurde jedoch nicht untersucht, wie nicht ausgegebenes Geld anderweitig verwendet wurde, so dass finanzielle Rebound-Effekte höchstens pauschal analysiert werden können. Der bewusste Umgang mit Konsumgütern und Besitz, auch im Hinblick auf Konsumverzicht, ist ein bedeutender Faktor auf dem Weg zu ökologischer Nachhaltigkeit. Sharing kann hierbei nicht als pauschale Lösung angesehen werden, hat jedoch das Potenzial, das Konsumdenken der Menschen zu beeinflussen und seinen Einsatz als Werkzeug eines nachhaltigen Konsums zu finden.

6 Entwicklungsperspektiven für die Geschäftsmodelle des Peer-to-Peer Sharing

Christine Henseling, Christine Hobelsberger

Wie das Kapitel 3 gezeigt hat, bestehen große Nutzerpotenziale für das Peer-to-Peer Sharing. Zwar ist die derzeitige Verbreitung des privaten Güterteilens noch gering, aber ein Drittel der Bevölkerung kann sich vorstellen, diese Art der geteilten Nutzung zukünftig zu praktizieren (Scholl et al. 2017). Je nach Anwendungsbereich fällt das Entwicklungspotenzial unterschiedlich aus, besonders hoch ist es in den Bereichen Apartment-Sharing und privates Autoteilen. Gleichzeitig eröffnet Peer-to-Peer Sharing auch neue Möglichkeiten für einen nachhaltigen Konsum. Das Teilen von Produkten erlaubt eine intensivere Nutzung des bestehenden Güterbestands und damit einen effizienteren Einsatz materieller Ressourcen. Peer-to-Peer Sharing kann dazu beitragen, die Notwendigkeit für Individualkonsum und Neuanschaffungen zu verringern. Eine Erfassung der ökologischen Effekte des Peer-to-Peer Sharing im Rahmen des Projekts „PeerSharing" ergab, dass diese Konsumform tatsächlich – unter bestimmten Bedingungen – einen Beitrag zu einem nachhaltigen Wirtschaften leisten kann (siehe Kapitel 5). Allerdings wurde auch deutlich, dass sich die Nachhaltigkeitspotenziale, die in der geteilten Güternutzung liegen, nicht automatisch erschließen. Hierzu bedarf es flankierender Maßnahmen, die darauf zielen, eine möglichst umweltfreundliche Nutzung der Angebote sicherzustellen. Vor diesem Hintergrund wurden im Projekt Weiterentwicklungsmöglichkeiten für Peer-to-Peer Sharing-Plattformen eruiert. Die zentralen Fragen dabei lauteten:

– Wie können Geschäftsmodelle des Peer-to-Peer Sharing weiterentwickelt werden, um vorhandene Nutzerpotenziale zu erschließen?
– Welche Maßnahmen können Plattform-Betreiber umsetzen, um das Peer-to-Peer Sharing nachhaltiger zu gestalten?

Dabei erlaubt der Geschäftsmodellansatz nicht nur eine systematische Darstellung der Antwort auf die Frage, welchen Nutzen ein Unternehmen für seine Kunden stiftet und wie sich das Unternehmen hierdurch einen Wettbewerbsvorteil gegenüber anderen Unternehmen verschafft. Die Überprüfung des Ge-

© Springer Fachmedien Wiesbaden GmbH, ein Teil von Springer Nature 2019
S. Behrendt et al. (Hrsg.), *Digitale Kultur des Teilens*,
https://doi.org/10.1007/978-3-658-21435-7_7

schäftsmodells kann auch Hinweise auf sinnvolle Modifikationen für den Erhalt
bzw. Ausbau dieses Wettbewerbsvorteils geben.

6.1   Vorgehen

Um die Geschäftsmodelle der Peer-to-Peer Sharing-Plattformen fassen und einordnen zu können, wurde zunächst ein Überblick über die Verwendung verschiedener Geschäftsmodellansätze in Forschung und Praxis erstellt. Vor diesem
Hintergrund wurde ein Geschäftsmodell-Framework als Grundlage für die weitere Analyse ausgewählt. Die Entscheidung fiel auf das Business Model Canvas
von Osterwalder und Pigneur (2011), da es sich aufgrund seiner Praxisorientie-
rung besonders gut eignet, um Geschäftsmodelle systematisch zu beschreiben, zu
überprüfen und weiterzuentwickeln.

Des Weiteren wurden – auf der Grundlage von Literaturauswertungen und
Interviews mit Plattform-Betreibern (Scholl et al. 2015, Bröse 2016), Nutzerbefragungen (Gossen et al. 2016, Henseling et al. 2017) sowie handlungsfeldbezo-
genen Analysen der Bereiche Apartment-Sharing und Carsharing (Peuckert et al.
2017) – generische Herausforderungen für Geschäftsmodelle des Peer-to-Peer
Sharing identifiziert und anhand des Business Model Canvas dargestellt.

Gemeinsam mit den Sharing-Plattformen Kleiderkreisel, Drivy und Wimdu
wurden anschließend Herausforderungen identifiziert, die für die genannten
Plattformen eine zentrale Rolle spielen. Diese Herausforderungen wurden schließlich im Rahmen von Fokusgruppen mit (potenziellen) Plattform-Nutzern vertiefend untersucht und Ansatzpunkte für die Weiterentwicklung von Geschäftsmodellen des Peer-to-Peer Sharing abgeleitet.

6.2   Der Geschäftsmodellansatz

Der Begriff des Geschäftsmodells ist im wissenschaftlichen Diskurs an sich nicht
neu. Osterwalder et al. (2005) verweisen in diesem Zusammenhang darauf, dass
Geschäftsmodelle bereits vor über 60 Jahren diskutiert wurden. Allerdings dau-
erte es eine geraume Zeit, bis sich aus dem unspezifisch und in unterschiedlich-
sten Kontexten verwendeten Terminus „Geschäftsmodell" ein eigenständiges
Konzept entwickeln konnte. Im Laufe seiner langen Entwicklung wurde das
Geschäftsmodell-Konzept dabei von unterschiedlichen Strömungen geprägt
(Wirtz 2011; Bieger und Reinhold 2011).

Der eigentliche Ursprung des Geschäftsmodell-Konzepts wird in den Anfängen der Wirtschaftsinformatik Mitte der 1970er Jahre verortet. Hier wurden Geschäftsmodelle vor allem zur Geschäftsmodellierung eingesetzt mit dem Ziel, eine geschäftskonforme Architektur des Informations- und Kommunikationssystems zu gewährleisten. Mit der Etablierung des Internets und dem damit einhergehenden Aufstieg des E-Commerce ab den 2000er Jahren gewannen Geschäftsmodelle für Unternehmen der New Economy und deren Investoren erheblich an Bedeutung. Dies schlug sich auch in einem signifikanten Aufschwung der Verwendung des Geschäftsmodell-Begriffs in Praxis und Medien nieder. Dabei rückte das bis dahin vorherrschende Verständnis von Geschäftsmodellen als Modellierungstools in den Hintergrund, während die strategische Komponente zusehends an Bedeutung gewann. Damit in Verbindung stand die Frage nach der Differenzierung von Geschäftsmodellen, mit dem Ziel, Wettbewerbsvorteile generieren und erhalten zu können. Des Weiteren kristallisierte sich – angesichts der durch das Internet eröffneten neuen Möglichkeiten unternehmerischer Wertschöpfung und Gestaltung von Wertschöpfungsketten – die Frage nach der Wertschöpfung als wichtiger Aspekt von Geschäftsmodellen heraus.

Der nahezu schon inflationäre Gebrauch des Begriffs „Geschäftsmodell" in der Boom-Zeit der New Economy zog gerade in wissenschaftlichen Kreisen jedoch auch Kritik auf sich: Autoren bemängelten die unreflektierte Verwendung und Schwammigkeit des Terminus oder zweifelten gar dessen Nutzen und somit Daseinsberechtigung an (bspw. Porter 2001). Diese Kritik wurde in den frühen 2000er Jahren in der wissenschaftlichen Literatur aufgegriffen, die sich nun zusehends mit dem Forschungsgegenstand „Geschäftsmodell" sowie mit der Synthese der je nach Strömung und Denkschule teilweise höchst unterschiedlichen Geschäftsmodell-Ansätze befasste (bspw. Wirtz et al. 2015).

Seit einigen Jahren wird der – im wissenschaftlichen Diskurs bis dahin vernachlässigten – Verknüpfung von Geschäftsmodellen mit Nachhaltigkeit und unternehmerischer Verantwortung eine erhöhte Aufmerksamkeit zuteil. Im Zentrum des Interesses steht dabei die Frage, wie Geschäftsmodelle dazu beitragen können, unternehmerische Nachhaltigkeitsbestrebungen und nachhaltigeres Wirtschaften zu unterstützen und zu fördern (Fichter und Tiemann 2015; Schaltegger et al. 2012).

Die verstärkte wissenschaftliche Auseinandersetzung mit Geschäftsmodellen hat nach Wirtz et al. (2015) inzwischen zu einem einheitlicheren Verständnis des Geschäftsmodell-Begriffs geführt: Demnach stimmen die meisten Definitionen darin überein, dass Geschäftsmodelle aus verschiedenen Elementen bestehen und die Grundlogik eines Unternehmens beschreiben. Mithilfe eines Geschäftsmodells lässt sich in aggregierter und vereinfachter Form darstellen, welcher Nutzen bzw. welches Wertangebot auf welche Weise durch ein Unternehmen für Kunden und Partner gestiftet wird und wie der gestiftete Nutzen in Form von Umsätzen an ein Unternehmen zurückfließt. Das durch das Unternehmen geschaffene Wertangebot ermöglicht dabei eine Differenzierung gegenüber Wettbewerbern, die Festigung von Kundenbeziehungen und die Erzielung bzw. den Erhalt eines Wettbewerbsvorteils. In diesem Kontext wird oft auch die Notwendigkeit einer dynamischen Sichtweise hervorgehoben: Demnach ist es angesichts eines sich schnell verändernden Geschäftsumfelds notwendig, ein Geschäftsmodell wiederholt zu überprüfen und ggf. zu modifizieren, um einen Wettbewerbsvorteil erhalten bzw. ausbauen zu können.

Unter Berücksichtigung der oben genannten Aspekte schlagen Wirtz et al. (2015, S. 41) vor, Geschäftsmodelle wie folgt zu definieren:

> „A business model is a simplified and aggregated representation of the relevant activities of a company. It describes how marketable information, products and/or services are generated by means of a company's value-added component. In addition to the architecture of value creation, strategic as well as customer and market components are taken into consideration, in order to achieve the superordinate goal of generating, or rather, securing the competitive advantage. To fulfill this latter purpose, a current business model should always be critically regarded from a dynamic perspective, thus within the consciousness that there may be the need for business model evolution or business model innovation, due to internal or external changes over time."

Das Business Model Canvas

In Wissenschaft und Praxis hat in den vergangenen Jahren das Business Model Canvas von Osterwalder und Pigneur (2011) starke Resonanz und weite Verbreitung als Referenzmodell zur Beschreibung und Diskussion von Geschäftsmodellen erfahren. Osterwalder und Pigneur (2011) verstehen das Business Model Canvas als ein praxisorientiertes Tool, mit dessen Hilfe ein Geschäftsmodell vereinfacht und anhand der wichtigsten Bausteine übersichtlich dargestellt werden kann. Das Zusammenspiel der Bausteine verdeutlicht dabei, wie ein Unternehmen Einnahmen generieren möchte. Als Unterstützung zur Bearbeitung des Business Model Canvas dienen Leitfragen zu jedem einzelnen der Bausteine. Ähnlich wie auf einer Leinwand (= „canvas") können so Bilder von neuen oder bestehenden Geschäftsmodellen visualisiert werden. Dabei schafft das Business Model Canvas für alle Beteiligten eine „gemeinsame Sprache", mit deren Hilfe ein Geschäftsmodell systematisch beschrieben, durchdacht und – von besonderer

Relevanz im vorliegenden Kontext – überprüft und weiterentwickelt werden kann. Die Elemente des Business Model Canvas bestehen aus insgesamt neun Bausteinen. Diese werden im Folgenden zunächst unabhängig von einem konkreten Anwendungsfall vorgestellt, bevor dann die spezifischen Herausforderungen, denen die Geschäftsmodelle des Peer-to-Peer Sharing gegenüberstehen, anhand der einzelnen Bausteine des Business Model Canvas herausgearbeitet werden. Die neun Bausteine des Business Model Canvas sind (Osterwalder und Pigneur 2011):

–   Baustein 1 – Kundensegmente: definiert die Kundensegmente, die ein Unternehmen erreichen und bedienen will. Dabei unterscheiden sich die verschiedenen Segmente hinsichtlich ihrer Charakteristika (bspw. Verhaltensweisen, Kaufkraft) und somit auch in ihren Anforderungen und Bedürfnissen.

–   Baustein 2 – Wertangebote: beschreibt die Produkte und Dienstleistungen, die ein Unternehmen den verschiedenen Kundensegmenten anbietet mit dem Ziel, die Anforderungen und Bedürfnisse der jeweiligen Kundensegmente zu erfüllen.

–   Baustein 3 – Kanäle: definiert die Kommunikations-, Distributions- und Verkaufskanäle, die ein Unternehmen nutzt, um seine Kundensegmente anzusprechen und zu erreichen sowie ihnen ein bestimmtes Wertangebot zu vermitteln.

–   Baustein 4 – Kundenbeziehungen: beschreibt die Arten von Beziehungen, seien sie bspw. persönlich, automatisiert oder per Selbstbedienung, die ein Unternehmen mit einzelnen Kundensegmenten eingeht.

–   Baustein 5 – Einnahmequellen: zeigt, wie Einkünfte aus den einzelnen Kundensegmenten generiert werden.

–   Baustein 6 – Schlüsselressourcen: stellt die wichtigsten Ressourcen dar, die für das Funktionieren des Geschäftsmodells notwendig sind. Dabei kann es sich um physische Ressourcen (bspw. Produktionseinrichtungen, Gebäude), intellektuelle Ressourcen (bspw. Marken, Patente und Copyrights), menschliche Ressourcen (Mitarbeiter) und finanzielle Ressourcen (bspw. Bargeld oder andere finanzielle Sicherheiten) handeln.

–   Baustein 7 – Schlüsselaktivitäten: umschreibt die elementaren Aktivitäten (bspw. Entwicklung, Bewerbung oder Lieferung von Produkten oder Dienstleistungen), die ein Unternehmen durchführen muss, damit das Geschäftsmodell funktioniert.

- Baustein 8 – Schlüsselpartner: zeigt das Netzwerk von Partnern und Lieferanten, die dazu beitragen, dass das Geschäftsmodell funktioniert.
- Baustein 9 – Kostenstruktur: beinhaltet die Produktions- und Transaktionskosten, welche sich aus dem Einkauf von Schlüsselressourcen, der Durchführung von Schlüsselaktivitäten und der Zusammenarbeit mit Schlüsselpartnern ergeben.

6.3 Herausforderungen für die Geschäftsmodelle des Peer-to-Peer Sharing

Geschäftsmodelle des Peer-to-Peer Sharing unterscheiden sich durch besondere Charakteristiken von anderen Unternehmensmodellen. Als elektronische Marktplätze vermitteln sie Produkte und Leistungen zwischen einer Vielzahl von Anbietenden und Nachfragenden. Somit gehören sie zu den zweiseitigen Märkten (Osterwalder und Pigneur 2011). Anders als Märkte, die zwischen kommerziellen Anbietern und Konsumenten vermitteln (Business-to-Consumer), bringen Peer-to-Peer Sharing-Plattformen private Anbieter (Peer Provider) mit privaten Konsumenten (Peer Consumer) zusammen und zählen damit zu den Consumer-to-Consumer Marktplätzen. Des Weiteren zeichnen sie sich dadurch aus, dass es sich um digitale Plattformen, d. h. um Internet-basierte Marktplätze handelt.

Im vorliegenden Kapitel wird der Frage nachgegangen, mit welchen Herausforderungen kommerzielle Peer-to-Peer Sharing-Plattformen konfrontiert sind, um dann in einem zweiten Schritt einzelne zentrale Herausforderungen aufzugreifen und genauer zu analysieren. Ziel ist es, deutlich zu machen, welchen generischen Herausforderungen Peer-to-Peer Sharing-Plattformen im Unterschied zu anderen Unternehmenstypen gegenüberstehen. Daher werden insbesondere jene Aspekte herausgearbeitet, die Peer-to-Peer Plattformen aus unterschiedlichen Bereichen und mit unterschiedlichen Ausprägungen gleichermaßen betreffen. Gleichwohl wird bei den folgenden Ausführungen auf besondere bereichsspezifische Unterschiede hingewiesen, um auch die besonderen Bedingungen in den einzelnen Konsumfeldern wie geteilte Mobilität, Apartment-Sharing oder Kleider-Sharing zu beleuchten.

Zunächst wird auf externe Herausforderungen eingegangen, die Einfluss auf die Geschäftstätigkeit der Unternehmen haben. Im Anschluss werden jene Herausforderungen beschrieben, die im Einflussbereich der Unternehmen liegen. Diese werden anhand der Elemente des Business Model Canvas dargestellt (Strukturierung in Anlehnung an Bröse 2016).

6.3.1   Externe Herausforderungen

Externe Herausforderungen bezeichnen „alle Herausforderungen, die von außen auf die Unternehmen einwirken und auf die reagiert werden muss, um die Marktposition zu sichern" (Bröse 2016, S. 61). Zu nennen sind hier v. a. uneinheitliche und nicht eindeutige rechtliche Rahmenbedingungen und ein hoher Wachstumsdruck durch dynamische Netzwerkeffekte[32].

Durch Peer-to-Peer Sharing-Plattformen entstehen in vielen Bereichen neue Geschäftsmodelle, die sich mit bestehenden rechtlichen Rahmenbedingungen nur begrenzt fassen lassen. Dadurch entstehen rechtliche Unsicherheiten. So ist beispielsweise die Abgrenzung zwischen privaten und gewerblichen Anbietern oft schwierig. Die einschlägigen Rechtsvorschriften im Gewerberecht sind sehr allgemein gehalten und schaffen dadurch erhebliche Grauzonen (Behrendt et al. 2017). Auch bei der Steuer- und Abgabepflicht bestehen Unklarheiten. So ist beispielsweise unklar, ab welcher Höhe beim privaten Carsharing die daraus erzielten Einnahmen versteuert werden müssen.

In einigen Bereichen ist durch große Plattformen, die massiv in den Markt drängen, ein hoher Handlungsdruck entstanden. Dies ist beispielsweise im Bereich Apartment-Sharing der Fall, wo durch die Verbreitung von Vermittlungsplattformen für private Unterkünfte eine kontroverse Diskussion um die Verknappung von Wohnraum in Großstädten entstanden ist. Hier reagieren nationale und lokale Behörden bislang mit einem Mosaik verschiedener Regulierungsmaßnahmen. Während Hamburg und München verstärkt gegen Ferienwohnungen ohne Genehmigungen vorgehen, hatte Berlin 2014 ein verschärftes Zweckentfremdungsverbot eingeführt. Nach verschiedenen Gerichtsverhandlungen hat der Berliner Senat das Gesetz im Dezember 2017 novelliert. Seitdem ist eine Vermietung in Berlin an bis zu 60 Tagen im Jahr unter bestimmten Voraussetzungen wieder erlaubt. Auch im Ausland wächst der Druck, in Städten mit angespannter Wohnraumversorgung die Zweckentfremdung des Wohnraums einzudämmen. Bislang scheinen die unterschiedlichen Regularien das Problem der Zweckentfremdung von Wohnraum nur unzureichend lösen zu können. Der Druck auf Vermittlungsportale, wie Airbnb oder Wimdu, wächst weltweit, so dass die Plattformen verstärkt nach Kooperationen mit den Städten suchen. Ein-

---

32 Für eine ausführliche Darstellung der externen Herausforderungen für Peer-to-Peer Sharing-Unternehmen in den Bereichen Carsharing und Übernachten wird zudem auf die im Rahmen des Projekts erstellte Studie „Kontexte des Teilens" verwiesen (Peuckert et al. 2017).

zelne Städte (z. B. Amsterdam) arbeiten inzwischen mit Vermittlungsportalen zusammen, um einvernehmliche Lösungen zu finden.

Die rechtlichen Unsicherheiten für die Plattformen und ihre Nutzer sind in den verschiedenen Bereichen des Peer-to-Peer Sharing unterschiedlich groß. Im Bereich des Apartment-Sharing stellen rechtliche Fragen ein erhebliches Problem dar. Fragmentierte lokale oder nationale Regulierungen, wie sie derzeit vorzufinden sind, schränken hier das Entwicklungspotenzial des Peer-to-Peer Sharing ein. Auch im Mobilitätsbereich treten rechtliche Unsicherheiten zutage. Im Bereich Kleider-Sharing dagegen spielen rechtliche Unklarheiten keine Rolle.

Aufgrund von positiven Netzwerkeffekten besteht beim Peer-to-Peer Sharing eine Tendenz zur Marktkonzentration. Als positiven Netzwerkeffekt bezeichnet man einen Effekt, bei dem der Nutzen eines Gutes mit steigender Nutzerzahl wächst. Dies ist bei Peer-to-Peer Plattformen in starkem Maße der Fall. Eine Plattform ist erst dann für Nachfrager interessant, wenn eine gewisse Zahl an unterschiedlichen Angeboten vorhanden ist und umgekehrt. Des Weiteren steigt die Attraktivität der Plattform, je größer der Marktplatz ist, d. h. je mehr Anbietende und Nachfragende dort agieren. Dies führt dazu, dass diejenige Plattform, welche die größten Nutzerzahlen aufweist, immer mehr an Attraktivität gewinnt, während kleinere Plattformen an Attraktivität verlieren. Im extremen Fall kann es hierdurch zu einem „Winner-takes-all"-Effekt kommen, bei dem kleinere Plattformen durch ein einzelnes vorherrschendes Unternehmen verdrängt werden (Peuckert et al. 2017). Dies erklärt den hohen Wachstumsdruck, die schnelle Expansion und den Konzentrationsprozess unter den Vermittlungsplattformen für Peer-to-Peer Sharing.

Besonders deutlich zeigt sich dies im Bereich des Apartment-Sharing. Hier ist Airbnb seit Jahren unangefochtener Marktführer, dessen Nutzerzahlen weltweit steigen. Demgegenüber mussten sich die drei wichtigsten Wettbewerber am deutschen Markt, Wimdu, 9flats und Gloveler, neu positionieren. So versucht sich Wimdu in seinem Geschäftsmodell vom Konkurrenten Airbnb durch den Fokus auf Professionalität, Kundenorientierung und qualitativ hochwertige City-Apartments für (im Vergleich zur Couchsurfing-Generation) etwas ältere Kundengruppen abzuheben. Auch sind im Bereich des Apartment-Sharing Konzentrationsprozesse und Übernahmen zu beobachten. So wurde z. B. Wimdu nach dem Verkauf an 9flats von Novasol übernommen. Insgesamt ist festzustellen, dass sich der Verdrängungswettbewerb in verschiedenen Bereichen des Peer-to-Peer Sharing – insbesondere in den Bereichen Apartment-Sharing und Mobilität – weiter verschärft (Behrendt et al. 2017).

6.3.2   Geschäftsmodell-interne Herausforderungen

Kundensegmente

Wie oben geschildert, ist der Erfolg von Plattformen des Peer-to-Peer Sharing in hohem Maß von einer Steigerung der Nutzerzahlen abhängig. Die Plattformen sind daher mit der Herausforderung konfrontiert, die Reichweite kontinuierlich zu erhöhen und sowohl die Zahl der Anbieter sowie der Nachfrager zu vergrößern. Gleichzeitig zeigt eine im Projekt durchgeführte Repräsentativerhebung, dass es in Deutschland erhebliche zukünftige Nutzungspotenziale für das Peer-to-Peer Sharing gibt (Scholl et al. 2017 und Kapitel 3 in diesem Buch). Während der Anteil an Personen, die bereits Erfahrung mit Peer-to-Peer Sharing haben, bisher zwar nur gering ist, besteht eine große Aufgeschlossenheit gegenüber solchen Konsumformen. Insgesamt kann sich knapp ein Drittel der deutschen Bevölkerung vorstellen, zukünftig Peer-to-Peer Sharing zu nutzen (Scholl et al. 2017, S. 9). Auch wenn sich die Nutzungsbereitschaft in den verschiedenen Konsumbereichen unterscheidet, bestehen insgesamt für Plattformen im Bereich des Peer-to-Peer Sharing erhebliche Chancen, weitere und neue Nutzergruppen zu erschließen.

Weiterhin müssen die Plattformen Anreize schaffen, um registrierte Nutzer zur (wiederholten) Nutzung der Plattform zu motivieren. Beispielsweise zeigt die Befragung von Flinc-Nutzern, dass zwar die Zahl der registrierten Nutzer hoch ist, dass es jedoch gleichzeitig einen erheblichen Anteil an Personen gibt, die zwar auf der Plattform angemeldet sind, diese aber nicht aktiv nutzen. In der Befragungsstichprobe machen diese „Inaktiven" einen Anteil von über 60 Prozent der Befragten aus[33]. Hier steht die Plattform vor der Aufgabe, dieses Potenzial an Nutzern, die immerhin die erste Hürde – die Registrierung – genommen haben, auch für eine aktive Beteiligung zu gewinnen.

Peer-to-Peer Plattformen in unterschiedlichen Bereichen sind mit unterschiedlichen Anforderungen in Bezug auf Angebotsdichte und Angebotsvielfalt konfrontiert. Beim Ridesharing und beim Carsharing kommt es vor allem auf die räumliche Dichte an. In diesen beiden Bereichen hängt die Attraktivität der Plattformen unmittelbar davon ab, ob potenzielle Nachfrager passende Angebote in ihrer unmittelbaren Umgebung finden können. Die komplexe Herausforderung der Vermittlungsplattformen besteht also darin, ein entsprechendes Verhältnis von Angebot und Nachfrage im jeweiligen Geschäftsgebiet zu organisieren. Hier

---

33 Siehe URL: http://www.peer-sharing.de/veranstaltungen/marktdynamiken-des-peer-to-peer-sharing/dokumentation.html (letzter Zugriff am 06.11.2017)

gestaltet sich der Aufbau einer kritischen Masse schwieriger als in anderen Bereichen wie beispielsweise dem Kleider-Sharing, wo es zwar durchaus auf das Vorhandensein hoher Nutzerzahlen ankommt, diese Nutzer aber nicht räumlich gebündelt auftreten müssen. Auch im Bereich Apartment-Sharing kommt es weniger auf eine hohe Angebotsdichte als auf die Angebotsbreite an. Die Attraktivität von Plattformen wie Airbnb oder Wimdu hängt nicht von der räumlichen Nähe der Angebote ab, sondern von einer Vielzahl von Anbietern in einem Netz unterschiedlicher Reise-Destinationen.

Eine weitere Thematik, die in den Bereich Kundensegmente fällt, ist die Gefahr der Entstehung eines Graumarktes. Unter Graumarkt wird das Phänomen verstanden, dass Personen, die durch eine Transaktion auf einer Peer-to-Peer Plattform miteinander in Kontakt getreten sind, bei nachfolgenden Transaktionen die Plattform umgehen (z. B. im Falle einer Ferienunterkunft den Vermieter direkt kontaktieren). In einem solchen Szenario verliert die Plattform den Nutzer und damit die Transaktionsgebühren. Die Gefahr der Entstehung eines Graumarktes stellt insbesondere für den Bereich Ridesharing ein Problem dar. Beispielsweise bei Berufspendlern, die regelmäßig zur gleichen Zeit die gleiche Strecke fahren, besteht die Tendenz, nach dem ersten über die Plattform vermittelten Kontakt die Transaktion nicht mehr über das Peer-to-Peer Sharing-Unternehmen laufen zu lassen, sondern direkt miteinander Kontakt aufzunehmen, um die entsprechenden Vereinbarungen zu treffen. In anderen Bereichen (z. B. beim Peer-to-Peer Carsharing) wird dieses Problem weniger beobachtet. So wird von Drivy berichtet, dass das Unternehmen kaum Probleme mit der Umgehung der Plattform hat, da die von Drivy angebotene, speziell für das Peer-to-Peer Carsharing zugeschnittene Versicherungslösung einen sehr hohen Zusatznutzen darstellt.

Schlüsselressourcen und Schlüsselaktivitäten

Zu den Schlüsselressourcen von Peer-to-Peer Sharing-Diensten gehören in erster Linie die Plattform selbst sowie die Mitarbeiter in den verschiedenen Unternehmensbereichen: technische Entwicklung/IT, Kundenservice, Plattform-Administration und Marketing. Aufgrund der schnellen Entwicklungen im Bereich der Informations- und Kommunikationstechnik sind die Unternehmen gefordert, ihre Plattform entsprechend weiterzuentwickeln und neue technische Möglichkeiten für sich zu nutzen (siehe unten, Abschnitt „Wertangebote"). Eine wichtige Rolle spielt hier auch die technische Anpassung der Plattform an wachsende Nutzerzahlen. Hierzu zählen z. B. technische Herausforderungen, wenn die Plattform nicht für den steigenden Datenverkehr ausgelegt ist. Auch der Kundenservice muss an die wachsenden Nutzerzahlen angepasst werden, damit die steigende Zahl der Anfragen bearbeitet werden kann (Bröse 2016).

Wertangebote

Um sich in einem Markt mit hohem Wettbewerbsdruck zu behaupten und eine hohe Attraktivität für die Nutzer zu gewährleisten, stehen Peer-to-Peer Plattformen vor der Herausforderung, ihre Wertangebote zu erweitern. Dabei geht es sowohl um die Entwicklung komplementärer Angebote zum Kernangebot als auch um die Erweiterung der technischen Eigenschaften der Plattform.

Eine zentrale Rolle spielen technologische Innovationen. Aktuelle technologische Entwicklungen bieten Möglichkeiten, die Transaktionsprozesse beim Peer-to-Peer Sharing noch weiter zu vereinfachen und damit die Attraktivität für die Nutzer weiter zu erhöhen. Dies gilt für Plattformen in allen Bereichen. Als Beispiel soll auf den Bereich des Carsharing eingegangen werden: Eine besondere Rolle für die Entwicklung des Peer-to-Peer Carsharing spielten in den letzten Jahren der mobile Internet-Zugang und mobile Anwendungen wie Apps (Lenz und Fraedrich 2015). Sie erleichtern das Auffinden von verfügbaren Fahrzeugen in der Umgebung mit Hilfe von GPS und tragen dazu bei, die Kontaktaufnahme mit den Anbietern, die Registrierung und Buchung weiter zu flexibilisieren und zu vereinfachen (Peuckert et al. 2017). Aktuell bieten InCar-Technologien die Möglichkeit, den Aufwand für die Nutzung von Carsharing weiter zu verringern. Seit März 2016 nutzt auch Drivy diese Technologie. Fahrzeugbesitzer können eine Box („Drivy Open") in ihrem Auto installieren. Mithilfe einer App kann daraufhin das Fahrzeug vom Mieter geöffnet werden, ohne dass eine persönliche Schlüsselübergabe nötig ist.

Eine weitere Strategie zur Weiterentwicklung der Wertangebote ist die Öffnung der Plattformen für neue Nutzergruppen. Verschiedene Plattformen des Peer-to-Peer Sharing binden beispielsweise zunehmend gewerbliche Anbieter ein. So hat sich eBay im Laufe seines Bestehens von einer Wiederverkaufsplattform für Privatpersonen zunehmend hin zu einer Plattform entwickelt, auf der zu einem großen Anteil professionelle Händler auftreten. Eine zunehmende Nutzung durch gewerbliche Anbieter ist auch beim Apartment-Sharing zu beobachten. Obwohl sich Peer-to-Peer Plattformen wie Airbnb oder Wimdu in der Regel als Vermittler von Privatunterkünften darstellen, werden darüber hinaus immer häufiger auch Ferienunterkünfte gewerblicher Betreiber angeboten.

Ökologisierung der Wertangebote

Peer-to-Peer Sharing eröffnet auch neue Möglichkeiten für einen nachhaltigen Konsum. Die geteilte Nutzung kann dazu beitragen, dass vorhandene Güter länger oder intensiver genutzt werden. Hieraus erwächst grundsätzlich ein Potenzial, die Produktion und den Verkauf neuer Produkte zu verhindern oder zu verzögern und somit Umweltlasten zu vermeiden, die mit neu produzierten Konsumgütern verbunden sind. Des Weiteren kann Peer-to-Peer Sharing Verbrauchern neue nachhaltige Konsumoptionen jenseits des Individualkonsums aufzeigen. Andererseits können durch die geteilte Nutzung von Gütern auch ökologische Nachteile entstehen. Wenn z. B. durch den erleichterten Zugang zu Konsum durch Plattformen des Peer-to-Peer Sharing zusätzlicher Konsum entsteht, der ansonsten nicht stattgefunden hätte. Oder wenn durch die Möglichkeit des einfachen Weiterverkaufs gebrauchter Güter eine Konsumbeschleunigung stattfindet (Güter werden gekauft, nur kurz genutzt und anschließend weiterverkauft, um wiederum ein neues Produkt zu erwerben).

Eine zentrale Fragestellung im Projekt „PeerSharing" lautete daher, wie die Nachhaltigkeitspotenziale der geteilten Nutzung von Gütern erschlossen und mögliche negative Effekte vermieden werden können. Dabei kommt es entscheidend darauf an, wie die Nutzer sich auf den Peer-to-Peer Plattformen verhalten und ob es gelingt, den Konsum, der über diese Plattformen stattfindet, in eine insgesamt nachhaltigere Konsumkultur einzubetten (Ludmann 2018). Hier können auch die Plattform-Betreiber einen maßgeblichen Beitrag leisten. Insbesondere können sie durch ergänzende Funktionen auf der Plattform ökologische Produkte stärker in den Vordergrund stellen (beispielsweise Hinweise auf verbrauchsarme Fahrzeuge beim Peer-to-Peer Carsharing) oder dazu anregen, den Konsumakt insgesamt umweltfreundlicher zu machen (beispielsweise durch Hinweise für eine nachhaltige Nutzung).

Kundenbeziehungen und Kanäle

Peer-to-Peer Sharing-Plattformen sind dadurch gekennzeichnet, dass sie Transaktionen zwischen Privatpersonen vermitteln. Da hier private Konsumenten auf private Anbieter treffen, ist die Gewährleistung des Leistungsversprechens weniger abgesichert als bei Transaktionen mit gewerblichen Anbietern. Diese unterliegen beispielsweise staatlichen Kontrollen und Zulassungen. Zudem gelten für sie Garantie- und Gewährleistungspflichten, die es für Privatpersonen nicht gibt. Eine zentrale Aufgabe der Plattformen besteht folglich darin, Vertrauen zwischen den Nutzergruppen herzustellen. Dieses Vertrauen bezieht sich auf die

Sicherstellung der Angebotsqualität, worunter zum einen die Qualität der Güter zu verstehen ist (z. B. Sauberkeit/Hochwertigkeit des Gutes) und zum andern die Qualität der Kommunikation und der Transaktion (z. B. schnelles Antworten auf Anfragen, pünktliche und zuverlässige Bereitstellung). Dies betrifft alle Bereiche des Peer-to-Peer Sharing. Zur Herstellung von Vertrauen bedienen sich die Plattformen verschiedener, sich ergänzender Mechanismen, wobei Bewertungssysteme eine wesentliche Rolle spielen. Mit Hilfe dieser Systeme können sich Nutzer nach erfolgter Transaktion gegenseitig bewerten und Punkte sowie Kommentare für die Qualität der Leistung und der Kommunikation vergeben. Hinzu kommen bei einigen Unternehmen die Sicherstellung der Identität der Nutzer (z. B. durch Einscannen des Personalausweises oder des Führerscheins) und – insbesondere bei höherwertigen Gütern – Versicherungen. Interviews mit Personen, die Peer-to-Peer Sharing noch nicht nutzen, zeigen, dass mangelndes Nutzervertrauen ein zentrales Hemmnis für die Nutzung solcher Dienste darstellt (Gossen et al. 2016).

Neben Beiträgen zur Ökologisierung der Wertangebote (siehe oben) können sich die Plattformen auch in ihrer Umweltkommunikation stärker mit Umweltargumenten positionieren. So können sie die nachhaltige Gestaltung von Konsumprozessen im Peer-to-Peer Sharing auch durch entsprechende redaktionelle Berichterstattung und Hinweise fördern und über Umwelteffekte beim Peer-to-Peer Sharing berichten. Verschiedene im Rahmen des vorliegenden Projekts durchgeführte Befragungen bei Nutzern von Peer-to-Peer Sharing-Diensten ergaben, dass ökologische Motive zwar nicht an erster Stelle stehen, wenn es um die Frage geht, warum Peer-to-Peer Plattformen genutzt werden, dass sie aber durchaus einen erwünschten Nebeneffekt darstellen. So gaben beispielsweise 60 Prozent der Kleiderkreisel-Nutzer und 63 Prozent der Drivy-Nutzer an, dass sie die Angebote auch deshalb nutzen, weil sie dazu beitragen möchten, dass Ressourcen besser genutzt werden (Henseling et al. 2017). Auch über einzelne Plattformen hinaus werden dem Peer-to-Peer Sharing von Seiten der Nutzer erhebliche Potenziale für einen nachhaltigen Konsum zugeschrieben (Henseling et al. 2017, Gossen et al. 2016). Neben Rohstoffeinsparungen durch die intensivere Nutzung von Gütern und die Vermeidung von Neukäufen vermuten die Nutzer, dass durch Peer-to-Peer Sharing ein bewussterer Konsum gefördert wird und Ideen für ein anderes, nachhaltigeres Konsumverhalten entstehen. Für Plattformen kann es eine sinnvolle strategische Positionierung im Wettbewerb sein, die ökologischen Wirkungen in den Vordergrund zu stellen.

Einnahmequellen

Viele Peer-to-Peer Plattformen haben noch nicht ihre wirtschaftliche Tragfähigkeit erreicht und müssen erst noch ausreichend Einnahmen generieren, um am Markt rentabel arbeiten zu können. Getragen werden die Unternehmen bis dato zumeist von Investorengeldern oder Drittmittelgebern, da besonders die Startphase von zweiseitigen Plattformen viel Geld und Ressourcen benötigt, um sowohl die Anbieter als auch die Nachfrager auf die Plattform zu holen. Die zukünftige Entwicklung und Verbreitung des Peer-to-Peer Sharing hängt entscheidend davon ab, ob es den Sharing-Unternehmen gelingt, sich ohne Investorengelder zu finanzieren und tragfähige von den Nutzern akzeptierte Gebühren-Modelle zu etablieren bzw. andere Einnahmequellen zu erschließen (Behrendt et al. 2017).

Dabei stecken die Vermittlungsplattformen in einem Aufbau- bzw. Etablierungs-Dilemma. Das in der Gründungsphase erforderliche schnelle Wachstum der Nutzerzahlen lässt sich am besten erreichen, wenn niedrige oder keine Nutzungsgebühren erhoben werden. Werden dann nachträglich Nutzungsgebühren eingeführt, um das Geschäftsmodell wirtschaftlich tragfähig zu machen, kann dies zu einer Abschwächung der Wachstumszahlen führen. Teilweise werden diese Umstellungen von der Nutzer-Community massiv kritisiert und abgelehnt. Als beispielsweise Kleiderkreisel versuchte, sich mit einem Bezahlsystem, das zehn Prozent Verkaufsgebühr vorsah, unabhängiger zu machen, waren massive Proteste im Netz die Folge. Die Nutzerzahlen wuchsen daraufhin erheblich langsamer. Kleiderkreisel sah sich gezwungen, das Bezahlmodell wieder abzuschaffen. Andere Vermittlungsplattformen stehen vor ähnlichen Schwierigkeiten.

Eine Problematik, die ebenfalls in den Bereich Einnahmequellen fällt, ist die Festlegung des jeweiligen Miet- bzw. Kaufpreises durch die Nutzer. Für die Anbieter, die auf der Plattform agieren, stellt sich die Frage, welchen Preis sie für ihr Angebot (z. B. Vermietung des Autos oder der Wohnung) verlangen können. Um hier eine Orientierungshilfe zu bieten, hat beispielsweise Airbnb eine Funktion entwickelt, die dem Vermieter – je nach Stadt, Lage und Ausstattung der Ferienwohnung – einen Mietpreis vorschlägt. Dieser wird auf Basis der ortsüblichen Preise errechnet. Die Carsharing-Plattform Drivy verfügt über eine ähnliche Funktion.

In Tabelle 5 sind die identifizierten Herausforderungen für Geschäftsmodelle des Peer-to-Peer Sharing nach den Elementen des Business Model Canvas (Osterwalder und Pigneur 2011) dargestellt. Die zuvor im Text beschriebenen Herausforderungen sind hier stichpunktartig den neun Bausteinen des Business Model Canvas zugeordnet, wie sie klassischerweise dargestellt werden.

Tabelle 5: Übersicht über Herausforderungen für Geschäftsmodelle des Peer-to-Peer Sharing (in Anlehnung an Bröse 2016)

Geschäftsmodell-Baustein	Herausforderungen
Schlüsselpartner	
Schlüsselaktivitäten	Guten Kundenservice gewährleisten bei wachsenden Nutzerzahlen
Schlüsselressourcen	Technische Weiterentwicklung der Plattform; Anpassung der Plattform an wachsende Nutzerzahlen
Wertangebote	Weiterentwicklung der Wertangebote; Entwicklung zusätzlicher Leistungen zum Kernangebot; Qualität der angebotenen Leistungen sicherstellen; Ökologisierung der Wertangebote
Kundenbeziehungen	Schaffung/ Stärkung des Nutzervertrauens; Tipps/ Hinweise für eine nachhaltige Nutzung
Kanäle	Tipps/ Hinweise für eine nachhaltige Nutzung
Kundensegmente	Anzahl neuer Kunden (Reichweite) erhöhen; Nutzungsrate registrierter Kunden erhöhen; Matching zwischen Anbietenden und Nachfragenden sicherstellen; Vermeidung Graumarkt
Kostenstruktur	
Einnahmequellen	Einführung eines akzeptierten Bezahlsystems; (Miet-/ Kauf-)Preisfestlegung durch die Nutzer/innen; Rentabel werden, kostendeckend arbeiten; Genügend (Investment-)Kapital gewinnen
Externe Herausforderungen	Unklare bzw. nicht einheitliche rechtliche Rahmenbedingungen; Sich selbst verstärkende Effekte durch höhere Marktmacht

6.4 Ansatzpunkte für eine nachhaltige Weiterentwicklung der Geschäftsmodelle

Im Folgenden werden Ansatzpunkte für nachhaltige Entwicklungsperspektiven von Geschäftsmodellen des Peer-to-Peer Sharing aufgezeigt. Diese beruhen auf den Ergebnissen einer Fokusgruppen-Untersuchung mit Nutzern der Plattformen Drivy, Wimdu und Kleiderkreisel sowie mit Personen, die Peer-to-Peer Sharing bislang noch nicht nutzen (zur Konzeptionierung, Auswahl und Zusammensetzung der Fokusgruppen siehe Henseling et al. 2018). Es wurde der Frage nachgegangen, wie Sharing-Plattformen für ihre Nutzer noch attraktiver gemacht werden können und welche Maßnahmen und Funktionen sinnvoll in die Plattformen integriert werden sollten, um ein nachhaltiges Nutzungsverhalten zu fördern. Im Mittelpunkt standen dabei die Themen Stärkung des Nutzervertrauens, Weiterentwicklung der Wertangebote, Gewinnung neuer Nutzergruppen und Ökologisierungspotenziale.

Im Folgenden sind die abgeleiteten Hinweise für die Weiterentwicklung der Plattformen dargestellt.

Stärkung des Nutzervertrauens

Da Peer-to-Peer Sharing-Plattformen dadurch gekennzeichnet sind, dass sie Transaktionen zwischen (fremden) Privatpersonen vermitteln, besteht eine zentrale Herausforderung für die Plattformen darin, Vertrauen zwischen den Nutzern herzustellen. Hierbei kommen verschiedene sich ergänzende Mechanismen zum Einsatz.

Nutzerbewertungen spielen sowohl bei Drivy als auch bei Wimdu eine erhebliche Rolle. Sie haben v. a. auf Seiten der Peer Consumer einen großen Einfluss darauf, welche Angebote ausgewählt werden. Dennoch zeigt sich, dass nicht alle Nutzer von der Möglichkeit, Bewertungen abzugeben, Gebrauch machen. Hier sollten die Plattformen darüber nachdenken, wie Anreize für die Abgabe von Bewertungen geschaffen werden können. In den Fokusgruppen mit Wimdu-Nutzern wurden verschiedene Verbesserungsvorschläge des Bewertungssystems genannt. Insbesondere eine stärkere Ausdifferenzierung anhand von Unterkategorien (z. B. nach den Punkten Sauberkeit, Zuverlässigkeit, Objekt entsprach der Beschreibung) kann die Aussagekraft und Orientierungsfunktion der Bewertungen noch verstärken.

Die Abbildung des zu mietenden Objektes durch aussagekräftige, authentische und aktuelle *Fotos* ist für viele Diskussionsteilnehmer (neben Preis, Ausstattung und vorhandenen Nutzerbewertungen) ebenfalls ein zentrales Kriterium für die Auswahl eines Angebotes. Hier können Plattformen ihren Nutzern Anreize und Möglichkeiten bieten, das zu teilende Objekt in umfassender und ansprechender Weise zu präsentieren. Sinnvoll sind hier durch die Plattform bereit gestellte Tipps und Beispiele guter Praxis, die den Vermietern Orientierung bei der qualifizierten Darstellung des Sharing-Objekts geben.

Des Weiteren wurde in den Fokusgruppen die Bedeutung *persönlicher Kontakte* (Mailverkehr, Telefonate, persönliches Treffen bei der Schlüsselübergabe) als wichtiges Element für die Bildung von Vertrauen hervorgehoben. Hier zeigt sich ein Widerspruch bezüglich der Nutzeranforderungen. Einerseits besteht der Wunsch nach zunehmender Automatisierung der Abläufe, um Transaktionen einfacher und schneller zu gestalten, andererseits wird – insbesondere im Falle von Erstanfragen – das Bedürfnis nach einem persönlichen Kontakt geäußert. Es stellt sich die Frage, wie die Plattformen mit diesem Widerspruch umgehen können. Eine Möglichkeit besteht darin, beide Optionen anzubieten: z. B. eine automatische sowie eine persönliche Schlüsselübergabe. So könnten die Plattformen es den Anbietenden und Nachfragenden selbst überlassen, welche Option sie im jeweiligen Fall bevorzugen.

Die Fokusgruppen bestätigten die Bedeutung einer *Versicherung*, insbesondere bei der geteilten Nutzung von hochwertigen Gütern (bspw. Auto, Wohnung). Da hier im Schadensfall erhebliche Kosten entstehen können, ist ein guter und umfassender Versicherungsschutz für das Geschäftsmodell elementar. Die Ergebnisse der Fokusgruppen zeigen verschiedene Verbesserungsmöglichkeiten im Hinblick auf die bestehenden Versicherungslösungen auf. Bei Drivy beziehen sich die Verbesserungsvorschläge auf die Möglichkeit einer geringeren Selbstbeteiligung sowie darauf, im Fall einer Panne den Rücktransport nicht nur des Mieters, sondern auch von Gepäck und Transportgut zu gewährleisten. Bei Wimdu ist feststellbar, dass auf Seiten der Diskussionsteilnehmer Unklarheit besteht, bei welchen Schäden die Versicherung greift. Die Plattformen sollten dafür sorgen, dass Transparenz und Verständlichkeit der Versicherungsbedingungen gewährleistet sind.

Weiterentwicklung der Wertangebote

Die Weiterentwicklung des Wertangebotes ist sowohl für Wimdu als auch für Drivy ein relevantes Thema im Kontext der Strategieentwicklung. In diesem Zusammenhang sind unterschiedliche Entwicklungsoptionen relevant.

Eine wesentliche Rolle spielt die Umsetzung von *neuen technischen Funktionen*. So wurde beispielsweise bei Drivy ein Tool entwickelt („Drivy Open"), das direkt in das Auto eingebaut werden kann, um ein Öffnen des Fahrzeugs mittels Smartphone zu ermöglichen und so den Ausleihvorgang weiter zu automatisieren und zu vereinfachen. Bei Wimdu wird über die Vorteile von Smartlocks diskutiert, mit deren Hilfe die Wohnungstür ebenfalls mittels einer Smartphone-App geöffnet werden kann. In den Fokusgruppen wurde die Option, ein gemietetes Fahrzeug mittels einer Smartphone-App zu öffnen, von den Diskussionsteilnehmern einerseits als vorteilhaft bewertet, da hiermit eine größere Spontanität bei der Auto(ver)mietung möglich werde. Andererseits wird der Wegfall des persönlichen Kontakts bei der Schlüsselübergabe von einigen Nutzern als Nachteil angesehen. Die Nutzer von Wimdu zeigten sich gegenüber der Verwendung von Smartlocks zum Öffnen der Wohnungstür eher skeptisch. Sie wünschen sich mehrheitlich zumindest einen persönlichen Kontakt zwischen Mieter und Vermieter, um Unklarheiten oder Fragen gleich vor Ort klären zu können. Um tatsächlich eine Bereicherung zu sein, sollten technische Features selbstverständlich schnell, einfach und ohne „Stolperfallen" zu bedienen sein. Zudem sollten die Nutzer selbst wählen können, ob sie einen automatischen Zugang oder eine persönliche Übergabe mit dem Vermieter wünschen.

Eine weitere Möglichkeit, die Plattform für die Kunden noch attraktiver zu machen, stellt die Entwicklung von weiteren *zusätzlichen Leistungen* dar, die das Kernangebot ergänzen. So wird bei Wimdu darüber diskutiert, weitere Angebote rund um die Buchung, Organisation und Gestaltung der Reise (z. B. Buchung von Stadtführungen oder Veranstaltungstickets über die Plattform) zusätzlich zur Vermittlung der Unterkunft anzubieten. Es zeigt sich, dass viele Wimdu-Nutzer vor allem solche Zusatzangebote als attraktiv einschätzen, die einen Kontakt mit Einheimischen und damit einhergehende, weniger bekannte Insidertipps ermöglichen (z. B. alternative Stadttouren oder Events mit Einheimischen). Besonders geschätzt werden individuelle Angebote mit alternativem und familiärem Charakter. Einen kritischen Faktor stellt dabei der Preis dar: Zusatzangebote dürfen nicht zu teuer sein, damit Nutzer sich angesprochen fühlen. Gleichzeitig wurde von den Teilnehmern betont, dass die Plattform nicht überfrachtet werden sollte, da Übersichtlichkeit und eine einfache Handhabung der Plattform wichtige Nutzungskriterien sind. Plattformen sollten Zusatzangebote gezielt auswählen, und zwar solche, die an die Bedürfnisse ihrer Zielgruppe anschließen. Dabei ist es sinnvoll, diese erst nach abgeschlossenem Buchungsvorgang anzubieten, um Buchungsprozesse nicht zu kompliziert zu gestalten und um den Eindruck zu vermeiden, dem Mieter solle etwas „aufgedrückt" werden.

Ein weiteres Thema, das sowohl für Wimdu als auch für Drivy eine Rolle spielt, ist die *Öffnung der Plattform für professionelle Anbieter*. Während bei

Wimdu schon von Beginn an sowohl private Unterkünfte als auch gewerblich betriebene Ferienapartments vermittelt wurden, ist bei Drivy eine Öffnung für gewerbliche Autovermieter erst 2017 erfolgt. Diese Ausweitung der Plattform auf gewerbliche Anbieter („Drivy Pro") wird von den Nutzern unterschiedlich bewertet. Die Mieter äußern sich diesbezüglich allgemein positiv und begrüßen die Aufnahme, da hierdurch nicht nur eine größere Auswahl und Bandbreite an Fahrzeugen, sondern aufgrund des Wettbewerbsdrucks auch eine Senkung der Mietpreise zu erwarten sei. Demgegenüber sehen die Vermieter diese Entwicklung skeptisch. Sie erwarten durch die gewerblichen Anbieter eine starke Konkurrenz für das eigene Vermietungsgeschäft. Sowohl einige Mieter als auch Vermieter merken zudem kritisch an, dass die Öffnung der Plattform für gewerbliche Anbieter den ursprünglichen Gedanken des Teilens von privat zu privat untergrabe. Während die Aufnahme gewerblicher Anbieter also einerseits die Erreichung der notwendigen kritischen Masse ermöglichen kann, besteht andererseits auch die Gefahr, Kunden durch diese Maßnahme zu verprellen. Betreiber von Peer-to-Peer Sharing-Plattformen müssen vor diesem Hintergrund abwägen, in welcher Form und in welchem Umfang sie sich gegenüber gewerblichen Anbietern öffnen, und wie sie dies an ihre Kunden kommunizieren wollen. Es wäre beispielsweise denkbar, ein (vornehmlich) von gewerblichen Anbietern betriebenes höherwertiges Angebotssegment einzuführen. Aus Sicht der Mieter ist im Interesse größtmöglicher Transparenz eine klare Unterscheidung zwischen gewerblichen und privaten Anbietern bei der Auswahlmöglichkeit (bspw. durch entsprechende Kennzeichnung und Filter bei der Angebotssuche) angeraten.

Gewinnung neuer Nutzergruppen

Eine Frage, die sich allen Sharing-Plattformen stellt, ist, wie die große Zahl derjenigen Personen erschlossen werden kann, die Peer-to-Peer Sharing attraktiv finden, es bisher aber noch nicht nutzen. Um Anhaltspunkte dafür zu gewinnen, wurde eine Fokusgruppe mit Personen durchgeführt, die am privaten Güterteilen interessiert sind, bisher aber noch keine Erfahrung damit haben. Hier zeigte sich dass die Teilnehmer am Peer-to-Peer Sharing vor allem den Aspekt der Kostenersparnis attraktiv finden. Sie hoben aber auch weitere Vorteile hervor, z. B. größere Auswahlmöglichkeiten durch ein breiteres Angebot im Vergleich zum ausschließlich eigenen Besitz oder die Möglichkeit, soziale Kontakte zu knüpfen. Nicht zuletzt sehen sie in der geteilten Nutzung auch ökologische Vorteile, da eine bessere Auslastung beispielsweise zu Ressourcenschonung und Abfallvermeidung beitrage.

Trotz dieser potenziellen Vorteile geben die Diskussionsteilnehmer an, bislang lediglich innerhalb der Familie oder unter Freunden Objekte geteilt zu haben. Die mit Abstand größte *Hemmschwelle* für die Nutzung von Online-Plattformen liegt nach Aussagen aller Teilnehmer im mangelnden Nutzervertrauen. So äußern die Teilnehmer die Sorge, das mit einer fremden Person geteilte Objekt möglicherweise nicht in einem guten Zustand zurück zu bekommen. Negative Schlagzeilen oder entsprechende Postings in sozialen Medien tragen zur Untermauerung dieser Skepsis bei. Insbesondere für den Fall des Apartment-Sharing spielt für einige Teilnehmer auch die Sorge um die Wahrung der Privatsphäre eine hemmende Rolle.

Daneben sind *rechtliche Unsicherheiten* ein entscheidender Hemmfaktor für die Nutzung von Peer-to-Peer Sharing. Eine entscheidende Frage ist hierbei die nach der rechtlichen Absicherung von Anbietern bzw. Nutzern im Schadensfall. Je höher der Wert des zu teilenden Objektes, desto größer sind die diesbezüglichen Bedenken der Nichtnutzer. Weitere von den Teilnehmenden genannte Aspekte sind die Sorge um die Wahrung der Privatsphäre (insbesondere beim Apartment-Sharing) sowie die Unsicherheit bezüglich des mit der Plattformnutzung verbundenen Aufwand-Nutzen-Verhältnisses.

Insgesamt ist es für Nichtnutzer eher vorstellbar, Dinge als Nachfragende zu teilen, während die Bereitschaft, eigene Güter für das Sharing bereitzustellen, gering ist. Zudem muss der durch die Plattformnutzung generierte (finanzielle) Nutzen den zu leistenden Aufwand rechtfertigen. In Bezug auf die Herstellung von Nutzervertrauen ist auffällig, dass in der Gruppe der Nichtnutzer im Unterschied zu den Sharing-Erfahrenen eine relativ große Skepsis gegenüber Online-Bewertungssystemen besteht. Während die Nutzer von Drivy, Wimdu und Kleiderkreisel diesem Instrument eine wichtige Funktion für die Vertrauensbildung zuschreiben, halten die Nichtnutzer es für wenig vertrauenswürdig. Sie betonen stattdessen die Bedeutung von persönlichen Kontakten sowie einer Verifizierung der Nutzer beispielsweise über eine Ausweiskopie.

Um neue Kundengruppen gewinnen zu können, sollten sich Plattformbetreiber den geschilderten Vorbehalten und Bedürfnissen durch entsprechende Maßnahmen annehmen. Hierzu zählt das Angebot unkomplizierter und umfassender Versicherungsleistungen, die anwenderfreundliche und unkomplizierte Gestaltung der Plattform und der darüber stattfindenden Transaktionen und die Ermöglichung der persönlichen Kontaktaufnahme zwischen Anbietern und Nachfragern. Die gezielte Behandlung (rechtlicher) Zweifel im Rahmen von FAQs und durch Angebote der persönlichen Beratung, bspw. über Hotlines, ist eine weitere Möglichkeit zum Abbau der Vorbehalte von Nichtnutzern. Weiterhin können Schnupperangebote die Hemmschwelle für die Plattformnutzung herabsetzen und, nach ersten positiven Erfahrungen, zu einer längerfristigen Plattformnutzung bewegen. Um sicherzustellen, dass auch (bisherige) Nichtnutzer sich der Existenz dieser Maßnahmen bewusst sind, sollten Plattformbetreiber solche Maßnahmen in ihrer Außenkommunikation dann klar und prominent herausstellen.

Ökologisierungspotenziale

Betrachtet man die Ergebnisse aus den Fokusgruppen mit Drivy-, Wimdu- und Kleiderkreisel-Nutzern, so lassen sich zusammenfassend folgende Hinweise für eine Ökologisierung der Plattformen ableiten:

Plattformen sollten umweltfreundliche Angebote durch *bessere Kennzeichnung und Suchmöglichkeiten* stärker in den Vordergrund stellen. Die Option, durch eine klare Kennzeichnung umweltfreundlicher Angebote („grüner Daumen") auf der Plattform die Aufmerksamkeit der Nutzer stärker auf solche Angebote zu lenken, wird von den befragten Nutzern übergreifend befürwortet. So könnten beispielsweise beim Peer-to-Peer Carsharing jene Fahrzeuge gekennzeichnet werden, die besonders verbrauchsarm sind oder einen umweltfreundlichen Antrieb haben (Elektro- und Hybrid-Autos). Beim Kleider-Sharing sollten Kleidungsstücke hervorgehoben werden, die aus umweltfreundlichen Materialien hergestellt sind oder über ein Umweltsiegel verfügen. Voraussetzung hierfür ist, dass plattformseitig bei der Produktbeschreibung eine entsprechende Kategorie (z. B. „Öko-Siegel vorhanden") vorgegeben wird.

Auch eine Weiterentwicklung der Suchfunktion bzw. der Einsatz von Filtern, um die Suche nach umweltfreundlichen Angeboten zu erleichtern, wird von den Diskussionsteilnehmern der untersuchten Plattformen als sinnvoll erachtet. So könnte beispielsweise beim Kleider-Sharing eine Möglichkeit geschaffen werden, die Angebote nach Fairtrade- und Öko-Siegeln oder nach bestimmten Öko-Marken zu durchsuchen. Auch könnten Initiativen wie eine auf Kleiderkreisel präsentierte Fair-Trade-Kollektion dazu beitragen, nachhaltige Kleidung sichtbarer und attraktiver zu machen. Beim Apartment-Sharing könnten Angaben zu ökologischen Merkmalen der Wohnung Umweltkriterien bei der Auswahl stärken – etwa indem Eigenschaften wie „Versorgung durch Ökostrom" oder „Nutzung von Solarenergie" bei der Wohnungsbeschreibung verpflichtend angegeben werden müssen.

Plattformen können umweltfreundliche Produkte auch dadurch fördern, dass bei diesen die *Vermittlungsgebühren verringert* oder Rabatte gewährt werden. So könnte beispielsweise Kleiderkreisel bei ökologischen Kleidungsstücken die

Vermittlungsprovisionen senken. Ähnliche Angebote sind auch bei Drivy z. B. für Fahrzeuge mit Elektro- oder Hybridantrieb denkbar.

Ein nachhaltiges Verhalten der Gäste vor Ort kann beim Apartment-Sharing unterstützt werden, indem Vermieter in den jeweiligen Unterkünften *Informationsmappen* bereitstellen, die über Möglichkeiten zur Müllentsorgung informieren oder Gäste über lokale Probleme wie Wasserknappheit aufklären. Eine solche Informationspolitik kann durch die Plattform mit entsprechenden Tipps und Hinweisen für Vermieter gefördert werden.

Als weitere Option für eine ökologischere Gestaltung von Plattformen des Peer-to-Peer Sharing sind Angebote zur *Kompensation* des durch Betrieb und Nutzung der Plattform verursachten CO_2-Ausstoßes (ähnlich der CO_2-Kompensation beim Flugverkehr) denkbar. Wie sich in den Fokusgruppen zeigte, wird diese Maßnahme von den Diskussionsteilnehmern insgesamt als sinnvoll empfunden. Nicht alle Teilnehmer zeigten jedoch auch die Bereitschaft, einen entsprechenden Mehrpreis zu zahlen und sahen die Verantwortung für eine CO_2-Kompensation in den Händen der Plattform-Betreiber. Eine Klima-Abgabe durch die Plattformnutzer sollte aus diesem Grunde auf freiwilliger Basis erfolgen, wobei die damit geförderten Projekte transparent dargestellt werden sollten. (Welche Projekte werden gefördert? Welche Klimaschutz-Effekte haben diese?)

Kooperationen mit Partnern, die umweltfreundliche Leistungen anbieten, sind nach Ansicht der befragten Nutzer eine gute Möglichkeit, um weitere Umweltpotenziale auszuschöpfen. So wurde beispielsweise der Vorschlag einer Kooperation von Drivy mit einer Vermittlungsplattform für Mitfahrgelegenheiten positiv diskutiert. Durch eine solche Kooperation können sowohl finanzielle Vorteile für die Nutzer als auch Umweltvorteile entstehen. Allerdings bedarf es hier einer einfachen und nutzerfreundlichen Umsetzung, damit derartige Angebote tatsächlich auch unkompliziert wahrgenommen werden können.

Inwieweit es für Peer-to-Peer Sharing-Unternehmen sinnvoll ist, im Rahmen ihrer *Unternehmenskommunikation* beispielsweise durch redaktionelle Berichterstattung, Forumsbeiträge etc. Umweltthemen aufzugreifen, unterscheidet sich je nach Plattform. Die Ergebnisse der Fokusgruppen mit Wimdu und Drivy deuten darauf hin, dass Berichte über Umweltthemen bei den Nutzern dieser Plattformen nicht auf Interesse oder sogar auf Ablehnung stoßen könnten. Bei der Nutzung dieser Plattformen stehen finanzielle und praktische Motive im Vordergrund (gutes Preis-Leistungs-Verhältnis, hohe Nutzerfreundlichkeit). Mögliche positive Umwelteffekte, die durch die Nutzung von Peer-to-Peer Sharing entstehen, werden eher als begrüßenswerter Nebeneffekt eingeschätzt. Insbesondere Beiträge, die Nutzer durch Hinweise auf die entstehenden Umweltbelastungen ein schlechtes Gewissen machen, werden als kontraproduktiv eingeschätzt. Demgegenüber zeigten sich die Teilnehmer der Plattform Kleiderkreisel sehr aufgeschlossen gegenüber der Adressierung von Umweltthemen durch Kleiderkreisel. Entscheiden sich Plattformbetreiber für die proaktive Kommunikation von Umweltthemen, so sollten hierfür möglichst kurzweilige und eingängige Formate wie Videoclips oder Testimonials gewählt werden, die eine möglichst breite Zahl an Nutzern ansprechen. Die Beiträge sollten unaufdringlich sein und die Einfachheit in der Handhabung der Plattform nicht beeinflussen.

Unabhängig davon kann für Plattformen des Peer-to-Peer Sharing eine *ökologische Positionierung* je nach Wettbewerbsumfeld durchaus sinnvoll sein. Vor allem im Bereich Mobilität stellt die Frage nach umweltfreundlicheren Alternativen zum individuellen Autobesitz ein wichtiges gesellschaftliches Thema dar. Hier bieten sich Chancen für Unternehmen des Peer-to-Peer Sharing, z. B. für Plattformen zum Auto-Teilen und zur Vermittlung von Mitfahrgelegenheiten. Dass sie vorhandene Fahrzeuge und damit vorhandene Ressourcen intensiver nutzen, kann für sie ein zentrales Alleinstellungsmerkmal gegenüber anderen Angeboten darstellen. So wirbt z. B. der Peer-to-Peer Carsharing-Anbieter Getaway zentral auf seiner Startseite mit dem Argument, der Verschwendung entgegenzutreten, und gibt an, dass ein geteiltes Auto den Bedarf von bis zu 20 konventionellen Autos kompensiere[34].

6.5   Fazit

Der vorliegende Beitrag zeigt Perspektiven auf, wie Geschäftsmodelle auszugestalten sind, damit die möglichen Potenziale der Peer-to-Peer Sharing-Ansätze erschlossen werden können. Dabei eröffnet der Business Model Canvas-Ansatz von Osterwalder und Pigneur (2011) eine ganzheitliche Sicht auf Unternehmen und ihre strategische Positionierung und nimmt eine spezifisch unternehmerische Perspektive ein.

Die Ergebnisse der Studie können Plattformen des Peer-to-Peer Sharing dabei unterstützen, ihre Geschäftsmodelle vor dem Hintergrund eines Marktes mit hohem Wettbewerbsdruck weiterzuentwickeln und dabei Maßnahmen und Funktionen zu integrieren, die eine nachhaltige Nutzung fördern. Dabei ist insbesondere der weitere Ausbau der Wertangebote von Bedeutung, um (weiterhin) eine

---

34 https://get-a-way.com/ (letzter Zugriff am 24.1.2018)

hohe Attraktivität für die Nutzer zu gewährleisten. Strategisch von Bedeutung für die Plattformen ist ebenso die Frage, wie neue Nutzergruppen erschlossen werden können und wie das gegenseitige Vertrauen der Nutzer gestärkt werden kann.

7 Herausforderungen der gesellschaftlichen Verankerung von Peer-to-Peer Sharing

Jan Peuckert, Maike Gossen

Das online-gestützte Peer-to-Peer Sharing ist eine gesellschaftliche Innovation, die sich – in einigen Handlungsbereichen – aus einem Nischenphänomen in eine weitverbreitete Praxis entwickeln konnte. Dabei handelt es sich nicht nur um die Einführung einer neuen Technologie, sondern um weitreichende institutionelle Veränderungen, die Überwindung tradierter Verhaltensnormen zum Umgang mit privatem Eigentum, den Wandel persönlicher Nutzungsgewohnheiten und von emotionalen Bindungen an bestimmte Güter, ebenso wie häufig um eine faktische Aushebelung von Steuerbestimmungen und branchenspezifischen Auflagen. Als soziale Praxis tritt das online-gestützte Peer-to-Peer Sharing in die Interaktion mit etablierten Praktiken und Strukturen, wobei es zu Dynamiken der Verdrängung, aber auch zur gegenseitigen Verstärkung oder zu einem Nebeneinander alter und neuer Praktiken kommen kann.

Das Kapitel betrachtet mit dem Apartment-Sharing eine spezifische Ausprägung des online-gestützten Peer-to-Peer Sharing. Die Analyse stützt sich sowohl auf wissenschaftliche Fachliteratur als auch auf Medienberichte und Selbstdarstellungen relevanter Akteure. Es wird untersucht, wie sich die neuen Geschäftsmodelle in die vorhandenen kulturellen, regulativen und ökonomischen Kontexte einbetten, zu welchen nicht-intendierten Folgen, unerwünschten Entwicklungen und offenen Konflikten es dabei kommt, auf welchen Ebenen sich die Konflikte abspielen und welche Akteure daran beteiligt sind. Ziel der Fallstudie ist es, die Entwicklungsdynamiken und die Veränderungsprozesse des Teilens zwischen Privatpersonen näher zu beleuchten und die Einflussfaktoren bei dessen gesellschaftlicher Verankerung herauszustellen. Damit werden Möglichkeiten zur Gestaltung des Transformationsprozesses und Herausforderungen für eine auf Nachhaltigkeit orientierte Wirtschaftspolitik aufgezeigt.

Einen methodischen Ansatz zur Strukturierung wesentlicher Einflussfaktoren auf Innovationsprozesse bietet das so genannte Schildkrötenmodell (Abbildung 34), das von Hemmelskamp (1999) entworfen und von Fichter (2005) weiterentwickelt wurde. Das Modell stellt sechs externe Einflussfaktoren heraus, die

© Springer Fachmedien Wiesbaden GmbH, ein Teil von Springer Nature 2019
S. Behrendt et al. (Hrsg.), *Digitale Kultur des Teilens*,
https://doi.org/10.1007/978-3-658-21435-7_8

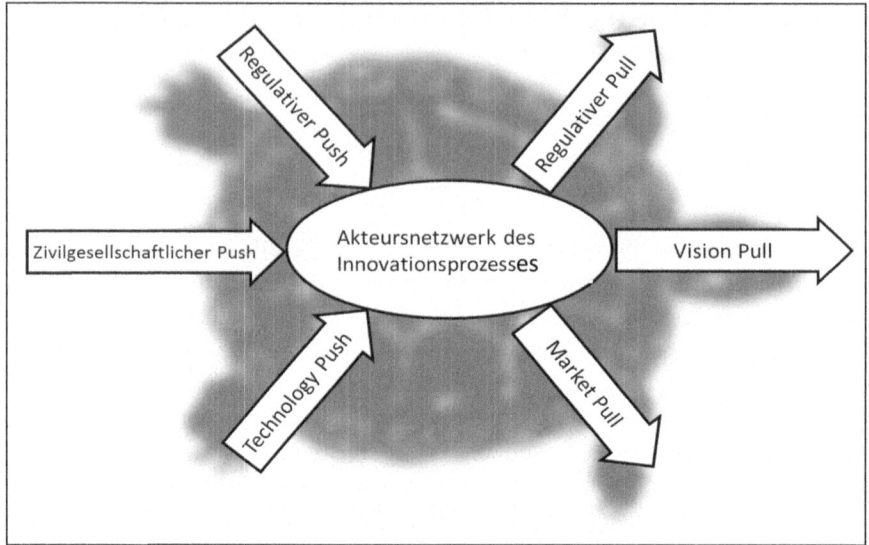

Abbildung 34: Schildkrötenmodell (eigene Darstellung)

als Zug- und Schubkräfte auf Innovationsprozesse einwirken. Dazu zählen die klassischen Einflussbereiche „Technology Push" und „Market Pull" sowie die lockende (Regulativer Pull) und drängende Funktion des Gesetzgebers (Regulativer Push). Hinzu kommen die Beeinflussung durch gesellschaftliche Anspruchsgruppen (Zivilgesellschaftlicher Push) und nicht zuletzt der Einfluss von Leitorientierungen und Visionen (Vision Pull). Als interne Kräfte werden sowohl netzwerk-spezifische (Kommunikationsstrukturen, Netzwerkmanagement), organisationale (Innovationserfahrung, Ressourcenausstattung) als auch personelle Einflussfaktoren (Vorhandensein von Leitakteuren) betrachtet.

Die Fallstudie orientiert sich an dieser Strukturierung, indem sie zunächst für das Apartment-Sharing die wichtigsten Akteure und ihre Beziehungen beschreibt, um anschließend die förderlichen und hinderlichen Einflussfaktoren zu erfassen, die sich auf den Ebenen von Technologie und Markt, von Zivilgesellschaft und gesellschaftlichen Leitbildern sowie von staatlicher Regulierung hervortun. Auf der Grundlage wird die Entwicklung des Apartment Sharing nachgezeichnet und in mehrere Phasen unterteilt. Abschließend werden aus dem Beispiel die wesentlichen Herausforderungen für die Verankerung von nachhaltigen Praktiken des Teilens abgeleitet und übergreifende Schlussfolgerungen formuliert.

7.1   Akteurskonstellationen

Beim „Peer-to-Peer Apartment-Sharing" (oder auch „Home Sharing"), also dem kurzzeitigen (Unter-)Vermieten von privatem Wohnraum an Fremde über das Internet, versetzen digitale Vermittlungsplattformen Privatpersonen dazu in die Lage, den eigenen Wohnraum als Übernachtungsmöglichkeit oder Ferienunterkunft anzubieten. Was zunächst als idealistische Nischenpraxis auf der Grundlage gegenseitiger Gastfreundschaft offline entstand, hat sich mit der digitalen Vernetzung und der immer professionelleren Vermittlung entgeltlicher Angebote durch kommerzielle Plattformen inzwischen zu einem weit verbreiteten Phänomen entwickelt.

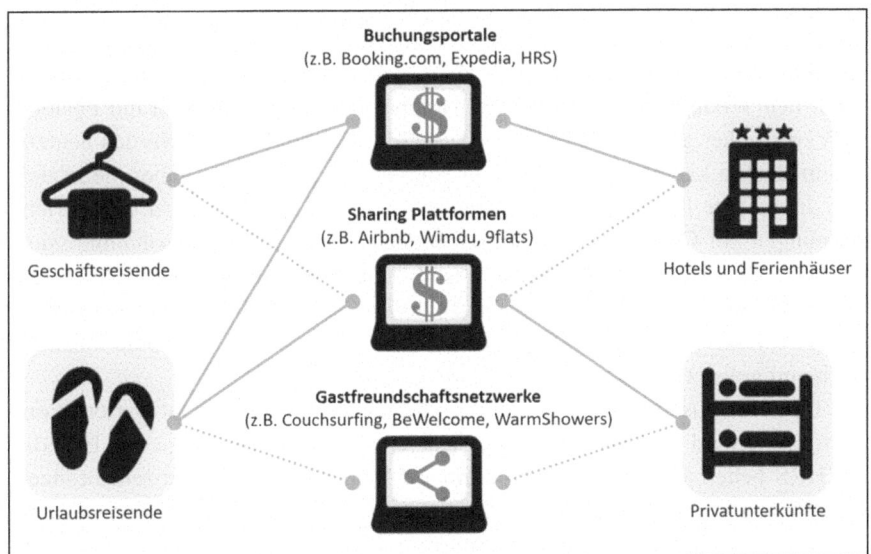

Abbildung 35: Typen digitaler Vermittlungsplattformen (eigene Darstellung, durchgezogene Linien kennzeichnen die vorwiegend genutzten Kanäle)

Bei den digitalen Vermittlungsplattformen können im Wesentlichen drei Typen unterschieden werden (Abbildung 35):

–   Online-Reisebuchungsportale übernehmen die klassische Funktion der Reisebüros im digitalen Zeitalter. Sie vermitteln die Dienstleistungen des Hotelgewerbes (wie die Vermietung von Hotelzimmern und Ferienhäusern) an deren Kunden.

- Sharing-Plattformen unterscheiden sich von Online-Buchungsportalen im Wesentlichen dadurch, dass sie (auch) Privatunterkünfte vermitteln. Über diese Plattformen können Privatpersonen den eigenen Wohnraum als Übernachtungsmöglichkeit vermieten.
- Gastfreundschaftsnetzwerke unterscheiden sich von den Peer-to-Peer Sharing-Plattformen im Wesentlichen dadurch, dass die vermittelten Übernachtungsdienstleistungen unentgeltlich sind. Sie sind deshalb als Vertriebskanal für gewerbliche Angebote nicht geeignet.

Online-Reisebuchungsportale

Das Aufkommen von Online-Vermittlungsplattformen für Übernachtungsangebote hat seit etwa Mitte der 1990er Jahre die Vertriebskanäle des Hotelgewerbes grundlegend verändert. Die damit einhergehende drastische Senkung der Transaktionskosten und die Bündelung von Marktinformationen auf den Portalen haben den Wettbewerb zwischen den Hotels weiter verschärft und die Position der Verbraucher gegenüber den Hotels gestärkt. Hotelbuchungen werden heutzutage in Europa kaum noch direkt beim Anbieter vorgenommen. Über die letzten zwei Jahrzehnte haben sich die Reservierungen von Hotelzimmern und Ferienwohnungen auf Online-Reisebuchungsportale verlagert, die gegen Kommission die Dienstleistungen des Hotelgewerbes über das Internet vertreiben. Gleichzeitig besteht auf Ebene der Vermittlungsplattformen ein hoher Wachstumsdruck, da die Attraktivität eines Portals direkt von der Anzahl der Angebote abhängt, die darauf gelistet sind.

Der europäische Markt für Online-Reisebuchungsportale ist extrem konzentriert. Er wird von den drei großen Buchungsportalen Booking.com, Expedia und HRS beherrscht, die zusammen einen Marktanteil von 92 Prozent besitzen (HOTREC 2015b). Allein Booking.com besitzt einen Marktanteil von über 60 Prozent. Aufgrund der Marktkonzentration herrscht ein starkes Machtgefälle zwischen den Portalen und den überwiegend kleinen und mittelständischen Unternehmen der Hotelbranche. Diese Marktmacht erlaubt es den Portalen, strenge Vertragsbedingungen bei den Hotels durchzusetzen. Üblich ist die Vereinbarung von Bestpreisklauseln, wonach die Hotels verpflichtet sind, den Portalen die günstigsten Preise, die höchstmögliche Zimmerverfügbarkeit und die günstigsten Buchungs- und Stornierungskonditionen einzuräumen. Das Bundeskartellamt hat die Best-Preis-Klausel bereits 2013 als kartellrechtswidrig erklärt, da sie den Wettbewerb zwischen den Portalen zulasten der Verbraucher einschränke (Bundeskartellamt 2013). Derzeit führen verschiedene europäische Wettbewerbsbehörden Verfahren gegen diese Praxis (Bundeskartellamt 2015).

7.2   Sharing-Plattformen

Digitale Vermittlungsplattformen versetzen auch Privatpersonen zunehmend in die Lage, eigenen Wohnraum für kurze Zeit als Übernachtungsmöglichkeit oder Ferienunterkunft anzubieten. Daraus erwächst dem Hotelgewerbe und den Online-Reisebuchungsportalen neuer Wettbewerb um die Gunst der Reisenden. Bei den nichtgewerblichen Übernachtungsangeboten von Privatpersonen ist zwischen entgeltlichen und unentgeltlichen Formen des Teilens zu unterscheiden. Heutzutage werden bei den weit verbreiteten Formen des Apartment-Sharing in der Regel Mietgebühren entrichtet. Das unentgeltliche Teilen von Wohnraum über Gastfreundschaftsnetzwerke stellt dagegen nach wie vor ein Nischenphänomen dar.

Der Markt für entgeltliche Sharing-Angebote wird von dem US-amerikanischen Unternehmen Airbnb beherrscht. Airbnb wurde 2008 in San Francisco gegründet. Die Geschäftsidee, Gebühren für die Vermittlung von Privatunterkünften zu erheben, entstand angesichts der großen Nachfrage, die den späteren Firmengründern entgegenschlug, als sie den Teilnehmern einer Konferenz in San Francisco über eine Website aufblasbare Luftmatratzen als Schlafplätze anboten. Ebenso legendär sind die originellen Crowdfunding-Kampagnen, mit denen sich Brian Chesky, Joe Gebbia und Nathan Blecharczyk 2008 die ersten 30.000 US-Dollar Startkapital sicherten. Ein Jahr später erhielt Airbnb bereits eine Seed-Finanzierung über 600.000 US-Dollar (Malik 2011). Bei der Series-A-Finanzierung Ende 2010 stellten Investoren 7,2 Millionen US-Dollar für den weiteren Ausbau des Geschäftsbereichs bereit. Im Mai 2011 stieg das Unternehmen in den europäischen Markt ein, indem es den deutschen Nachahmer Accoleo aufkaufte und seine erste außeramerikanische Niederlassung in Hamburg eröffnete (Kaczmarek 2011). Eine weitere Finanzierungsrunde im Juli 2011 brachte 112 Millionen US-Dollar ein, wobei der Wert des Unternehmens von den Investoren bereits auf eine Milliarde US-Dollar geschätzt wurde. Eine außergewöhnliche internationale Expansion folgte: Nach der Eröffnung eines weiteren Büros in London folgten Paris, Mailand, Barcelona, Kopenhagen, Moskau und São Paulo (Wauters 2012), 2012 folgten Sydney und Singapur (Ong 2012). Das europäische Hauptquartier wurde 2013 von Hamburg nach Dublin verlegt. Eine weitere Finanzierungsrunde in 2014 brachte 475 Millionen US-Dollar ein (Snyder 2014). 2015 wurden bei einer Bewertung von nunmehr 25,5 Milliarden weitere 1,5 Milliarden US-Dollar Eigenkapital aufgenommen.

Die Beschäftigtenzahl wird inzwischen weltweit auf etwa 1.800 geschätzt (ZEIT ONLINE 2015). Airbnb zählt jetzt weltweit ungefähr 60 Millionen Nutzern und vermittelt täglich eine halbe Million Übernachtungen. Im Juli 2016 feierte das Unternehmen seinen 100 Millionsten Gast (Chafkin und Newcomer 2016). Daten von Oktober 2016 weisen Airbnb als den größten Anbieter von Unterkünften mit 2,3 Millionen Zimmern weltweit aus (Haywood 2016). Als im Oktober 2016 die Kapitalisierung ein weiteres Mal um etwa 850 Millionen US-Dollar aufgestockt wird, liegt der geschätzte Wert des Unternehmens bereits bei mehr als 30 Milliarden US-Dollar (Jansen 2015). Damit ist Airbnb höher bewertet als die Hotelkette Hilton und etwa achtmal so groß wie HomeAway, sein größter internationaler Konkurrent im Bereich der Ferienhausvermietung (Chafkin und Newcomer 2016). In Deutschland sind zu Beginn des Jahres 2016 die wichtigsten Wettbewerber des Weltmarktführers die drei Online-Portale Wimdu, 9flats und Gloveler, die im Folgenden kurz beschrieben werden.

Das 2009 gegründete Karlsruher Online-Portal Gloveler gilt als der Pionier des Apartment-Sharing in Deutschland. Die drei Gründer Armin Harbrecht, Marco Umfahrer und Andreas Sperber sind ehemalige Studenten der Universität Karlsruhe. Zu Beginn wurde das Projekt vom Bundeswirtschaftsministerium sowie dem europäischen Sozialfonds im Rahmen des EXIST-Gründerstipendiums gefördert. Im Frühjahr 2010 brachte eine Finanzierungsrunde insgesamt 400.000 Euro ein (Freudstein 2010). In der Folge gelang es dem Unternehmen mit seiner Strategie des organischen Wachstums zwar sein Vermittlungsangebot auf etwa 40.000 Schlafplätze in 80 Ländern auszubauen. Die Schwelle zur Profitabilität konnte das Startup jedoch nie überschreiten, so dass Gloveler im September 2016 Insolvenz anmelden musste. Zwei Monate später fand sich mit dem Berliner Travel- und Technologie-Provider Cultuzz Digital Media ein neuer Investor, der das Portal nun noch stärker als Buchungsplattform für Privatunterkünfte mit reinem Fokus auf Deutschland positionieren will (HWW 2016).

Das Portal 9flats wurde von Stephan Uhrenbacher, dem erfahrenen Gründer des Peer-to-Peer Bewertungsportals Qype, im Februar 2011 lanciert. Der Hauptsitz von 9flats war zunächst Hamburg. In kürzester Zeit wurden jedoch weitere Büros in Berlin, London und Valencia eröffnet. Im Mai 2011 erhielt das junge Unternehmen eine Finanzierung von über zehn Millionen US-Dollar (Khoschnam 2011). Im Januar 2012 stieß auch die Beteiligungsgesellschaft der Deutschen Telekom T-Ventures als Investor dazu. Als 2014 Roman Bach die Geschäftsführung von 9flats übernahm, schrieb das Unternehmen bereits schwarze Zahlen. 2016 vermittelte es nach eigenen Angaben schon 200.000 private Unterkünfte weltweit und war damit das drittgrößte Portal dieser Art am deutschen Markt. Im April 2016 wurde überraschend der Verkauf von 9flats an eine neue Gesellschaft in Singapur angekündigt. Als Grund wurden die regulativen Rahmenbedingungen in Deutschland, insbesondere aber das Zweckentfremdungsgesetz der Stadt Berlin angeführt, wo das Unternehmen etwa 2.500 Angebote listet (Kotowski 2016). Im Oktober 2016, nur wenige Tage nachdem Zahlungsschwierigkeiten des Unternehmens kolportiert wurden, verkündete 9flats den Kauf seines Konkurrenten Wimdu (Hüsing 2016). Damit übernahm das Unternehmen kurzzeitig seinen nächstgrößten Konkurrenten und schwang sich zum wichtigsten Wettbewerber von Airbnb auf dem deutschen Markt auf.

Wimdu ist eine weitere deutsche Kopie des Geschäftsmodells von Airbnb. Das Unternehmen wurde fast zeitgleich mit 9flats im März 2011 in Berlin gegründet. Die schwedische Kapitalgesellschaft Kinnevik und der Inkubator Rocket Internet, der bereits in mehreren Fällen erfolgreich US-amerikanische Start-up-Kopien am deutschen Markt etablieren und nach einer schnellen Wachstumsphase an das Original weiterverkaufen konnte, stellten 90 Millionen US-Dollar Finanzierung bereit (Schmidt 2011). Auch bei Wimdu verfolgte man eine solche Strategie der schnellen Expansion. Bereits vier Wochen nach dem Start wurde der chinesische Ableger Airizu gegründet (Khoschnam 2011). In nur vier Monaten wuchs das Unternehmen auf etwa 400 Mitarbeiter in 15 Büros an (ebd.). Statt einer Übernahme von Wimdu setzte Airbnb jedoch im Mai 2011 bei seinem Einstieg in den deutschen Markt auf Konfrontation und Wettbewerb. Die Strategie des schnellen Wachstums forderte nun Tribut: Wimdu musste Entlassungen vornehmen und im September 2012 seine internationalen Büros neu strukturieren. Im Oktober 2014 wurde eine neue Unternehmensführung eingesetzt, die nun eine Strategie der Differenzierung verfolgte: Wimdu versuchte sich durch höherklassige Wohnungen von seinen Konkurrenten abzugrenzen. Im Sommer 2016 war Wimdu nach eigenen Angaben Europas größtes Portal für Ferienwohnungen mit mehr als 300.000 Unterkünften in über 150 Ländern. Das Inkrafttreten des Zweckentfremdungsverbots am Gründungsstandort Berlin traf Wimdu jedoch offenbar stärker als seine Wettbewerber. Zusammen mit dem 2013 gegründeten Verein betroffener Ferienwohnungsbesitzer Apartment Allianz reichte das Unternehmen im April 2016 eine Klage gegen die Stadt Berlin ein, die im Juni 2016 vom Verwaltungsgericht abgewiesen wurde. Im August 2016 kamen erneut Gerüchte über notwendige Entlassungen und Umstrukturierungen auf. Kurz darauf wurde die Übernahme von Wimdu durch den direkten Wettbewerber 9flats bekanntgegeben. Die Turbulenzen am deutschen Markt für Apartment-Sharing setzten sich fort, als kurz nach der Übernahme durch 9flats im November 2016 der Weiterverkauf von Wimdu an den dänischen Ferienwohnungsvermittler Novasol angekündigt wurde (Rungg 2016).

Gastfreundschaftsnetzwerke

Noch bevor der Begriff der „Sharing Economy" geprägt wurde, begann man in so genannten Gastfreundschaftsnetzwerken private Übernachtungsmöglichkeiten anzubieten, für die keine Gegenleistung verlangt wurde. Die frühen Formen des Peer-to-Peer Apartment-Sharing waren also unentgeltlich. Mit dem Aufkommen sozialer Netzwerke wurde die Kontaktaufnahme zwischen den Gastgebenden und Unterkunftssuchenden deutlich erleichtert. Im Gegensatz zum heute gängigen Verständnis von Peer-to-Peer Apartment-Sharing standen in Gastfreundschaftsnetzwerken nicht die Vermietung, sondern die Begegnung mit Gleichgesinnten („Peers"), Vertrauen in andere Menschen und in die Gemeinschaft sowie ein Ideal der Völkerverständigung im Mittelpunkt der Austauschbeziehungen.

Das erste Internet-basierte Gastgebernetzwerk Hospex wurde 1992 in Polen gegründet und fusionierte 2005 mit dem im Jahr 2000 in Dresden gegründeten Hospitality Club (Hospitality Club o. J.). Von diesem spaltete sich 2007, aufgrund von Meinungsverschiedenheiten zwischen dem Netzwerkgründer Veit Kühn und einigen ehrenamtlich Engagierten über die Verfasstheit der Organisation, das Freiwilligen-Netzwerk BeWelcome ab (BeVolunteer o. J.). Im Jahr 2012 verschreckte eine umstrittene Kooperation mit der kommerziellen Plattform Airbnb weitere Aktivisten. Obwohl darauf immer noch mehr als 300.000 Mitglieder gelistet sind, ist die Website des Hospitality Clubs inzwischen veraltet und – von sporadischen Forum-Einträgen abgesehen – weitgehend verwaist. Ein ähnliches Schicksal ereilte wohl auch das vom Australier Adam Staines 2001 ins Leben gerufene Netzwerk Global Freeloaders, welches zwar angeblich noch etwa 115.000 Mitglieder zählt, jedoch weitgehend inaktiv scheint (Global Freeloaders o. J.).

Die Beispiele verdeutlichen die Schwierigkeit, gemeinwohlorientierte Online-Communities über einen längeren Zeitraum ausschließlich durch freiwilliges Engagement aufrecht zu erhalten. Insbesondere, wenn aufgrund des Wachstums auch die Heterogenität des Netzwerks zunimmt, scheint eine Professionalisierung der Community-Plattform unausweichlich. Dem Netzwerk Couchsurfing ist der Wechsel zu einem gewinnorientierten Geschäftsmodell offenbar gelungen. Mit über 10 Millionen Mitgliedern ist Couchsurfing weltweit das größte Gastfreundschaftsnetzwerk und das bei weitem bekannteste Vermittlungsportal für kostenlose Übernachtungen. 2004 von Casey Fenton in San Francisco gegründet, wurde es vor allem durch das freiwillige Engagement seiner Mitglieder getragen, bis es 2011 in eine Benefit Corporation umgewandelt wurde. Derart verfasst konnte Couchsurfing in zwei Finanzierungsrunden 7,6 Millionen US-Dollar und 15 Millionen US-Dollar an Beteiligungskapital erzielen (Perlroth 2015, Gallagher 2015).

Die Umstrukturierung der Organisation in der Folgezeit brachte schwerwiegende technische, datenrechtliche und organisatorische Probleme mit sich. Als besonders heikel für das Netzwerk erwies sich das gestörte Vertrauensverhältnis innerhalb der Community: Mitstreiter fühlten sich durch die Umwandlung der gemeinnützigen Organisation in ein Unternehmen um ihre freiwilligen Beiträge zur Gemeinschaft betrogen (Roudman 2013). Zugleich bestand die Befürchtung, dass sich mit der Aufnahme von Wagniskapital der strategische Fokus des Portals zu stark auf die Gewinnerwirtschaftung verlagern würde. Tatsächlich veränderte sich mit der starken Ausweitung des Netzwerks nach seiner Umwandlung die Zusammensetzung der Nutzergemeinschaft deutlich, wodurch auch vermehrt Sicherheitsprobleme auftraten, die mediale Aufmerksamkeit erlangten.

Ende 2013 übernahm Jennifer Billock die Position an der Spitze des etwa zwanzigköpfigen Teams (Lunden 2013). Ein Jahr später lancierte Couchsurfing ein neues Design seiner Plattform. Einnahmen werden derzeit vornehmlich über einen Verifizierungsservice generiert, über den Plattformnutzer ihre Identität und Vertrauenswürdigkeit nachweisen können. Weitere Einkommensmodelle sollen zukünftig erprobt werden. Im Unterschied zu den Sharing-Plattformen hält Couchsurfing weiterhin daran fest, über das Portal ausnahmslos unentgeltliche Übernachtungen anzubieten. Das Unternehmen betont den besonderen Wert seiner globalen Community von Gleichgesinnten und löscht kommerzielle Angebote konsequent von seiner Website. Inzwischen werden nach eigenen Angaben jährlich ungefähr vier Millionen „Surfer" mit etwa 400.000 Gastgebern zusammengebracht. Damit ist Couchsurfing eines der wenigen digitalen Vermittlungsportale, die als kommerzielle Plattform einer gemeinnützig orientierten Gemeinschaft eine Art Zwitterstellung einnehmen.

Das Beispiel einiger Gastfreundschaftsnetzwerke, die von gemeinwohlorientierten Organisationen erfolgreich geführt werden, zeigt, dass die Professionalisierung der Plattform nicht zwangsläufig mit einer Gewinnorientierung einhergehen muss. BeWelcome wird von der gemeinnützigen Non-Profit-Organisation BeVolunteer getragen, die sich 2006 in Frankreich gegründet hat. Das Netzwerk ist inzwischen zehn Jahre aktiv und zählt heute nach eigenen Angaben etwa 93.000 Mitglieder. Damit ist es in Europa derzeit das wohl wichtigste gemeinnützig organisierte Portal. Auch das bereits 1993 in den USA gegründete (aber erst 2005 online gestellte) WarmShowers, ein Netzwerk speziell für Fahrradtouristen, setzt ausschließlich auf die Gegenseitigkeit seiner Mitglieder. Auch dieses Netzwerk wird von einer Non-Profit-Organisation betrieben. Es zählt nach eigenen Angaben mehr als 100.000 Mitglieder und besitzt knapp 50.000 aktive Gastgeber. Das erst Ende 2014 gegründete Netzwerk Trustroots wird von der britischen Stiftung Trustroots Foundation getragen und ausschließlich über Spenden finanziert. Es besitzt bereits mehr als 22.000 Mitglieder, von denen etwa ein Fünftel Übernachtungsmöglichkeiten anbietet. Die Organisationen genießen aufgrund ihrer Gemeinnützigkeit ein besonderes Vertrauen durch die Nutzer und setzen für die Verbreitung ihres Modells vor allem auf Empfehlungen ihrer Mitglieder.

7.3   Technologie und Markt

Technologie

Unter technologischen Gesichtspunkten ist die schnelle und kostengünstige Übertragung digitaler Informationen über das Internet eine notwendige Voraussetzung für das Aufkommen von Online-Vermittlungsplattformen für Übernachtungsmöglichkeiten und ist damit als Einflussfaktor für das Peer-to-Peer Apartment-Sharing von großer Bedeutung. Dabei waren vor allem die neuen Möglichkeiten eines bidirektionalen Austauschs und der Bereitstellung nutzergenerierten Inhalts, die das Web 2.0 mit sich brachte, für den Aufbau sozialer Netzwerke und für die Vermittlung privater Unterkünfte auf den Buchungsplattformen ausschlaggebend. Während die Ablösung herkömmlicher Reisebüros durch digitale Hotelbuchungsportale bereits mit der ersten Internet-Generation in den 1990er Jahren begann, bedurfte es der sozialen Medien ab Mitte der 2000er Jahre für die Entstehung digitaler Gastfreundschaftsnetzwerke und einer Reihe interaktiver und kollaborativer Elemente des Internets für die Verbreitung heutiger Formen des Apartment-Sharing.

Während das World Wide Web der ersten Generation noch aus statischen HTML-Seiten bestand, die von nur wenigen Bearbeitern bereitgestellt wurden, basiert das Grundprinzip des Internet-gestützten Apartment-Sharing im Wesentlichen darauf, dass die digitalen Vermittlungsportale lediglich die interaktiven Plattformen zur Verfügung stellen, mit deren Hilfe die Nutzer ihre Gesuche und Angebote weitgehend selbst erstellen und bearbeiten können. Bei den Portalen handelt es sich also um (zweiseitige) virtuelle Marktplätze für Übernachtungsmöglichkeiten, wo die über viele Nutzer verteilten Informationen über die Suche und die Bereitstellung von privaten Unterkünften zusammenlaufen. Kommen durch das Aufeinandertreffen passender Angebot-Nachfrage-Paare Transaktionen zustande, erheben die kommerziellen Plattformen in der Regel eine Vermittlungsgebühr.

Die Wahrscheinlichkeit, passende Transaktionspartner zu finden, steigt mit der Zahl der Nutzenden einer Plattform. Die Attraktivität der Plattform für potenzielle Nutzer hängt also stark davon ab, wie viele andere Nutzer dieselbe Plattform bereits benutzen. Je mehr Suchanfragen eine Vermittlungsplattform verarbeitet, umso attraktiver ist sie für die Anbietenden von Unterkünften, und je mehr Inserate darauf gelistet sind, umso attraktiver ist sie für die Suchenden. Die Existenz so genannter Netzwerkeffekte erklärt den hohen Wachstumsdruck, der auf Vermittlungsplattformen für Peer-to-Peer Apartment-Sharing lastet.

Markt

Aufgrund der sich selbst verstärkenden Dynamiken ist es für den Erfolg eines Vermittlungsportals entscheidend, schnell eine möglichst große Zahl von Nutzern zu erreichen. Neu lancierte Portale sind darum bemüht, in kürzester Zeit eine kritische Masse von Nutzenden zu gewinnen. Dazu sind im Übernachtungsbereich frühzeitige Investitionen notwendig in:

- eine weltweite Nutzer-Community,
- die Bekanntheit des Portals bei der Zielgruppe,
- eine möglichst niedrigschwellige und attraktive Gestaltung der Anwenderschnittstelle,
- die Entwicklung geeigneter Bewertungsinstrumente zur Beurteilung der Dienstleistungsangebote und Transaktionspartner,
- den Aufbau einer funktionierenden Verwaltung der Nutzerkonten,
- die Sicherstellung der technischen Abwicklung von Transaktionen und, nicht zuletzt,
- die Imagepflege, lange bevor sich das Geschäftsmodell auszahlen kann.

Die Verfügbarkeit einer entsprechenden Risikofinanzierung stellt also einen wichtigen Wettbewerbsvorteil dar.

Vergleicht man die Eigenkapitalfinanzierung von Airbnb, die mehr als drei Milliarden Dollar beträgt, mit dem Beteiligungskapital seiner beiden Hauptkonkurrenten am deutschen Markt Wimdu und 9flats, die zusammen um die 100 Millionen Euro erzielten, ist es kaum verwunderlich, dass diese dem aggressiven Expansionskurs des Weltmarktführers nichts entgegenzusetzen hatten. Während Airbnb inzwischen mehr als zwei Millionen Übernachtungsangebote vermittelt, erreichen Wimdu und 9flats zusammen gerade einmal eine halbe Million.

Darüber hinaus ist es Airbnb im Gegensatz zu seinen Konkurrenten gelungen, eine starke Marke zu entwickeln und mit einem sozialen Image aufzuladen. Die Ergebnisse einer Online-Umfrage der Hochschule Worms (Conrady 2015)

Anfang 2015 verdeutlichen den ausgesprochen hohen Bekanntheitsgrad von Airbnb in Deutschland (92,3 Prozent) im Vergleich zu seinen direkten deutschen Wettbewerbern Wimdu (44,8 Prozent) und 9flats (24,9 Prozent).

Der Verdrängungswettbewerb zwischen den Vermittlungsplattformen im Bereich des Apartment-Sharing hat sich weiter verschärft. Airbnb geht aus den Turbulenzen als Sieger hervor. Die drei wichtigsten Wettbewerber am deutschen Markt Wimdu, 9flats und Gloveler sind aktuell deutlich geschwächt und/oder im Begriff, sich neu zu positionieren. Der Weltmarktführer dagegen dringt unbeirrt in weitere Geschäftsbereiche vor (z. B. Geschäftsreisende oder zusätzliche Dienstleistungen). Der Markt für die Vermittlung von Peer-to-Peer Apartment-Sharing steuert auf eine Monopolisierung zu.

Große Teile des Reisebuchungsmarkts laufen heute bereits über Sharing-Plattformen. Mehr als 14,5 Millionen Übernachtungen in Privatunterkünften werden in Deutschland jährlich über solche Plattformen vermittelt. Besonders hoch ist der Anteil in den großen Metropolen. Laut einer Studie des Hotelmarkt-entwicklungsunternehmens GBI nutzt jeder elfte Städtereisende in Deutschland das Angebot von Apartment-Sharing (GBI AG 2016). In Berlin liegt der Anteil 2015 demnach bereits bei über 20 Prozent des gesamten Übernachtungsvolumens. Zu den 30,25 Millionen Hotelübernachtungen im Jahr kommen nach Schätzung der GBI AG weitere 6,1 Millionen Übernachtungen in Privatunterkünften hinzu (ebd.). Nach Angaben von Airbnb zu seiner Berliner Community wurden im Jahr 2015 etwa 568.000 Gäste für durchschnittlich 4,6 Nächte beherbergt, was etwas mehr als 2,6 Millionen Übernachtungen entspricht. Das Teilen von privaten Unterkünften über digitale Plattformen ist also im Mainstream angekommen.

Der geringe Preis privater Übernachtungsangebote spielt für den großen Erfolg der Apartment-Sharing-Plattformen eine wichtige Rolle. Privatunterkünfte sind in der Regel deutlich günstiger als Hotels und Pensionen. Einer aktuelleren Umfrage von Morgan Stanley (Verhage 2016) unter mehr als 4.000 Personen aus den USA, dem Vereinigten Königreich, Frankreich und Deutschland zufolge ersetzt das Apartment-Sharing für 49 Prozent der Airbnb-Nutzer herkömmliche Hotels und für 37 Prozent Frühstückspensionen. Damit werden die Privatanbietenden von Unterkünften zu einer ernsthaften Konkurrenz für die Hotellerie. Hotelverbände kritisieren deshalb vehement den unfairen Wettbewerbsvorteil nichtgewerblicher Angebote, die nicht denselben Steuerpflichten und Branchenbestimmungen unterliegen wie das Hotelgewerbe (HOTREC 2015a).

Aber auch die Art der Unterkünfte, die von Privaten angeboten werden, bieten Vorteile gegenüber herkömmlichen Angeboten des Hotelgewerbes. Familien zum Beispiel wissen es zu schätzen, mehr Freiheiten als im Hotel zu haben, also etwa eine Waschmaschine oder eine Küche, während sie mit ihren Kindern unterwegs sind (Hegenauer 2016). Für besondere Gelegenheiten werden über Peer-to-Peer Sharing-Plattformen auch außergewöhnliche Übernachtungen, zum Beispiel in Schlössern, Baumhäusern, Booten oder Jurten, angeboten. Darüber hinaus werden privat geteilte Unterkünfte mit einem besonders authentischen und aufregenden Reiseerlebnis verbunden. Da den Vermietenden von Privatunterkünften unterstellt wird, selbst dort zu leben, wird von ihnen erwartet, dass sie mit den Gegebenheiten vor Ort und den lokalen Gepflogenheiten besonders vertraut sind und das Wissen an ihre Gäste weitergeben. Um den Erlebnisvorteil weiter zu fördern, testet Airbnb derzeit unter dem Titel „Magical Trips" ein neues Format, dass den Gastgebenden erlaubt, zusätzliche Dienstleistungen wie Stadtführungen oder Restaurantbesuche anzubieten. Dadurch soll den Gästen die Möglichkeit gegeben werden, die Stadt, den Ort oder die Nachbarschaft auf eine besonders lebensnahe Art kennenzulernen (AHGZ 2016a).

Insgesamt ist über die letzten Jahre zu beobachten, dass der Weltmarktführer seine Anstrengungen verstärkt, durch das Angebot komplementärer Dienstleistungen (z. B. Flugbuchungen, Stadt- und Restaurantführungen), Investitionen in Forschung und Entwicklung und strategische Kooperationen in neue Geschäftsfelder vorzudringen. Das Geschäftsreisesegment beispielsweise war bisher noch weitgehend den Hotels und Reisebuchungsportalen vorbehalten. So werden die Buchungen von Geschäftsreisen häufig nicht von den reisenden Personen selbst vorgenommen und müssen deshalb in Bezug auf Flexibilität, Bezahlung und Abrechenbarkeit hohen Anforderungen genügen. In Zusammenarbeit mit Airplus, einem Anbieter von Lösungen für das Geschäftsreise-Management, plant Airbnb nun die Integration von vollautomatisierten Reisemanagementtools für die Abrechnung und Bezahlung (AHGZ 2016b). Damit greift Airbnb nun auch einen besonders lukrativen Kernbereich des Hotelgeschäfts an, denn Geschäftsreisende sind in der Regel besser vorhersehbare, weniger preissensitive und loyalere Kunden. Der Trend zur erhöhten Mobilität von Arbeitsplätzen und das vermehrte Aufkommen so genannter „digitaler Nomaden" lässt zudem die Zahl junger Geschäftsreisender steigen, die den Angeboten aufgeschlossen gegenüberstehen. Geschäftsreisende sehen in den Sharing-Angeboten zunehmend eine willkommene Möglichkeit, der Einförmigkeit von Hotelzimmern zu entfliehen. Die Nutzer von Apartment-Sharing-Plattformen sind also nicht mehr nur auf den Freizeitbereich beschränkt. Im vergangenen Jahr sollen bereits 18 Prozent aller Geschäftsreisenden zumindest einmal Airbnb genutzt haben (AHGZ 2016c).

Zu sonstigen Aktivitäten von Airbnb mit Blick auf die Ausweitung des Geschäftsmodells gehört die Einrichtung des Gemeindezentrums „Samara" in einer japanischen Kleinstadt im Februar 2016, das als Labor für Architektur, Innendesign und Stadtplanung fungiert. Außerdem entwickelte das Unternehmen einen Service zur Buchung von Flügen, um auch auf diesem Gebiet mit den Online-Reisebuchungsportalen zu konkurrieren (Zaleski und De Vynck 2016). Zwar sind die Gewinnmargen bei Flugbuchungen nicht so hoch wie bei der Vermittlung von Unterkünften, jedoch lassen sich über dieses Dienstleistungsangebot zusätzliche Nachfrageströme auf Übernachtungsangebote lenken.

Die wachsende Bedeutung der Apartment-Sharing-Plattformen als Alternative zu den Online-Reisebuchungsportalen wird unter anderem auch daran deutlich, dass der Schweizer Hotelverband seinen Mitgliedern ausdrücklich die Nutzung von Airbnb als Vertriebskanal empfiehlt (Hotelleriesuisse 2016). Mithin wird deutlich, dass, obwohl die Bedrohung von Hotels und Online-Buchungsportalen durch die Sharing-Angebote noch gelegentlich heruntergespielt wird (Hartmans 2016), längst ein harter Wettbewerb um Marktanteile in verschiedenen Geschäftsfeldern der Tourismusbranche ausgebrochen ist.

7.4   Zivilgesellschaft und Vision

Visionen und Leitbilder

Die Vision, die sich mit der Praxis des privaten Wohnungsteilens mit Fremden verbindet, ist die einer globalen Gemeinschaft, die sich durch Großzügigkeit, Menschenliebe, Diversität, Toleranz, Respekt, Neugier und Offenheit auszeichnet. Sie gründet auf ein Idealbild vom Weltbürger, der überall zuhause ist und überallhin freundschaftliche Beziehungen pflegt. Am deutlichsten wird dieses Ideal durch Gastfreundschaftsnetzwerke formuliert, für die das freiwillige Engagement ihrer Mitglieder die wichtigste Ressource darstellt. Auf Reisen zu gehen und Gastfreundschaft zu üben, werden zu einer sinnstiftenden Suche nach Verbindungen zwischen Menschen und Orten erhoben und zur weltverbessernden Erfahrung von Gemeinsamkeit überhöht. Digitale Netzwerke zur Vermittlung unentgeltlicher Übernachtungen sind in vielen Fällen aus Initiativen hervorgegangen, die explizit Ziele wie Weltfrieden, internationale und interkulturelle Verständigung anstreben (wie z. B. Servas Open Doors). Vertrauen in Fremde ist zugleich Ausgangspunkt und Ziel der Austauschbeziehungen. Um Fremde in die eigene Wohnung zu laden, ist ein Grundvertrauen in die Ehrlichkeit und Zuverlässigkeit anderer Menschen vorausgesetzt. Das Erleben von Gastfreundschaft, das Kennenlernen anderer Kulturen und Lebensstile und unerwartete Begegnungen sollen das entgegengebrachte Vertrauen bestätigen und weiter stärken. Auf diese Weise soll die Gemeinschaft wachsen, zwischenmenschliche Brücken gebaut und internationale Verständigung gefördert werden.

Gastfreundschaftsnetzwerke haben gegenüber Apartment-Sharing-Angeboten oder Hotels den gravierenden Nachteil, dass der Aufwand für Suche und Vereinbarung einer Übernachtungsmöglichkeit ungleich höher ist, weil mögliche Gastgebende in der Regel zunächst von der Liebens- und Vertrauenswürdigkeit ihrer Gäste überzeugt werden müssen. Hinzu kommt, dass auch die rechtliche Verbindlichkeit einer Zusage fraglich ist, der keine Gegenleistung gegenübersteht, da dadurch keine einklagbare Forderung entsteht (Koolhoven 2016). Mit zunehmender Größe und Heterogenität der Netzwerke steigen diese Unwägbarkeiten zusätzlich, da die Unsicherheiten in Bezug auf die Beweggründe der anderen Mitglieder wachsen.

Entgeltliche Sharing-Angebote entbehren idealistischer Motive der Gastgebenden. Pflege der Community und des öffentlichen Images besitzen für die Plattformen dennoch einen hohen Stellenwert. Obwohl sich das Geschäftsmodell deutlich von den Vorstellungen einer uneigennützigen Gegenseitigkeit unterscheidet, knüpfen auch Peer-to-Peer Sharing-Plattformen erfolgreich an die positive Grundhaltung der Öffentlichkeit gegenüber den neuen Praktiken des privaten Wohnungsteilens an und profitieren von dem diffusen Gefühl der Gemeinschaft ihrer Nutzenden.

Airbnb setzt ein breites Spektrum von Marketing-Instrumenten ein, um seine Botschaft „Airbnb hosts are heroes" zu platzieren, welche sich ebenfalls auf das Motiv der internationalen Verständigung und der Überwindung zwischenmenschlicher Konflikte bezieht. Das Unternehmen nutzt die Methode des „Storytelling" überaus erfolgreich, um eine emotionale Bindung seiner Kunden zur Airbnb-Community zu entwickeln, und bedient damit den vermeintlichen Wunsch seiner Nutzer nach Gemeinschaftszugehörigkeit. Die Relevanz schöner Bilder für das Marketing wurde bei Airbnb schon frühzeitig erkannt. Um die Attraktivität der Inserate auf dem Portal zu steigern, bietet es seinen Hosts einen kostenlosen Fotoservice an, der die angebotenen Immobilien für das Portal professionell ablichtet. Das Hochglanzmagazin „Pineapple" dient als Kommunikationskanal mit der Community. Ebenso wie auf der Website werden darin persönliche Geschichten ausgewählter Airbnb-Hosts in atmosphärischen Bildern umgesetzt. Zudem unterstützt es die lokale Vernetzung der Community durch so genannte Home Sharing Clubs, von denen weltweit bereits mehr als 100 existieren. Solche Nachbarschaftsnetzwerke, von denen auch eines in Berlin existiert, sollen die Vorteile des Apartment-Sharing propagieren und Einfluss auf die lokale Gesetzgebung ausüben.

Im Gegensatz zu anderen Bereichen der Sharing Economy spielt das Leitbild des Umweltschutzes für das private Teilen von Wohnungen eine eher untergeordnete Rolle. In der Regel beziehen sich die Erwartungen an das Teilen auf eine Ressourcenschonung durch die intensivere Nutzung existierender Güter. Eine Erwartung an das Entlastungspotenzial des Apartment-Sharing könnte sein, dass aufgrund der Nutzung privaten Wohnraums für kurzfristige Übernachtungen weniger Hotels gebaut werden müssten. Diese mögliche Umweltwirkung scheint zu abstrakt und langfristig, um tatsächlich als Vision wirkmächtig zu werden.

Zivilgesellschaftliche Diskurse

In den letzten Jahren ist die wohlwollende öffentliche Stimmung in Bezug auf das Apartment-Sharing gekippt (Kagermeier et al. 2015). Verschiedene Faktoren, die im Folgenden dargestellt werden, spielen dabei eine Rolle.

Zunächst erschütterten Medienberichte von sexuellen Übergriffen und böswilligen Wohnungszerstörungen das Vertrauen in die Sicherheit der neuen Praktiken des Wohnungsteilens mit Fremden. Mehrere Vorkommnisse wurden bekannt, bei denen Männer Gastfreundschaftsnetzwerke für die Anbahnung von Sexualstraftaten missbrauchten. Für Schlagzeilen sorgten auch einige Fälle, bei denen Schäden an Gastwohnungen angerichtet wurden. 2011 sorgte ein Vorfall in San Francisco für weltweites Aufsehen, bei dem eine über Airbnb vermietete Wohnung zerstört wurde. Die Vermittlungsplattformen reagierten mit verstärkten Ausweispflichten und verschiedenen Regelungen zur Absicherung möglicher Schäden durch Diebstahl oder Vandalismus. Nicht in allen Fällen konnten dadurch die Bedenken der Nutzer vollkommen ausgeräumt werden (Wohlert 2011). Im November 2015 soll eine über Wimdu vermittelte Berliner Wohnung zerstört worden sein, für die eine Schadensregulierung über das Portal abgelehnt wurde (Rohrbeck 2016). Der Imageschaden für das Portal, aber auch für das Peer-to-Peer Apartment-Sharing im Allgemeinen, sollte nicht unterschätzt werden (Kyriasoglou 2016), denn das Vertrauen in die Sicherheit ist eine Grundvoraussetzung für die weitere Verbreitung dieser Praxis.

Auch datenschutzrechtliche Bedenken werden wiederholt gegen Vermittlungsplattformen erhoben. Das Gastfreundschaftsnetzwerk Couchsurfing sah sich im Zuge der Änderung seiner Nutzungsbedingungen kurze Zeit nach Umwandlung seiner Rechtsform dem Vorwurf ausgesetzt, europäische Datenschutzbestimmungen zu missachten (Beuth 2012). Der damalige Bundesbeauftragte für Datenschutz warf dem Netzwerk vor, seine Nutzer zu nötigen, jegliche Kontrolle über ihre Daten abzugeben. Der Umgang mit persönlichen Daten ist kein spezifisches Problem des Apartment-Sharing, sondern digitaler Plattformen im Allgemeinen. Ob der öffentliche Diskurs zur Datenschutzproblematik die weitere Verbreitung tatsächlich eingeschränkt hat, lässt sich derzeit nicht beurteilen.

Ende 2015 lieferten Forscher der Harvard-Universität empirische Beweise für die verbreitete Praxis rassistischer Diskriminierung unter Airbnb-Gastgebern bei der Auswahl ihrer Gäste (Edelman et al. 2015). Die Plattform ließ die Vorwürfe untersuchen und veröffentlichte im September 2016 einen Bericht (Murphy 2016), der ein umfangreiches Paket an Antidiskriminierungsmaßnahmen ankündigte (Postinett 2016). Unter anderem müssen sich Gäste und Gastgebende von Airbnb zukünftig ausdrücklich zum Verzicht auf rassistische oder anderweitig diskriminierende Handlungen verpflichten. Eine neu eingerichtete Beschwerdestelle soll Fälle vermeintlicher Diskriminierung regeln, indem sie den Betroffenen Alternativunterkünfte verschafft. Zudem soll die Funktion der Sofortbuchung, die keiner Annahme durch die Gastgebenden bedarf, weiter ausgebaut werden. In Deutschland blieb die Diskriminierungsproblematik im Zusammenhang mit Apartment-Sharing eher ein Randthema. Die Gewissenhaftigkeit, mit der Airbnb den Vorwürfen aus der US-amerikanischen Zivilgesellschaft begegnete, unterstreicht jedoch die Relevanz dieses Themas für die gesellschaftliche Akzeptanz seines Geschäftsmodells. Die Frage, inwiefern Diskriminierungen effektiv vermieden werden können, stellt sich im Prinzip für sämtliche Vermittlungsportale, deren Nutzer ihre Auswahl anhand persönlicher Profilinformationen und Bewertungen treffen, insbesondere auch für Gastfreundschaftsnetzwerke.

Mit der Verbreitung des Phänomens in den Großstädten wächst der Protest gegen das kurzfristige Vermieten von Unterkünften über Sharing-Plattformen, denen eine weitere Verschärfung der ohnehin problematischen Wohnraumsituation vorgeworfen wird. Die Städte mit den meisten Inseraten auf Airbnb sind Paris (78.000), London (47.000) und New York (46.000) (McCarthy 2016), also Metropolen, in denen bezahlbarer Wohnraum besonders knapp ist. In Berlin wurden 2016 etwa 12.400 Wohneinheiten über Airbnb angeboten (Karat Studio 2016), wobei sich die Angebote insbesondere auf die angesagten innerstädtischen Wohngebiete konzentrieren, die in den letzten Jahren unter starken Mietpreiserhöhungen und sozialer Verdrängung litten. Sharing-Plattformen wird vorgeworfen, durch die Vermietung von Wohnungen als kurzfristige Gastunterkünfte dem Markt Wohnraum zu entziehen, die Mieten der Einheimischen in die

Höhe zu treiben und damit auch die Verdrängung von Einkommensschwachen zu verstärken. Unmut richtet sich zunehmend aber auch gegen die starke Präsenz von Touristen in besonders nachgefragten Wohngebieten, die zum einen mit einer größeren Lärmbelästigung, aber zum anderen auch mit dem Verlust eines authentischen Stadtbildes in den betroffenen Vierteln in Verbindung gebracht wird.

Der öffentliche Protest richtet sich dabei vor allem gegen das größte und bekannteste Vermittlungsportal Airbnb. Im Juni 2016 sorgten beispielsweise die Plakate des Künstlerkollektivs „Rocco und seine Brüder" in den Straßen von Berlin für großes Aufsehen, die das Portal als einen Katalysator der Gentrifizierung brandmarkten. Bilder der auffälligen Guerilla-Aktion wurden rasant über die sozialen Medien Twitter und Instagram verbreitet und erlangten virale Aufmerksamkeit. Unter dem Hashtag #boycottairbnb wurde zum Boykott der Plattform aufgerufen, um damit gegen weitere Mietpreissteigerungen, zunehmende Touristenzahlen und soziale Verdrängung zu protestieren. Die Kampagne wirkte durch Berichte in internationalen Medien auch über Deutschland hinaus in die globale Gentrifizierungsdebatte hinein (Perry 2016).

Unter dem Druck der medialen Aufmerksamkeit war Airbnb zu einer Stellungnahme gezwungen (RBB 2016a). Der zufolge würden dem Berliner Markt keine Wohnungen entzogen, da die Mehrheit der Gastgeber in Berlin ihr eigenes Zuhause vermiete. Eine Auftragsstudie sollte belegen, dass das Vermieten von Wohnraum keinen signifikanten Einfluss auf die Wohnungsversorgung Berlins hat (GEWOS 2016). Demnach sei die Wohnraumknappheit vor allem auf ein starkes Bevölkerungswachstum und eine zu geringe Bautätigkeit zurückzuführen. Mit der Veröffentlichung dieser Studie im September 2016 startete Airbnb auch eine Video-Kampagne in sozialen Netzwerken, in der Berliner Gastgeber („Airbnb Citizen") zu Wort kommen. Deren Tenor lautet, Airbnb sei gut für die Stadt Berlin und gut für viele der Gastgeber, weil diese auf kleine zusätzliche Einkommen angewiesen seien, um in ihren Wohnungen bleiben zu können. Ganz im Gegensatz zu den Vorwürfen aus der Zivilgesellschaft inszeniert sich Airbnb hier also als Gegenkraft zum Gentrifizierungsdruck, wodurch auch Einkommensschwachen in Bezirken mit starkem Strukturwandel eine Möglichkeit gegeben wird, sich der Verdrängung zu widersetzen.

Damit spitzt sich die Debatte zunehmend auf die Frage zu, wer die Gastgebenden tatsächlich sind, die über Vermittlungsportale wie Airbnb, Wimdu und 9flats Übernachtungsmöglichkeiten anbieten und welche Ziele sie verfolgen. Werden tatsächlich überwiegend privat bewohnte Apartments gelegentlich geteilt – und damit der vorhandene Wohnraum intensiver genutzt – oder wird nicht vielmehr ohnehin knapper Wohnraum einer anderen Nutzung als Feriendomizil zugeführt und damit unzulässig zweckentfremdet?

7.5   Regulierung

Für das Hotelgewerbe gilt eine Vielzahl branchenspezifischer Bestimmungen, von Vorkehrungen zum Brandschutz und Hygienebestimmungen, bis zur Abführung von Bettensteuern und Kurtaxen, denen das private Teilen von Wohnungen nicht unterliegt. Damit verfügen Sharing-Angebote über einen relevanten Kostenvorteil gegenüber gewerblichen Anbietern. Müssten nichtgewerbliche Anbieter dieselben regulatorischen Anforderungen wie Hotels und Pensionen erfüllen, würden viele gemeinnützige Angebote von Übernachtungsmöglichkeiten vermutlich unterbleiben. Eine undifferenzierte rechtliche Gleichbehandlung von Sharing-Modellen, wie sie der Verband der Hotelwirtschaft zur Herstellung fairer Wettbewerbsbedingungen einfordert, käme faktisch einem Verbot der aufkommenden Praktiken des privaten Wohnungsteilens gleich. Die im Juni 2016 verabschiedete „Europäische Agenda für die Kollaborativwirtschaft" spricht sich gegen starke regulatorische Eingriffe in den Markt für Sharing-Angebote aus, um die neu entstehenden Geschäftsmodelle nicht im Keim zu ersticken (Europäische Kommission 2016a). Verbote und Marktzugangsbeschränkungen sollten nach dieser Auffassung nur als letztes Mittel der Wirtschaftspolitik verstanden werden. Genehmigungsregeln und Zulassungserfordernisse sollten als potenzielle Handelsbarrieren im gemeinsamen Binnenmarkt nur dann erfolgen, wenn sie diskriminierungsfrei und zur Erreichung eines im allgemeinen Interesse liegenden Zieles erforderlich und verhältnismäßig seien. Die Mitgliedsstaaten werden stattdessen aufgefordert, bestehende Gesetze zu überprüfen und gegebenenfalls an neue Geschäftsmodelle anzupassen. Somit empfiehlt die Kommission tendenziell eine Deregulierung anstelle der Einführung neuer regulatorischer Anforderungen für Sharing-Modelle.

Das Teilen zwischen Privatpersonen spielt sich in einer rechtlichen Grauzone ab, in der die Grenzen zwischen informeller „Nachbarschaftshilfe" und gewerblichen Dienstleistungen verschwimmen. Für Eigentümer kleiner Stadtwohnungen lohnt es sich, diese über die Vermittlungsplattformen tageweise zu vermieten. Kurzzeitige Vermietungen bringen deutlich mehr Einnahmen als eine reguläre Vermietung am Wohnungsmarkt, wenn die Unterkunft halbwegs ausgelastet ist. Viele Anbieter von „geteilten" Wohnungen nutzen diese gar nicht selbst, sondern vermieten sie als Kapitalanlage immer wieder kurzzeitig an Tou-

risten oder Geschäftsreisende (Müller 2016). Unter dem Mantel des gemeinnützigen Teilens hat sich so ein ganzer Wirtschaftszweig entwickelt, der sich bisher
einer ordentlichen Besteuerung und Regulierungen zum Schutz öffentlicher
Interessen weitgehend entzieht. Ein Untersuchungsbericht des Generalbundes-
anwalts des Staates New York vom Oktober 2014 kommt zu dem Schluss, dass
die Plattform Airbnb von kommerziellen Anbietern unterwandert sei (Schneiderman 2014). Insgesamt seien etwa zwei Drittel der Angebote illegal, wodurch
der Stadt New York innerhalb von vier Jahren etwa 33 Millionen US-Dollar an
Hotelsteuern entgangen seien. Großanbieter machten zwar nur sechs Prozent der
Nutzenden aus, erwirtschafteten aber 37 Prozent des Umsatzes.

Um der Kurzzeitvermietung entgegenzuwirken, haben einige amerikanische
Städte, wie New York und Santa Monica, Mindestdauern für die Wohnungsvermietung festgelegt, wenn die Gastgebenden nicht anwesend sind. Andere Städte,
wie Washington, prüfen ein kategorisches Verbot für die Wohnungsvermietung,
wenn die Gastgebenden abwesend ist. In San Francisco müssen sich Vermieter
bei der Stadt anmelden und Hotelsteuern bezahlen. Sie dürfen ihre Wohnungen
nicht länger als 90 Tage im Jahr untervermieten, wenn sie selbst nicht anwesend
sind. Mit einem Gesetz, dass die Werbung für illegale Übernachtungsangebote
verbietet, geht die Stadt New York nun auch direkt gegen die Vermittlungsplattformen vor (Nunez 2016). Trotz einer 10 Millionen US-Dollar schweren Kampagne konnte Airbnb dieses Gesetz nicht verhindern (Hawkins 2016).

Der öffentliche Druck, die Zweckentfremdung städtischen Wohnraums zu
bekämpfen, wächst auch in Europa. Auch in den europäischen Großstädten gibt
es Anzeichen dafür, dass die Vermittlung von Sharing-Plattformen für kommerzielle Geschäftsaktivitäten genutzt wird. Zu den Vorwürfen der Steuerhinterziehung und der Aushebelung regulatorischer Bestimmungen durch die Anbietenden privater Ferienunterkünfte gesellt sich der zivilgesellschaftliche Protest
gegen das massive Touristenaufkommen in bestimmten Stadtvierteln, gegen
Mietpreissteigerungen und soziale Verdrängung, die mit den Sharing-Angeboten
in Verbindung gebracht werden. Viele Städte sehen sich deshalb veranlasst, gezielt gegen die unzulässigen Geschäfte über Sharing-Plattformen vorzugehen,
indem sie die Vermietung von Ferienwohnungen entweder grundsätzlich unter
Genehmigungspflicht stellen oder Grenzwerte definieren, ab deren Überschrei-
tung eine Vermietung von Wohnraum genehmigungspflichtig ist.

Barcelona ist ein Vorreiter bei der strikten Regulierung von Apartment-
Sharing. Die Vermietung von Ferienwohnungen an Touristen bedarf seit 2012
grundsätzlich einer Genehmigung durch die katalanische Tourismusbehörde. Im
Jahr 2013 schätzte die Regionalregierung von Katalonien das illegale Angebot in

Barcelona auf ungefähr eine Million Betten. Die große wirtschaftliche Bedeutung für den Fremdenverkehr in der Stadt geht aus einer Schätzung hervor, wonach im Juni 2015 ein Bettenverhältnis von 36:64 zwischen Hotels und Sharing-Angeboten herrschte. Die Geldstrafen für Verstöße gegen die Genehmigungspflicht wurden im Juni 2016 nochmals drastisch auf 600.000 Euro erhöht, nachdem laut einer Studie im Auftrag des Stadtrats weiterhin etwa 40 Prozent der angebotenen Ferienwohnungen illegal betrieben werden (Lomas 2016).

Auch einige deutsche Großstädte versuchen, die Zweckentfremdung per Gesetz einzudämmen. Hamburg und München gehen seit 2013 verstärkt gegen Ferienwohnungen ohne Genehmigung vor. In Berlin und Köln gelten seit 2014 besonders strenge Verordnungen (Müller 2016). Die Stadt Berlin erließ zum 1. Mai 2014 ein verschärftes Zweckentfremdungsverbot, wonach die Nutzung von Wohnraum für andere Zwecke als zum Wohnen genehmigungspflichtig ist. Anbietende von Ferienwohnungen sind bei einem Bußgeld von bis zu 100.000 Euro verpflichtet, für kurzzeitiges Vermieten eine Genehmigung beim Bezirksamt einzuholen. Wird die Genehmigung nicht erteilt, ist die Kurzzeitvermietung illegal. Einen Schlafplatz oder die überwiegend selbst genutzte Wohnung zeitweise zu vermieten, ist aber weiterhin erlaubt. Nach einer zweijährigen Übergangsfrist können die Berliner Behörden seit Mai 2016 nun gegen die illegalen Angebote vorgehen. Um nicht genehmigte Ferienwohnungen ausfindig zu machen, will die Verwaltung 30 neue Stellen schaffen. Für Sharing-Plattformen gilt eine Auskunftspflicht gegenüber den Stadtbezirken. Sie müssen den Behörden künftig die Anbieter von Ferienwohnungen mit vollem Namen und Adresse nennen (RBB 2016b).

Statistiken belegen, dass noch im März 2015 in Berlin etwa 10 Prozent der Airbnb-Anbieter mehr als eine Wohneinheit vermieteten und allein die zehn größten Inserenten insgesamt 281 Wohneinheiten anboten (Karat Studio 2016). Das zeigt deutlich, dass zu diesem Zeitpunkt ein wesentlicher Teil der Anbietenden offenbar nicht nur den eigenen Wohnraum teilte, sondern kommerziell Ferienwohnungen vermietete. Insgesamt lag der Anteil kommerzieller Angebote bei den Inseraten auf Airbnb bei etwa 30 Prozent. Dieser Anteil wuchs sogar zum Ende des Jahres 2015 auf bis zu 40 Prozent. Kurz vor Ende der Übergangsfrist war Airbnb allerdings bemüht, sein Angebot zu bereinigen, und kündigte zahlreichen Gastgeber (ZEIT ONLINE 2016).

Obwohl der überwiegende Teil der Nutzenden vermutlich nur das eigene Zuhause vermietet, sind mit dem verschärften Vorgehen gegen die Zweckentfremdung für die Vermittlungsplattformen je nach Nutzerstruktur empfindliche wirtschaftliche Einbußen verbunden. Besonders hart wurde durch das Gesetz offenbar die Plattform Wimdu getroffen. Die gemeinsam mit einer Interessenvertretung von Berliner Ferienwohnungseigentümern im April 2016 geführte Klage gegen das Gesetz scheiterte vor dem Verwaltungsgericht (RBB 2016c). Nur wenige Monate später wurde das angeschlagene Unternehmen von seinem direkten Konkurrenten 9flats auf- und anschließend weiterverkauft.

Airbnb bekräftigt dagegen sein Interesse an einer Klärung der Rechtslage durch die Festlegung einfacher und verständlicher Regeln für das legale Teilen von Wohnraum. Das Unternehmen sieht sein Geschäftsmodell inzwischen weltweit unter Druck. Es versucht, die positiven Auswirkungen des Sharing-Modells auf den Fremdenverkehr und die regionale Entwicklung zu belegen und über die Gründung lokaler Lobbygemeinschaften von Gastgebern auf die öffentliche Meinung Einfluss zu nehmen („Airbnb Citizen"). Vermehrt sucht es den Dialog mit den städtischen Verwaltungen und bietet ihnen eine Zusammenarbeit bei der Regulierung an.

So haben einige europäische Städte, wie Paris, London, Amsterdam, Mailand und Lissabon, deutlich weniger restriktive Regelungen für das kurzzeitige Vermieten von Ferienwohnungen über Apartment-Sharing-Plattformen auf den Weg gebracht und arbeiten bei deren Umsetzung oftmals eng mit den Portalen zusammen. In London ist seit dem 5. Januar 2017 eine kurzzeitige Vermietung bis zu 90 Tage im Jahr ohne weitere Auflagen möglich. Die Stadt Lissabon verlangt zwar eine Registrierung der jeweiligen Wohneinheiten, erlaubt aber die Kurzzeitvermietung für eine unbegrenzte Anzahl von Tagen pro Jahr (Almeida 2016). Amsterdam erließ im März 2015 eine Verordnung für die Vermietung städtischen Wohnraums als Feriendomizil. Demnach kann eine Wohnung an maximal vier Personen gleichzeitig für bis zu 60 Tage im Jahr vermietet werden, wenn sie zuvor bei den Behörden registriert wurde. Außerdem ist eine fünfprozentige Tourismussteuer zu entrichten. Die Plattform Airbnb arbeitet dabei eng mit der Stadt zusammen, zieht die Steuer direkt ein und führt sie an die Behörden ab.

7.6 Phasen der gesellschaftlichen Verankerung

Als größte Vermittlungsplattformen ihres Typs stehen Booking.com, Airbnb und Couchsurfing jeweils prototypisch für die Entwicklung und Verbreitung von Online-Reisebuchungsportalen, Sharing-Plattformen und Gastfreundschaftsnetz-

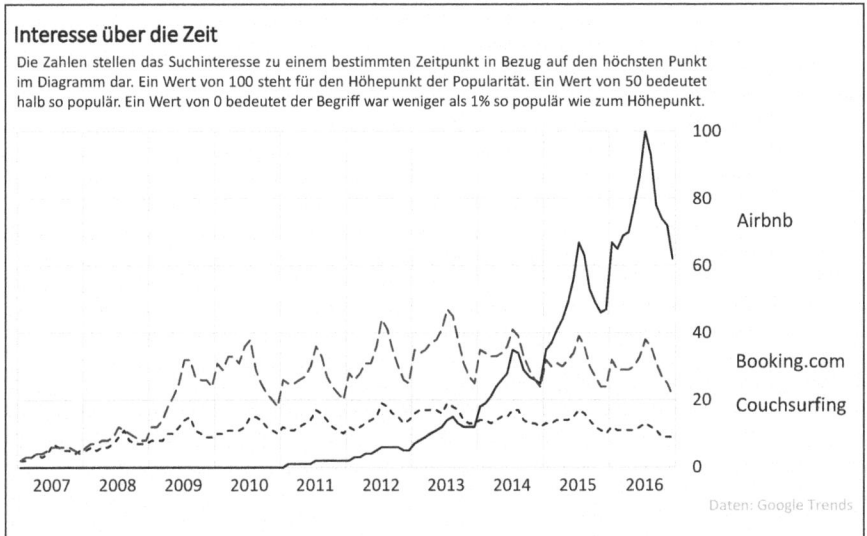

Interesse über die Zeit

Die Zahlen stellen das Suchinteresse zu einem bestimmten Zeitpunkt in Bezug auf den höchsten Punkt im Diagramm dar. Ein Wert von 100 steht für den Höhepunkt der Popularität. Ein Wert von 50 bedeutet halb so populär. Ein Wert von 0 bedeutet der Begriff war weniger als 1% so populär wie zum Höhepunkt.

Abbildung 36: Weltweite Google-Anfragen unter der Rubrik „Travel" über die Zeit. Eigene Darstellung

werken. Am zeitlichen Verlauf ihrer Entwicklung lassen sich verschiedene Phasen der gesellschaftlichen Verankerung von Apartment-Sharing-Praktiken festmachen, in denen unterschiedliche Faktoren die öffentliche Akzeptanz und gesellschaftliche Verankerung beeinflusst haben.

Zieht man die Häufigkeit der weltweiten Google-Anfragen unter der Rubrik „Travel" als einen Indikator für die Bekanntheit und Verbreitung einer Vermittlungsplattform heran (Abbildung 36), wird klar, dass in der Zeit bis etwa Ende 2008 das Gastfreundschaftsnetzwerk Couchsurfing und das Online-Reisebuchungsportal Booking.com in Sachen Popularität etwa gleichauf lagen. Ab 2009 bis Ende 2014 dominiert das Reisebuchungsportal. Erst 2011 tritt die Sharing-Plattform Airbnb aus der Nische und setzt zu einem exponentiellen Wachstum an. Ende 2013 überholt es Couchsurfing und Ende 2014 auch Booking.com. Inzwischen wird der Name der Sharing-Plattform mehr als doppelt so häufig gesucht, wie die Namen des wichtigsten Online-Reisebuchungsportals und des bekanntesten Gastfreundschaftsnetzwerks zusammen.

Anhand dieses Verlaufs lässt sich die Entwicklung des Apartment-Sharing in drei wesentliche Phasen unterteilen, die jeweils von unterschiedlichen Einflussfaktoren geprägt waren:

– Inkubationsphase (2008–2010): Gründungen und Nischenexperimente
– Expansionsphase (2011–2014): Wachstum und globale Verbreitung
– Konsolidierungsphase (2015–2016): zunehmende Monopolisierung und neue Geschäftsfelder

Inkubationsphase

In der Inkubationsphase ist Apartment-Sharing noch ein Nischenphänomen. Der Markt für die Vermittlung von kurzzeitigen Unterkünften wird von zwei anderen Plattformtypen bestimmt, die entweder gewerbliche Angebote oder unentgeltliche Angebote vermitteln. Online-Reisebuchungsportalen kommt der Transaktionskostenvorteil gegenüber Hotels und Offline-Reiseagenturen zugute. Sie schalten sich als Vermittler zwischen Nachfragende und Anbietende von Übernachtungen und erlangten aufgrund dieser „Gatekeeper"-Position einen deutlichen Machtzuwachs in der Tourismusbranche, der das Hotelgewerbe zwingt, Gewinnmargen an die Plattformen abzutreten. Digitale Gastfreundschaftsnetzwerke werden dagegen vom starken Gefühl der Gemeinschaftszugehörigkeit und der Begeisterung für die neuen Möglichkeiten der globalen Vernetzung getragen. Sie verlieren jedoch schnell an Dynamik, sobald das freiwillige Engagement der Betreiber nachlässt. Auch hat der Austausch ohne Gegenleistung wegen der fehlenden Verbindlichkeit klare Nachteile in Bezug auf die Transaktionskosten.

Technische Voraussetzung für die Gründung erster Online-Plattformen für die Peer-to-Peer Vermittlung von Sharing-Angeboten in dieser Phase ist das Web 2.0, welches Interaktionen von „Peers" in dezentralen Netzwerken ermöglicht. Den Vermittlungsplattformen gelingt es, die Vision einer globalen Gemeinschaft mit der niedrigschwelligen Anbahnung von Transaktionen zu verknüpfen, wodurch das Sharing-Modell gekennzeichnet ist. Die Professionalisierung der Plattformen bildet eine wichtige Voraussetzung für die anschließende Phase der weltweiten Expansion, weil dadurch überhaupt erst das Aufbringen entsprechender Ressourcen möglich wird.

Die erste Entwicklungsphase ist somit überwiegend von einem technologischen Push bestimmt, aber auch von den sich dadurch eröffnenden Marktchancen für die transaktionskostensparende Vermittlung von Übernachtungsmöglichkeiten, sowie einem zivilgesellschaftlichen Engagement, das sich aus dem Leitbild des gegenseitigen Vertrauens in einer global vernetzten Gemeinschaft motiviert. Mit der Institutionalisierung und Professionalisierung der Vermittlungsportale am Ende der Inkubationsphase entstehen die Grundlagen für die zunehmende Verbreitung der Sharing-Praxis in der darauffolgenden Expansionsphase.

Expansionsphase

Das Jahr 2011 markiert den Beginn der Expansionsphase des Apartment-Sharing. Angesichts dynamischer Netzwerkeffekte ist der Wettbewerb zwischen den Vermittlungsplattformen von der Notwendigkeit geprägt, die Zahl der Nutzenden möglichst schnell auszuweiten. Aufgrund der selbstverstärkenden Dynamiken legt die Vorreiterrolle von Airbnb in der Expansionsphase bereits das Fundament für seine heutige Spitzenposition als unangefochtener Weltmarktführer. Notwendige Voraussetzung und wesentlicher Erfolgsfaktor für den Erfolg der aggressiven Wachstumsstrategien der Sharing-Plattformen ist auch eine frühe Bereitstellung signifikanter finanzieller Ressourcen. Neben einem zeitlichen Vorsprung gereicht Airbnb auch die bessere Ausstattung mit Risikokapital für die geografische und inhaltliche Ausweitung seines Geschäftsfeldes zu einem entscheidenden Vorteil gegenüber den Konkurrenten auf dem Weltmarkt. Für den aktuellen Erfolg des Unternehmens muss im Rückblick aber auch die strategische Entscheidung des Managements für einen Verdrängungswettbewerb und gegen den zu erwartenden Aufkauf seiner Konkurrenten als wesentlich betrachtet werden.

Erhebliche Kostenvorteile des privaten Wohnungsteilens gegenüber klassischen gewerblichen Angeboten der Hotelbranche aufgrund existierender Regulierungslücken hilft der rapiden Verbreitung des Geschäftsmodells. Dagegen verliert mit fortschreitender Vermarktung und Professionalisierung des Sharing-Modells, aber auch mit der starken Ausweitung der Nutzergemeinschaft, die leitende Vision von Gegenseitigkeit und Vertrauen in eine Netzwerkgemeinschaft an Anziehungskraft und Bedeutung als Treiber.

Die Expansionsphase ist von Netzwerkstrukturen innewohnenden Marktdynamiken geprägt, die eine schnelle Skalierung der Geschäftsmodelle auf den Weltmarkt erforderlich machen. Diese geografische Ausweitung des Geschäftsfeldes wird durch entsprechende Investitionsmittel und strategische Entscheidungen der Plattformbetreiber unterstützt. Während die fortwährende Abwesenheit relevanter Regulierung als marktfördernder Faktor betrachtet werden kann, verlieren die Faktoren auf der zivilgesellschaftlichen Ebene für die Verbreitung der Praktik des Teilens an Bedeutung.

Konsolidierungsphase

In der Konsolidierungsphase ist das Apartment-Sharing im Mainstream verankert. Der Markt für die Vermittlung von Sharing-Angeboten weist mittlerweile starke Monopolisierungstendenzen auf, denn Airbnb hat sich als unangefochtener Weltmarktführer unter den Sharing-Plattformen durchgesetzt und nimmt neue Geschäftsbereiche ins Visier. Das Hotelgewerbe und deren Online-Vertriebsplattformen haben die Gefahr für ihre Geschäftsmodelle durch die neue Konkurrenz der Sharing-Praktiken realisiert und organisieren politischen Widerstand. Zugleich sind mit der massiven Verbreitung des Geschäftsmodells zivilgesellschaftliche Vorbehalte gegen die Praktik gewachsen. Damit steigt insgesamt der politische Druck, die neuen Geschäftsmodelle angemessen zu regulieren.

Trotz des Appells der Europäischen Kommission für eine einheitliche Regelung der Sharing Economy in Europa und für einen Verzicht auf Genehmigungspflichten oder Verbote ist das Vorgehen der zuständigen lokalen Behörden höchst unterschiedlich. Manche europäischen Großstädte arbeiten bei der Besteuerung und Kontrolle kommerzieller Aktivitäten eng mit den Sharing-Plattformen zusammen. Andere Städte, wie Berlin, gehen relativ rigide gegen die Kurzzeitvermietung von Ferienwohnungen vor. In Berlin hat die Verschärfung des Zweckentfremdungsverbots einige kommerzielle Anbieter von privaten Unterkünften abgeschreckt, ohne das Wachstum der Inserate jedoch dauerhaft zu stoppen.

7.7   Wesentliche Einflussfaktoren

Im Übernachtungsbereich hat eine breite Verankerung des Peer-to-Peer Sharing in der Gesellschaft stattgefunden. Dem Hotelgewerbe ist mit dem privaten Teilen über digitale Plattformen eine ernstzunehmende Konkurrenz erwachsen. Eine Verbreitung dieser Praktiken war in diesem Ausmaß bis vor wenigen Jahren nicht absehbar. Entgeltlose Übernachtungen, wie sie zunächst vor allem über Gastfreundschaftsnetzwerke angeboten wurden, haben zwar das positive Bild vom privaten Teilen von Wohnraum lange geprägt, konnten aber nie der Nische entwachsen. Die vergleichsweise aufwendige Anbahnung und eine mangelnde Verbindlichkeit entgeltloser Angebote sowie die relativ geringe Zahl von Anbietenden, die ohne Gegenleistung Übernachtungen zur Verfügung stellen wollen, sind Gründe für die begrenzte Reichweite dieser Form des Teilens. Viele dieser Hemmnisse konnten mit den neuen Möglichkeiten der kurzzeitigen Vermietung von Wohnungen über Sharing-Plattformen überwunden werden. Die Bereitstellung privaten Wohnraums blieb dadurch nicht mehr nur auf idealistisch motivierte Anbietende beschränkt. Die Vereinbarung von Gegenleistungen erhöht zugleich auch die Verbindlichkeit und senkt die Such- und Anbahnungskosten.

Gewinnorientierte Plattformen und eine fortschreitende Professionalisierung der Vermittlungsdienstleistungen sind nicht vom freiwilligen Engagement weniger Personen abhängig und unterliegen nicht denselben Entwicklungsblockaden aufgrund politischer Richtungsstreits wie viele frühe Gastfreundschaftsnetzwerke.

In der einsetzenden Wachstumsphase wurden neue Probleme im Zusammenhang mit einer stark anschwellenden Nutzergemeinschaft zunehmend relevant. Mit der Heterogenität der Netzwerke verlor das Leitbild der verschworenen Gemeinschaft als treibender Faktor an Bedeutung. Darüber hinaus wurde das Vertrauen in die Gemeinschaft durch Vorkommnisse erschüttert, die sowohl die Sicherheit der Gäste als auch die Sicherheit des Eigentums der Gastgebenden in Frage stellten. Aufkommenden Sicherheitsbedenken konnten die Vermittlungsplattformen durch vertrauensbildende Maßnahmen, wie Informationsbereitstellung, Versicherungsregelungen, Bewertungsinstrumente und Ausweispflichten, erfolgreich begegnen. Trotz vermehrter Datenerhebung stellen Bedenken hinsichtlich des Datenschutzes bisher kein größeres Hemmnis dar.

Mit der Verbreitung des Geschäftsmodells wuchsen die zivilgesellschaftlichen Vorbehalte gegen die Praxis des privaten Wohnungsteilens. Während Vorwürfe der Steuerhinterziehung und der rassistischen Diskriminierung in Deutschland kaum skandalisiert wurden, sind aktuell die Proteste erheblich, die sich gegen die Auswirkungen auf den Wohnungsmarkt und die Tourismusentwicklung vor allem in größeren Städten richten. Dabei ist die unterstellte Kausalität der kurzzeitigen Vermietung von Privatwohnungen über Sharing-Plattformen für die Tendenzen des Massentourismus in Städten, der Mietpreisentwicklung und der Verdrängung Geringverdienender an den Stadtrand weiterhin höchst umstritten. Die Proteste auf zivilgesellschaftlicher Ebene verbinden sich aber erfolgreich mit den Forderungen des Hotelgewerbes nach einer rechtlichen Gleichstellung plattformvermittelter privater Angebote und erzeugen dadurch großen politischen Handlungsdruck.

Die zuständigen Behörden stehen vor der schwierigen Herausforderung, unerwünschte Nebeneffekte der Kurzzeitvermietung privater Ferienunterkünfte zu bekämpfen, ohne durch eine übermäßige Reglementierung das gelegentliche Teilen privater Wohnungen vollkommen zu unterbinden. Denn es liegt durchaus im öffentlichen Interesse, ein echtes Wohnungsteilen zu unterstützen, wenn durch die intensivere Nutzung der vorhandenen Bausubstanz effektive Umweltentlastungen entstehen, der soziale Zusammenhalt tatsächlich gefördert und neue Einkommensquellen für Geringverdienende erschlossen werden können. Für

Tabelle 6:   Einflussfaktoren im Apartment-Sharing

Phase	Fördernde Faktoren	Hemmende Faktoren
Inkubation	Technologie: Web 2.0 Leitbild: Gemeinschaftsgefühl Markt: Transaktionskostenvorteil Akteure: Professionalisierung	Wettbewerb: andere Plattformen Markt: Freiwilligkeit / Gegenseitigkeit Akteure: Richtungsstreits
Expansion	Regulierung: Kostenvorteil Markt: Ressourcenbereitstellung Akteure: Wachstumsstrategie und Vertrauensbildung	Akteure: Nutzerheterogenität Markt: Sicherheitsprobleme Leitbild: Datenschutzbedenken
Konsolidierung	Markt: Konsolidierung Akteure: neue Geschäftsfelder Akteure: Kooperation mit Behörden und lokale Vernetzung	Markt: Wohnraumknappheit Leitbild: wachsende Vorbehalte Wettbewerb: Hotels und OTAs Regulierung: Gesetzesanpassungen

Regelungen zum Schutz des Gemeinwohls ist es deshalb notwendig, Unterscheidungskriterien für gemeinnützige und rein kommerzielle Aktivitäten zu entwickeln und daran unterschiedliche rechtliche Anforderungen zu knüpfen.

In Tabelle 6 sind die wesentlichen Einflussfaktoren entlang der drei Entwicklungsphasen zusammengefasst.

7.8   Fazit

Die Herausforderungen bei der gesellschaftlichen Verankerung von Peer-to-Peer Sharing für eine nachhaltigkeitsorientierte Wirtschaftspolitik liegen darin, den Prozess des Übergangs aus der Nische in den Mainstream so zu gestalten, dass die Nachhaltigkeitspotenziale, die in einer intensiveren Ressourcennutzung durch eine gemeinsame Beanspruchung existierender Güterbestände liegen, möglichst umfassend ausgeschöpft werden, ohne dass die ökologischen Wirkungen zulasten anderer Gemeinwohlinteressen erfolgen.

Die Fallstudie hat gezeigt, dass Internet-gestützte private Gelegenheitsangebote durchaus mit gewerblichen Marktakteuren in den Wettbewerb treten und signifikante Marktanteile erzielen können. Die Wettbewerbsvorteile der privaten Angebote beruhen jedoch mitunter auf einer Aushebelung branchenspezifischer

Regelungen zur Sicherung anderer Gemeinwohlinteressen, deren Nichtbeachtung unerwünschte Nebeneffekte nach sich ziehen kann, wenn relevante Teilsegmente des Marktes davon betroffen sind. Gerade also beim Übergang in den Mainstream ist deshalb eine Anpassung der Gesetzeslage zur Gewährleistung des öffentlichen Interesses notwendig.

Im Übernachtungsbereich sind dahingehend insbesondere Meldepflichten für die allgemeine Sicherheit, Vorkehrungen zum Verbraucherschutz, Bestimmungen des Brandschutzes sowie die Einhaltung von Hygiene- und Gesundheitsstandards durchzusetzen. Nicht zuletzt muss die Besteuerung von Mieteinnahmen geklärt werden, wenn Marktaktivitäten massiv über private Akteure abgewickelt werden, die dafür keine Gewerbeanmeldung besitzen. Zur Schaffung eines europäischen Binnenmarkts sollten die Bestimmungen darüber hinaus auf europäischer Ebene weitgehend harmonisiert werden.

Um die Belastungen der Privatakteure nicht so weit zu erhöhen, dass sich eine nichtgewerbliche Bereitstellung ungenutzter Güter faktisch verbietet, sollten Möglichkeiten geprüft werden, die Sharing-Plattformen bei der Sicherstellung der Gemeinwohlinteressen stärker in die Pflicht zu nehmen. Bisher ziehen sich die Plattformen auf ihre vermittelnde Rolle zurück und weisen die Verantwortung für die Rechtmäßigkeit der Angebote ihrer Nutzer von sich. Gleichzeitig wächst jedoch der Druck gegen die Geschäftsmodelle, dem die Plattformbetreiber durch stärkeres lokales Engagement und Kooperation mit den zuständigen Behörden zu begegnen suchen. In der Zusammenarbeit zwischen Regulierenden und Plattformen, deren Geschäftsmodell auf der informationellen Erhebung und Abwicklung der Transaktionen ihrer Nutzer beruht, liegt der Schlüssel für eine nachhaltige Ausgestaltung der gesellschaftlichen Verankerungsprozesse.

8 Zukunftsszenarien des Peer-to-Peer Sharing

Siegfried Behrendt, Christine Henseling

Wie wird sich die Sharing Economy zukünftig entwickeln? Da es sich beim Peer-to-Peer Sharing um neue Nutzungskonzepte und Geschäftsmodelle handelt, sind Trendextrapolationen nur bedingt möglich. Die Marktdynamik der letzten Jahre lässt sich nicht einfach fortsetzen. Nach der Gründungswelle lässt sich eine Wachstumsphase und eine Konsolidierung des Peer-to-Peer Sharing-Marktes beobachten, die sich in organisatorischen Anpassungen und Umstrukturierungen der Geschäftsmodelle äußert, teilweise finden Fusionen mehrerer Plattformen statt. Die jungen und erst entstehenden Märkte des Peer-to-Peer Sharing sind von hohen Unsicherheiten und schnellen Veränderungen geprägt. Für die zukünftige Entwicklung des Peer-to-Peer Sharing spielen verschiedene Schlüsselfaktoren,[35] ihre Ausprägungen und Wechselwirkungen eine zentrale Rolle.

Im Folgenden werden zwei Szenarien vorgestellt, die die verschiedenen Schlüsselfaktoren bündeln, deren Wirkungen auf das Peer-to-Peer Sharing betrachten und in mögliche Entwicklungspfade übersetzen. Es handelt sich um ein Trendszenario, das auf der Analyse von Treibern und Hemmnissen beruht und belastbare Trends widerspiegelt. Demgegenüber steht ein Transformationsszenario, das Potenziale des Peer-to-Peer Sharing in den Kontext eines sozial-ökologischen Wandels stellt. Beiden Szenarien liegt ein Zeithorizont bis zum Jahr 2030 zugrunde.

---

35 Eine Übersicht über die für das Peer-to-Peer Sharing relevanten Schlüsselfaktoren sowie eine detaillierte Beschreibung dieser Faktoren findet sich in Behrendt et al. 2017.

© Springer Fachmedien Wiesbaden GmbH, ein Teil von Springer Nature 2019
S. Behrendt et al. (Hrsg.), *Digitale Kultur des Teilens*,
https://doi.org/10.1007/978-3-658-21435-7_9

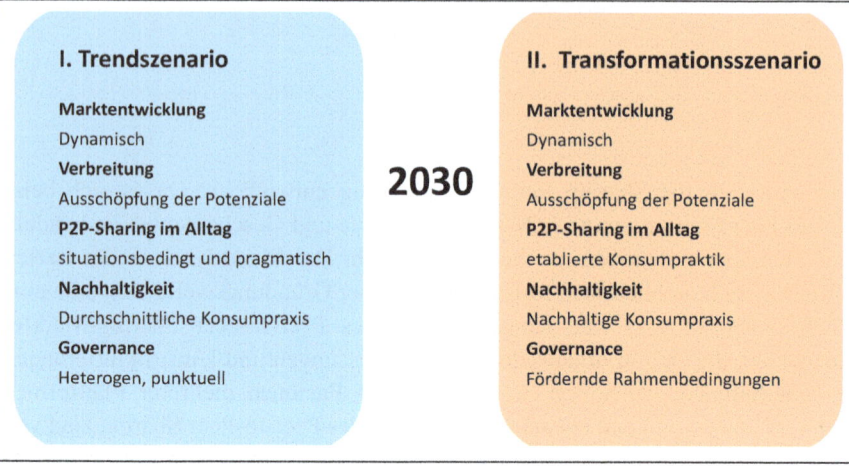

Abbildung 37: Trend- und Transformationsszenario. Eigene Darstellung

8.1 Trendszenario: marktgetrieben mit multioptionalem Konsum

Eckpunkte des Szenarios

Mit den Möglichkeiten der ortsunabhängigen Informationsaufbereitung und -teilung wirken **Internet-basierte Applikationen in Kombination mit neuen Technologien** wie ein Katalysator und begünstigen die Verbreitung von Peer-to-Peer Sharing-Angeboten. Technische Innovationen sind wechselseitig mit neuen Nutzungskonzepten verknüpft, die wiederum neue Geschäftsideen und -modelle weiter vorantreiben. Mit der Weiterentwicklung der Angebote und dem Abbau von Hemmnissen wird die Angebotssituation verbessert, wodurch Sharing-Angebote weiter an Attraktivität gewinnen.

Unterstützt wird die Entwicklung durch den Wandel von Konsum- und Eigentumseinstellungen. Die Bedeutung von **Flexibilität und Multioptionalität im Konsum** nimmt zu. Konsumoptionen, die es ermöglichen, flexibel auf sich wandelnde Situationen und Bedarfe zu reagieren, gewinnen an Attraktivität. Peer-to-Peer Sharing bietet Möglichkeiten, kostengünstig und spontan Produkte zu nutzen. Nachhaltigkeitsgesichtspunkte stehen beim geteilten Konsum nicht im Vordergrund, werden aber mit Peer-to-Peer Sharing verbunden.

Je populärer Sharing wird, desto mehr **kommerzialisierte Angebote** bestimmen den Markt, die sich aber zugleich von der ursprünglichen Idee des gemeinschaftlichen Teilens und Nutzens entfernen und als Plattformen neue Marktstrukturen etablieren. Der Erfolg basiert nicht auf einer Gemeinwohlidee, sondern in erster Linie auf einer Geschäftsidee, wobei versucht wird, an ein Gemeinschaftsgefühl anzuknüpfen, die Community zu pflegen und dies im Marketing zu verwerten (Loske 2015). Auch wenn gemeinwohlorientierte Plattformen noch erhebliches Entwicklungspotenzial haben, wird die Verbreitung im Vergleich zu kommerziellen Plattformen eher gering bleiben. Die deutlich größere Dynamik entfalten kommerzielle Plattformen durch marktlich-wettbewerbliche Mechanismen, v. a. durch Professionalisierungsstrategien, die durch das hohe Investitionskapital möglich werden.

Aufgrund von **Netzwerkeffekten** besteht bei Peer-to-Peer Diensten eine Tendenz zur **Marktkonzentration**. Außerdem wirken zunehmende Skalenerträge konzentrationsfördernd, welche bei Plattformdiensten aufgrund vergleichsweise hoher Fixkosten und geringer variabler Kosten bestehen. In nur wenigen Jahren haben sich global agierende digitale Vermittlungsplattformen etabliert. Dazu gehören Airbnb und Uber. Es handelt sich um finanzstarke, amerikanische Unternehmen, die auf lukrative Netzwerk-, Skalierungs- und Monopoleffekte hinzielen.

Aufgrund der zunehmenden Verbreitung digitaler Plattformen des Peer-to-Peer Sharing und insbesondere der Marktmacht global agierender Unternehmen reagieren staatliche Regulierungsinstitutionen auf damit verbundene Herausforderungen (z. B. Steuer- und Abgabenpflicht, sozialrechtliche Standards, unfairer Wettbewerb). Es entsteht ein **Flickenteppich unterschiedlicher Regulierungen** in Städten, Bundesländern und Staaten, die von innovationsfreundlichen Regulierungen bis hin zu Einschränkungen und Verboten von Peer-to-Peer Diensten reichen.

Das Peer-to-Peer Sharing mit seinen Plattformen ist kein vorübergehendes Phänomen. Koevolutiv mit dem Marktumfeld wird sich der Markt für Peer-to-Peer Sharing gegenüber heute weiterentwickeln. Der Entwicklungspfad ist stark marktgetrieben. Die Gemeinschaftshaltung, Dinge ohne finanzielle Gegenleistung mit Fremden zu teilen, die vielen gemeinwohlorientierten Plattformen zugrunde liegt, wird sich im Trendszenario nicht in der Breite der Bevölkerung durchsetzen. Sie wird aber durchaus in bestimmten Kreisen eine Rolle spielen. Es wird daher Nischen geben, die das gemeinwohlorientierte Teilen eher schätzen als eine kommerzielle Ausrichtung des Sharing. Die Protagonisten verfolgen die Absicht, alternative Konsummuster des Tauschens und Teilens, Verschenkens und Leihens, Nutzens statt Besitzens, Selbermachens und Wiederaufwertens oder Reparierens zu etablieren und streben an, die als problematisch erachteten Wirtschafts- und Konsumpraktiken sinnvoll zu erweitern oder zu ersetzen. Hinzu kommt, dass insbesondere bei jungen Menschen der Zugang zu Konsumoptionen als Alternative zum Besitz eine zunehmende Bedeutung erlangt. Besitz wird teilweise als Ballast empfunden. Ein revolutionärer Umbruch hin zu einer gemeinschaftlichen Konsumkultur im Sinne einer vom Wachstums- und Profitzwang befreiten kollaborativen Ökonomie, wie er von einigen Autoren (u. a. Botsman und Rogers 2011, Rifkin 2014) beschrieben wird, ist damit allerdings nicht erkennbar. Sharing wird zwar zukünftig zunehmen, den eigentumsbezogenen Konsum ergänzen und in bestimmten Bereichen auch ersetzen. Sharing ist aber eher zu verstehen als ein Konsum-Modus, der seinerseits Marktmechanismen unterworfen ist. Für die Konsumenten geht es vorrangig darum, sich bessere Zugänge zu verschaffen. Peer-to-Peer Sharing unterstützt den Wunsch nach Multioptionalität, Konsumenten pendeln dabei zwischen Sharing und Eigentum: Man erwirbt Eigentum, man verkauft es wieder oder tauscht es gegen etwas anderes ein. Dies ist ein pragmatischer Zugang zu den erweiterten Optionen, die das Peer-to-Peer Sharing bietet. Teilen heißt nicht verzichten, sondern dient genau dem Gegenteil: Die zugangsbasierten Nutzungsmöglichkeiten von Sharing-Angeboten ermöglichen durch kostengünstigen, flexiblen und spontanen Zugang wesentlich mehr Konsumoptionen als die auf Besitz basierenden. Als Folge wird eine „Hybridisierung" von Konsumweisen vorausgesagt. Für diejenigen, die Peer-to-Peer Sharing in einem Bereich nutzen, wird es im Laufe der Zeit immer interessanter, auch andere Peer-to-Peer Sharing-Angebote zu nutzen, aber selten im Sinne eines umfassenden „collaborative consumption", sondern situationsbedingt und pragmatisch. Mit Blick darauf ist im Trendszenario unter realistischen Annahmen davon auszugehen, dass in Zukunft ein Drittel der Bevölkerung Peer-to-Peer Sharing nutzt. 33 Prozent der deutschen Bevölkerung kann sich in Zukunft vorstellen, über digitale Vermittlungsplattformen privat Produkte zu teilen (Scholl et al. 2017). Heute sind lediglich 7 Prozent mit Peer-to-Peer Sharing vertraut.

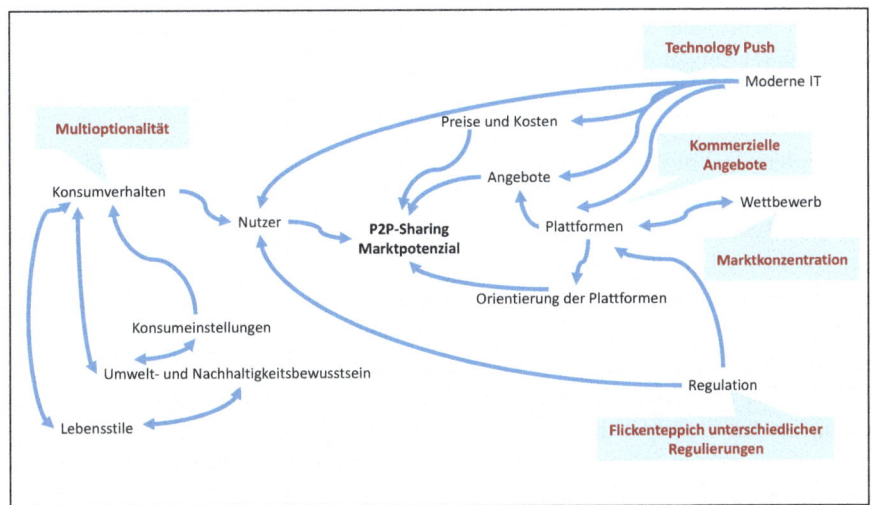

Abbildung 38: Trendszenario – Schlüsselfaktoren und ihre Wechselwirkungen. Eigene Darstellung

Die Wachstumsaussichten unterscheiden sich dabei von Bereich zu Bereich. Für die untersuchten Felder zeichnen sich folgende Entwicklungen ab.

Mobilität: Dynamisches Wettbewerbsfeld

Derzeit sind drei Prozent der Deutschen mit privatem Carsharing vertraut. Finanzielle Aspekte spielen unter den Motiven eine maßgebliche Rolle, aber auch, Ressourcen besser zu nutzen, hat eine große Bedeutung. Zukünftig könnten sich etwa zehn Prozent vorstellen, privates Carsharing über digitale Vermittlungsplattformen in Anspruch zu nehmen. Bei den Mitfahrgelegenheiten liegt der Anteil der derzeitigen Nutzer bei 14 Prozent, zukünftig können sich 19 Prozent eine Nutzung vorstellen. Bis zum Jahr 2030 könnten diese Potenziale erschlossen sein.

Ein kritischer Faktor für die Verbreitung des Peer-to-Peer Carsharing ist eine lokale, räumlich dichte Synchronisierung von Nachfrage und Angebot, die ein räumlich hinreichend dichtes Netz von Anbietern und Nachfragern sicherstellt. Das Matching stellt eine erhebliche Herausforderung für die Plattformen dar. Das Wachstum wird einerseits vom zunehmenden Angebot und zunehmender Nachfrage in den Städten getragen, in denen Peer-to-Peer Carsharing bereits existiert, andererseits werden solche Angebote auf weitere deutsche Städte übertragen, sodass sich das Angebot ausweitet und neue Nutzer erreicht werden. Erst ab einer kritischen Masse an Nutzern auf beiden Seiten (Nachfragende sowie Anbietende) setzen Netzwerkeffekte ein, die schnelles Wachstum befördern. Wird jedoch die kritische Masse nicht erreicht, werden sich Plattformen nicht halten können.

Folgende Entwicklungen machen die hohe Marktdynamik im Bereich des Peer-to-Peer Carsharing deutlich: Nach einer Konsolidierungsphase, aus der Drivy und Snappcar als führende Plattformen hervorgegangen sind, befindet sich der Markt im Umbruch. Neue Anbieter dringen in den Markt für Peer-to-Peer Carsharing. So plant das Berliner Start-up Getaway einen neuen Vermittlungsservice. Rocket Internet plant die in Großbritannien und Spanien aktive Vermittlungsplattform RideLink auch in Deutschland einzuführen. Mercedes Benz/ Daimler hat mit Croove eine Peer-to-Peer Carsharing-Plattform gegründet, die zukünftig das Mobilitätsdienstleistungsportfolio ergänzen soll. Ab 2018 firmiert Croove unter Turo, einer US-amerikanischen Plattform für Peer-to-Peer Autovermietung. Auch der Automobilhersteller BMW beabsichtigt ein Peer-to-Peer Carsharing-Angebot für die Marke MINI schaffen zu wollen. Dieses soll es MINI-Kunden erlauben, ihre Fahrzeuge über das konzerneigene Carsharing-Portal DriveNow an Privatpersonen zu vermieten (Peuckert et al. 2017). Auch klassische Autovermietungen könnten zukünftig in den Markt für Peer-to-Peer Sharing einsteigen. Darauf weisen aktuelle Entwicklungen hin. So ist der Autovermieter Europcar seit 2015 Mehrheitsanteilseigner bei Ubeeqo. In Frankreich experimentiert Europcar mit GoMore, einer Vermittlungsplattform für Peer-to-Peer Carsharing, mit neuen Angebotsformen wie Drive & Share, die es privaten Kunden ermöglicht, bei Bedarf ein fest angemietetes Fahrzeug über die Vermittlungsplattform weiterzuvermieten. Diese neuen Entwicklungen zeigen, dass Peer-to-Peer Carsharing „nicht länger ein Start-up-Phänomen ist, sondern zunehmend auch von etablierten Akteuren wie Automobilherstellern, Autovermietern und gewerblichen Carsharing-Anbietern als Geschäftsfeld" entwickelt wird (Peuckert et al. 2017). Mit der Integration des Peer-to-Peer Carsharing in existierende Angebote entstehen neue Mischformen des Carsharing. Umgekehrt zeichnet sich ab, dass Peer-to-Peer Carsharing-Anbieter wie Drivy in den gewerblichen Markt für Carsharing einsteigen werden.

Das Wettbewerbsumfeld des Peer-to-Peer Carsharing wird sich also in den nächsten Jahren äußerst dynamisch entwickeln. Getrieben wird die Entwicklung auch durch technologische Fortschritte. In-Car-Technologien (z. B. das Buchen und Öffnen des Fahrzeugs mittels Smartphone), wie sie bei herkömmlichem oder freiflottierendem Carsharing schon länger genutzt werden, werden im Peer-to-Peer Carsharing eingeführt. Fahrzeuge können auf Nachfrage damit ausgestattet werden. Dadurch werden die Transaktionen zukünftig einfacher. Weiterhin erhöhen digitale Buchungs-, Reservierungs- und Bezahlsysteme die Nutzerfreundlichkeit. Über die Weiterentwicklung der Reputationssysteme und Versicherungslösungen wird Vertrauen aufgebaut. Dies fördert die Bereitschaft zur Nutzung von Peer-to-Peer Carsharing-Angeboten.

Gebrauchtprodukte: Wachstum mit Sättigungstendenzen in einzelnen Produktsparten

Durch eBay, weltweit größtes Online-Portal für gebrauchte Produkte, hat es einen regelrechten „Quantensprung" im Gebrauchtwarenhandel gegeben, der sich vor allem in der enormen Vergrößerung der Marktteilnehmenden, Käufer und Verkäufer von gebrauchten Produkten, zeigt (Behrendt et al. 2011). Es ist davon auszugehen, dass der Markt für gebrauchte Produkte auch in den nächsten Jahren wachsen wird. Neben Ebay und Ebay Kleinanzeigen sind eine Vielzahl neuer Online-Plattformen für Gebrauchtprodukte mit neuen Geschäfts- und Erlösmodellen entwickelt worden. Viele dieser neuen Vermittlungsportale haben sich spezialisiert und richten sich an besondere Zielgruppen, wie die Plattform Kleiderkreisel, die vor allem junge Frauen im Alter zwischen 18 und 25 Jahren adressiert, oder Shpock, das über das mobile Internet die ganze Palette gebrauchter Produkte vermittelt. Shpock versteht sich als Ebay der zweiten Generation, wobei Ebay v. a. über 30-Jährige und Shpock 20- bis 30-Jährige anspricht. Facebook hält den Markt offenbar ebenfalls für attraktiv und hat nach positiven Erfahrungen in den USA mit „marketplace" einen eigenen Marktplatz in Europa eingeführt (Voss 2017).

Neben der Entwicklung der Peer-to-Peer Sharing-Plattformen gibt es parallel einen Trend zum Re-Commerce, der von Business-to-Consumer Plattformen betrieben wird, indem Gebrauchtprodukte aufgekauft und wiederverkauft werden. Teilweise werden die Produkte repariert, aufgearbeitet und mit einer Garantie wieder verkauft. Plattformen wie Momox, rebuy oder asgoodasnew haben sich insbesondere im Bereich der Elektronikprodukte am Markt platziert. Zunehmend interessieren sich auch große E-Commerce-Unternehmen für diesen Markt und entwickeln eigene, neue Angebote. Mittlerweile existieren in Deutschland 34 Wiederverkaufsportale für gebrauchte Produkte.

Die steigende Anzahl der Marktakteure begünstigt die Entwicklung des Marktes für gebrauchte Produkte. Durch mobiles Internet und die Verbreitung sozialer Netzwerke wird der Handel mit Gebrauchtprodukten zukünftig noch vielfältiger, einfacher, bequemer und massentauglicher. Ein hohes Umweltbewusstsein in der Bevölkerung und kulturelle Veränderungen, die sich in einem besseren Image für Gebrauchtprodukte widerspiegeln, verstärken diese Dynamik.

Für die einzelnen Marktsegmente sind die Zukunftsaussichten allerdings höchst unterschiedlich: Das Potenzial für Kleider-Sharing ist weitgehend ausgeschöpft. Gemäß der im Projekt durchgeführten bundesweiten Repräsentativerhebung nutzen bereits 25 Prozent generell Online-Plattformen für Kleider-Sharing, die zukünftige Nutzungsabsicht liegt lediglich bei 26 Prozent. Ein leichter zukünftiger Zuwachs der Nutzerzahlen ist bei den Verkäufern gebrauchter Kleidung zu erwarten, während sich bei den Käufern kaum Steigerungen abzeichnen. Anders sieht die Entwicklung bei Elektronikgeräten aus. Immer mehr Elektronikgeräte werden in Zukunft gebraucht gekauft.

Geteiltes Übernachten: Geschäftsmodelle unter Druck

Der PeerSharing-Repräsentativerhebung zufolge ist beim Apartment-Sharing eine Steigerung der Nutzerzahlen von derzeit 6 Prozent auf 15 Prozent möglich. Nach einem anfänglich starken und schnellen Wachstum befindet sich der Markt des Peer-to-Peer Apartment-Sharing in einer Konsolidierungs- und Differenzierungsphase. Dabei werden sich die gemeinwohlorientierten Gastfreundschaftsnetzwerke wie Couchsurfing und die kommerziellen Plattformen unterschiedlich entwickeln. Gastfreundschaftsnetzwerke werden weniger dynamisch wachsen, möglicherweise sogar stagnieren, was daran liegt, dass es nur spezielle Zielgruppen anspricht und erreicht. Der Markt wird deshalb zukünftig für Gastfreundschaftsnetzwerke nicht viel größer sein als heute. Unter den kommerziellen Plattformen hat sich Airbnb als Weltmarktführer im Bereich des Übernachtens durchgesetzt, andere Plattformen wurden verdrängt, fusionierten oder haben sich strategisch neu aufgestellt (wie z. B. Wimdu). Airbnb dürfte auch in Zukunft mit Abstand der Weltmarktführer bleiben, daneben wird es andere Anbieter geben, die in Nischen erfolgreich spezielle Portfolios entwickeln.

In den nächsten Jahren setzt sich die kommerzielle Professionalisierung fort, getrieben durch die Anforderungen der Gäste. Dabei entfernen sich die Plattformen vom „reinen" Teilen, es entwickelt sich vielmehr ein kommerzieller Dienstleistungssektor auf Basis von Plattformen mit Anteilen des Peer-to-Peer Sharing. Durch das Angebot komplementärer Dienstleistungen (z. B. Stadtführungen, Ticketvermittlung, Restaurantbesuche) wird versucht, neue Geschäftsfelder zu entwickeln. In Zukunft könnten auch Flüge integriert werden, sodass ein ganzes Reiseprogramm erstellt werden kann. So verfolgt der Weltmarktführer Airbnb die Strategie, sich vom Unterkunftsvermittler zum Reise-Rundumanbieter weiterzuentwickeln. Ein Schritt dazu ist auch die Akquisition des

Ferienwohnung-Anbieters Luxury Retreats. Der Internet-Marktplatz für das Buchen und Vermieten von Wohnungen macht damit einen weiteren Schritt hin zu einem internationalen Reisekonzern mit komplettem Serviceangebot. Weitere Zukäufe sollen folgen. Airbnb beabsichtigt außerdem, Investitionen in China und in Indien vorzunehmen. Eine Entwicklung von Airbnb zum umfassenden Touristikanbieter könnte einen nächsten großen Schub bringen und damit den Markteinfluss auf die Tourismusbranche weiter stärken. Airbnb und andere Plattformen in diesem Bereich werden damit immer stärker zu einem ernstzunehmenden Wettbewerbsfaktor für die Tourismus-Branche. Besonders von Verdrängungseffekten könnten jene Hotels betroffen sein, die im niedrigen Preissegment direkt mit vielen Angeboten der digitalen Plattenformen in Konkurrenz stehen (IW 2016). Diese Entwicklung wird voraussichtlich dazu führen, dass das klassische Hotelgewerbe tendenziell Marktanteile verliert und zukünftig einem noch höheren Wettbewerbs- und Preisdruck ausgesetzt ist. Schon heute nutzen erste Hotels die Plattform Airbnb für die Vermittlung eigener Zimmer. Peer-to-Peer Sharing bleibt zwar Teil des Geschäftsmodells, verliert zukünftig aber relativ an Bedeutung.

Mit zunehmender Verbreitung des Apartment-Sharing wachsen die Vorbehalte der Branche und der Gesellschaft gegen die Vermittlung von Privatunterkünften. Speziell Airbnb, aber auch andere Plattformen stehen deshalb weltweit unter Druck. Ein Konfliktfeld ist die Wettbewerbsverzerrung. Die Hotellerie ist zur Einhaltung zahlreicher gesetzlicher Standards und Auflagen verpflichtet. Eine Online-Zimmervermittlung, die sich nicht daran halten muss, führt zu einem asymmetrischen Wettbewerb. Entsprechend wächst der Widerstand des Hotelgewerbes gegen solche Geschäftspraktiken. Zweiter Konfliktpunkt ist der Wohnungsmarkt. Wird die Vermietung gewerbsmäßig betrieben, kann dadurch dem Wohnungsmarkt Wohnraum für die Einwohner vor Ort entzogen werden. Gerade in wachsenden Städten mit knappem Wohnraum kann sich die Wohnraumversorgung verschärfen. Zugleich kann die starke touristische Konzentration in Stadtteilen, die als hip gelten, unerwünschte Gentrifizierungsprozesse verstärken. Mit der massiven Verbreitung der Online-Vermittlung von Wohnungen wachsen unter solchen Bedingungen die gesellschaftlichen Proteste. Damit steigt insgesamt der politische Druck, die neuen Geschäftsmodelle angemessen zu regulieren. Aufgrund der Auswirkungen auf den Wohnungsmarkt haben bereits verschiedene Städte reagiert und versuchen nun, die Zweckentfremdung von Wohnraum durch Apartment-Sharing per Gesetz einzudämmen. Allerdings ist das Vorgehen der betroffenen Städte sehr unterschiedlich. Eine einheitliche Regelung wie sie die EU-Kommission in ihren „Leitlinien zur Regulierung der Sharing Economy" (Europäische Kommission 2016a) für die Europäische Union fordert, ist nicht in Sicht. Vielmehr zeichnet sich ein Flickenteppich verschiedener Regulierungsmaßnahmen ab, der das Wachstum von Geschäftsmodellen zur Kurzzeitvermietung von Wohnungen bremst, ohne es dauerhaft zu stoppen.

8.2   Transformationsszenario: neue Governance für eine nachhaltige Konsumpraxis

In Kontrast zum Trendszenario wird ein Transformationsszenario bis 2030 entworfen. Hintergrund des Szenarios ist die Notwendigkeit einer „großen Gesellschaftstransformation", um planetare Grenzen nicht zu überschreiten. Dazu müsste der Ressourcenverbrauch nicht nur vom Wirtschaftswachstum entkoppelt, sondern radikal reduziert werden. Nach dem Wissenschaftlichen Beirat der Bundesregierung Globale Umweltfragen (WBGU) müsste diese Transformation auf vielen Bausteinen („normativer Kompass") beruhen: neue Technologien, kultureller Wandel, soziale Innovationen, Änderungen des Lebensstils, Veränderungen in den internationalen Beziehungen, Steigerung der Resilienz sowie soziale Teilhabe (WBGU 2012, 2016). Ein Transformationsbaustein für nachhaltiges Wirtschaften ist der kollaborative Konsum. Allerdings bewirkt das marktgetriebene Trendszenario allein nicht den notwendigen sozial-ökologischen Strukturwandel.

Das Transformationsszenario setzt auf dem Trendszenario auf, was die Marktdynamik anbetrifft. Dies gilt auch für die Erschließung der im Peer-Sharing-Projekt ermittelten Marktpotenziale. Der Unterschied zum Trendszenario liegt darin, dass das Nachhaltigkeitspotenzial von Peer-to-Peer Sharing weitgehend ausgeschöpft wird. Um dies zu erreichen, setzt das Szenario voraus, dass das Peer-to-Peer Sharing sich nicht rein marktgetrieben entwickelt, sondern durch eine gestaltende Governance Umweltentlastungspotenziale erschlossen und ökologische und soziale Fehlentwicklungen vermieden werden. Im Zentrum steht die Frage:

Wie können die Nachhaltigkeitspotenziale des Peer-to-Peer Sharing, die in einer intensiven Ressourcennutzung durch die gemeinsame Nutzung von Gütern bestehen, möglichst umfassend erschlossen werden, ohne dass dies neue ökologische Belastungen induziert oder zulasten anderer Gemeinwohlinteressen geht?

Eckpunkte des Szenarios

Veränderte Verbraucherpräferenzen (Wertewandel): Peer-to-Peer Sharing wird zunehmend als eine eigene Konsumpraktik wahrgenommen, die sich von anderen Konsumpraktiken – insbesondere vom individuellen Besitz – unterscheidet und etabliert sich als Konsumpraktik im Alltag. Infolge eines zunehmend flexibilisierten Lebensumfelds wird ein flexibler und von den „Lasten des Eigentums befreiter" Lebensstil zunehmend attraktiv. Dabei gilt Besitz eher als Ballast, nicht als Bestätigung des eigenen Erfolgs. Man profiliert sich weniger über Eigentum, sondern eher über den Zugang zu dessen Nutzung, je nach Bedarf und Anforderungen. Es handelt sich dabei um einen robusten Trend.

Das Sharing-Angebot ist vielfältig. Neben kommerziellen Angeboten nimmt die Anzahl und Relevanz der gemeinwohlorientierten Plattformen zu. **Gemeinwohlorientierte Plattformen bilden einen Resonanzboden, auf dem sich innovative soziale Praktiken entfalten.** Es entwickelt sich eine Vielzahl neuer, flexibler Konsum- und Eigentumsmodelle, die sich als neue Ansätze im Rahmen einer Green Economy, teilweise auch als Gegenentwürfe zur vorherrschenden Wachstumsökonomie verstehen.

Einbettung des Peer-to-Peer Sharing in einen nachhaltigen Konsum: Peer-to-Peer Sharing ist Teil einer nachhaltigen Lebensweise und einem Verbraucherverhalten, das ökologische und soziale Aspekte bei Kauf, Nutzung und Verkauf von Produkten berücksichtigt. Peer-to-Peer Sharing ermöglicht nicht nur eine effizientere Produktnutzung, sondern unterstützt auch die Entschleunigung des Konsums.

Gesellschaftliche, wirtschaftliche und politische Rahmenbedingungen sind ein prägender Faktor für die Erschließung der Nachhaltigkeitspotenziale des Peer-to-Peer Sharing. Wesentlich für die Erschließung der Nachhaltigkeitspotenziale wird sein, die Rahmenbedingungen (z. B. ökologisch motivierte Preissignale) richtig zu setzen, so dass die sich negativ auswirkende Wechselbeziehung zwischen höherem Einkommen und höherem Ressourcenverbrauch aufgebrochen werden kann.

Je selbstverständlicher Peer-to-Peer Sharing wird, je mehr es Teil einer sozialen Praxis ist und an Alltagroutinen anschließt, umso geringer sind die Eintrittsbarrieren. Während es bei kommerziellen Plattformen, die sich durch marktlich-wettbewerbliche Mechanismen dynamisch entfalten, darauf ankommt,

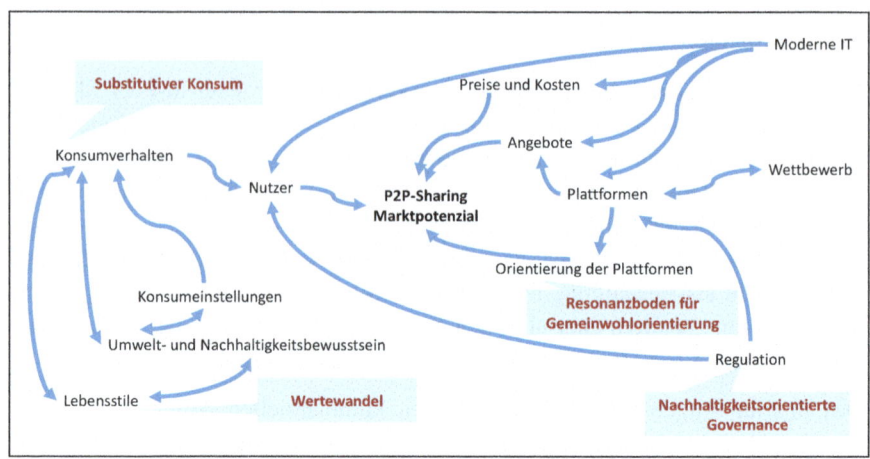

Abbildung 39: Transformationsszenario – Schlüsselfaktoren und ihre Wechselwirkungen. Eigene Darstellung

überhaupt Nachhaltigkeitsaspekte in die Geschäftsmodelle zu integrieren (z. B. Aufbau eines Umweltmanagementsystems), geht es bei Sharing-Plattformen, die gemeinnützige Zwecke verfolgen, darum, sie aus der Nische in den Mainstream zu holen.

Mobilität: vernetzt, geteilt und grün

Die geteilte Nutzung von Fahrzeugen ist eine Antwort auf Umweltanforderungen sowie auf sich verändernde Mobilitätsbedürfnisse und Serviceansprüche. In Zukunft ist vorstellbar, dass zehn Prozent der Führerscheinbesitzer Peer-to-Peer Carsharing-Angebote regelmäßig nutzen. Derzeit haben gerade einmal drei Prozent Erfahrung mit Peer-to-Peer Carsharing. Damit könnte sich die Nachfrage gegenüber heute mehr als verdreifachen. Dazu müssten Carsharing-Fahrzeuge jederzeit und für unterschiedliche Mobilitätszwecke verfügbar sein. Die Vielzahl der Akteure und die Vielfalt verschiedener Formen der geteilten Autonutzung vom klassischen standortbasierten Carsharing über flexible Angebote großer Automobilunternehmen und innovativer Start-Up-Firmen ergänzen sich und sprechen unterschiedliche Mobilitätsbedürfnisse an. Peer-to-Peer Carsharing unterstützt diesen Wandel hin zu integrierten Mobilitätssystemen, die bei Bedarf in Anspruch genommen werden.

Peer-to-Peer Carsharing kann im Rahmen einer nachhaltigen, vernetzten und multimodalen Mobilitätskultur eine wichtige Funktion übernehmen, indem es als ein Element zu einer sich selbst verstärkenden Dynamik beiträgt. Voraussetzungen hierfür sind integrierte multimodale Verkehrsangebote sowie die Bereitschaft der Autofahrer, ihr Mobilitätsverhalten zu verändern und verstärkt öffentliche und zum Auto komplementäre Verkehrsangebote wahrzunehmen. Damit sich aus der geteilten Autonutzung positive ökologische Effekte ergeben, müssten tatsächlich Autos ersetzt werden und alternative öffentliche und zum Auto komplementäre Verkehrsangebote genutzt werden, wie der Öffentliche Personennahverkehr. Peer-to-Peer Carsharing verringert aber nicht nur den Autobesitz, sondern es induziert ihn bei bestimmten Nutzergruppen auch, wie die Nutzerbefragung im Projekt zeigt. Diese Ambivalenz verdeutlicht: Nur wenn die Verbreitung des Peer-to-Peer Carsharing als Gestaltungsaufgabe in einem Mobilitätssystem verstanden wird, kann sie einen positiven Beitrag zur Ressourcenschonung leisten. So hängt der Erfolg des Peer-to-Peer Carsharing generell auch von flankierenden Maßnahmen zur Förderung eines multimodalen Verkehrsverhaltens und umweltfreundlicher Mobilitätsstile ab. Peer-to-Peer Carsharing ist u. a. in anbieterübergreifende Mobilitätssysteme zu integrieren. Daher sollte über bestehende Kooperationen hinaus, die Kooperation mit weiteren Mobilitätsplattformen (wie z. B. Moovel, Quixxit) ausgebaut werden, um die Reichweite zu erhöhen. Kooperationen mit anderen Mobilitätsanbietern müssten gestärkt werden. So können verkehrsträgerübergreifende Kooperationen beispielsweise zwischen Peer-to-Peer Carsharing-Anbietern und Unternehmen des ÖPNV eine Vorreiterrolle einnehmen.

Mit Blick auf die politische Förderung ist das 2016 verabschiedete Carsharing-Gesetz von Bedeutung. Das Gesetz fördert das gewerbliche Carsharing (z. B. für Carsharing-Autos reservierte Parkplätze im öffentlichen Raum), nicht hingegen die Peer-to-Peer Dienste. Nach fünf Jahren ist eine Evaluation des Gesetzes vorgesehen. Dies bietet die Gelegenheit, die Einbindung von Peer-to-Peer Carsharing-Plattformen zu prüfen. Dabei geht es um die Frage, ob Peer-to-Peer Carsharing verkehrsvermindernde und umweltentlastende Effekte hat beziehungsweise unter welchen Bedingungen dies geschieht. Für die weitere Verbreitung von Peer-to-Peer Carsharing wäre die Schaffung von weiteren, über das Carsharing-Gesetz hinausgehenden Benutzervorteilen durch die Politik von Bedeutung. So sind etwa Steuererleichterungen zu prüfen, die Anreize für Peer-to-Peer Carsharing-Nutzer bieten.

Eingebettet ist die zukünftige Entwicklung des Peer-to-Peer Carsharing in einen weitreichenden Wandel der Mobilität, der sich heute schon abzeichnet. Technologische Sprünge, Digitalisierung, wachsende ökologische Herausforderungen sowie neue Angebote und neue Akteure verändern den Mobilitätmarkt.

Der Wandel äußert sich auch darin, dass der Autobesitz latent an Bedeutung verliert. Der Anteil privater Käufer an den Neuzulassungen ist rückläufig und die Kunden, die sich noch einen Neuwagen zulegen, werden immer älter. Sollte sich dieser Trend fortsetzen und sich Verhaltensveränderungen verfestigen, ist damit zu rechnen, dass die jüngere Generation zum Träger neuer Verhaltensweisen im Verkehr wird.

Gebrauchtprodukte: Wiederverkaufskultur – Kreislaufwirtschaft der nächsten Generation

Den schnellen Verbrauch von Konsumgütern durch eine längere Nutzung von Produkten zu reduzieren, ist eine Schlüsselstrategie einer ökologischen Transformation, um die mit Blick auf eine ‚Green Economy' notwendige Entkopplung der weltweit unverändert steigenden Wirtschaftsleistung vom Ressourcenverbrauch und seinen negativen Umweltwirkungen zu erreichen.[36] Das Potenzial gebrauchter Produkte beruht im Wesentlichen darauf, dass eine längere Nutzungsdauer durch Wiederverkauf geringere Neukaufraten erfordert und so Umweltbelastungen durch Neuproduktion vermieden werden können. Heute befinden sich schätzungsweise in einem deutschen Haushalt durchschnittlich 10.000 Gegenstände (Destatis, zit. nach RNZ 2014), Tendenz steigend. Viele werden selten oder nicht genutzt. Unter den hochwertigen Gegenständen befinden sich vor allem Haushaltsgeräte und elektronische Geräte, die meist voll funktionsfähig sind und sich somit sehr gut für einen Wiederverkauf bzw. Wiedernutzung eignen würden. Allein 43 Mio. Mobiltelefone werden nicht genutzt, also pro Haushalt mehr als ein Handy oder Smartphone. In jedem zweiten Haushalt findet sich im Schnitt eine ungenutzte Kaffeemaschine, eine Digitalkamera und eine Spielekonsole. Der geschätzte Gesamtwert der ungenutzten Gegenstände beträgt (gemessen an dem durchschnittlichen Erlös, den diese Gegenstände bei Verkauf auf Ebay erbringen würden) 3.223 Euro pro Haushalt.[37] Hochgerechnet auf alle

---

36 Der Handel von Gebrauchtprodukten über digitale Plattformen hat mittlerweile ein Niveau erreicht, das ökologisch mengenrelevant ist. Für Deutschland wird geschätzt, dass pro Jahr 119.616 Tonnen Elektro- und Elektronikgeräte allein über eBay einer weiteren Nutzung zugeführt werden. Vergleicht man diese Menge mit dem Aufkommen an Elektroaltgeräten in Höhe von 603.052 Tonnen (in 2014), so ergibt sich ein Anteil von 19,8 % (UBA 2017a). Der Wiederverkauf von Produkten trägt also spürbar zur Ressourcenschonung bei.

37 Bezogen auf durchschnittlich 217 Gegenstände, die in deutschen Haushalten nicht genutzt werden, gemäß repräsentativer Befragung von TNS im Auftrag von Ebay (2015).

Haushalte in Deutschland beträgt der Wert rund 130 Milliarden Euro. Dabei handelt es sich sicherlich um eine grobe Abschätzung. Trotzdem zeigt die Größenordnung, dass das Potenzial des Gebrauchtwarenhandels immens ist. Unterstützt und befördert wird die Wiederverkaufskultur durch eine Vielzahl von digitalen Plattformen für gebrauchte Produkte, die es für jede Sparte und jeden Geschmack gibt.

Im Transformationsszenario ist folgendes Zukunftsbild denkbar: Das breite Angebot an digitalen Plattformen von Peer-to-Peer bis zu Re-Commerce, die gebrauchte Produkte aufkaufen und wieder verkaufen, trägt dazu bei, dass das in den Haushalten vorhandene Potenzial an nicht mehr genutzten Produkten erschlossen wird. Konsumenten achten beim Neukauf auf Langlebigkeit und Wert der Produkte. Nicht mehr benötigte Produkte werden nach einer gewissen Zeit wieder verkauft. Vor allem bei gebrauchten Elektronik- und Haushaltsgeräten floriert der Handel mit den ungenutzten „Schätzen". Bei Kleidung praktiziert etwas mehr als ein Viertel der Bevölkerung das Peer-to-Peer Sharing über digitale Plattformen. Damit hat sich der Nutzerkreis (gegenüber 2016) kaum vergrößert. Dennoch ist mit dem Kauf gebrauchter Kleidung der Kleidungskonsum zurückgegangen, es werden weniger neue Kleidungsstücke gekauft.

Auch wenn Peer-to-Peer Sharing sehr positiv beurteilt wird, ist vielen Konsumenten nicht bewusst, dass Gebrauchtprodukte nicht automatisch die Umwelt entlasten. Der Gebrauchtwarenhandel entlastet die Umwelt in der Regel dann, wenn das gebrauchte Produkt einen Neukauf ersetzt und mit Produkten gehandelt wird, die vom Gebrauchtkäufer noch für eine relevante Zeitspanne genutzt werden können. Transportbedingte Umweltbelastungen müssen möglichst gering sein: Dies ist dann zu erwarten, wenn regional gehandelt wird und der Versand mit professionellen Versandunternehmen erfolgt. Für strom- und wasserverbrauchende Produkte spielt das Alter der Geräte und damit die Effizienz der Geräte eine große Rolle im Hinblick auf die Frage, ob sich ein Gebrauchtkauf ökologisch lohnt. Aufklärung sollte in vielfältiger Weise und mit gruppenspezifisch differenzierten Botschaften erfolgen. Der bestehende Online-Handel müsste ökologisch verbessert werden. Großes Potenzial besteht insbesondere im Bereich des Versands gebrauchter Produkte. Angebote zum klimaneutralen Versand oder strategische Allianzen mit Transportdienstleistern können hier zu erheblichen Umweltentlastungen führen.

Eine Ausweitung der Zirkulation gebrauchter Produkte setzt möglichst langlebige Produkte voraus, so dass sich der Wiederverkauf lohnt. Eine hochwertige und langlebige Waschmaschine lässt sich eher wiederverkaufen als eine Billig-Maschine aus Fernost, ein Billig-Kleidungsstück ist für einen Wiederverkauf

kaum geeignet. Da die Produktnutzungslebensdauer rückläufig ist, geht es darum, Strategien gegen Obsoleszenz zu entwickeln, die den Trend stoppen und
umkehren. Ein Pfadwechsel weg vom Trend kürzerer hin zu einer längeren Produktnutzung ist eine gesamtgesellschaftliche Aufgabe im Zusammenspiel zwischen Politik, Herstellern, Handel, Wissenschaft, Normungsorganisationen, Wa-
rentestern, Marktüberwachungsbehörden, NGOs und Konsumenten. Mit der
Ökodesign-Richtlinie besteht bereits ein passender Rahmen, um produktspezifi-
sche Anforderungen an die Lebensdauer von energieverbrauchsrelevanten Produkten zu stellen. Für Kleidung fehlt bisher ein solcher Rahmen. Mit dem Kreis-
laufwirtschaftspaket hat die EU-Kommission angekündigt, dass sie die Langlebigkeit von Produkten fördern wird. Wichtige zu prüfende Maßnahmen sind
die gesicherte Mindestlebensdauer, eine Garantieaussagepflicht, die Ausweitung
der Gewährleistungsfrist und der Frist zur Beweislastverteilung sowie die Erweiterung der Verbandsklagebefugnisse, um die gerichtliche Durchsetzbarkeit der
Instrumente zu gewährleisten (UBA 2017b).

Während im Trendszenario die Umweltpolitik primär auf Instrumente der
Abfallpolitik setzt, um eine Kreislaufwirtschaft zu etablieren, ist das Transformationsszenario auch mit einer Veränderung von Konsum- und Lebensstilen verbunden. Dazu gehört die geteilte Nutzung von Produkten durch mehrere Nutzer,
zu mehreren Zwecken oder in mehreren Zyklen durch die Weitergabe von gebrauchten Produkten (SRU 2016). Um diese zu fördern, muss an verschiedenen
Stellen angesetzt werden. Neben Produkten, die durch zeitloses Design, aktuali-
sierbare Betriebssoftware, einen vorausschauenden Einbau von Schnittstellen
und modulare Bauweisen in ihren praktischen Gebrauchs- und Symboleigen-
schaften für den Konsumenten attraktiv sind, bedarf es der Transparenz bezüglich der zu erwartenden Produktlebensdauer (UBA 2017b). Auf diese Weise
könnten hochwertige und langlebige Produkte von Billigprodukten mit geringer
Chance für eine Wiederverkaufsmöglichkeit unterschieden werden. Einen Rahmen liefert dafür das 2016 von der Bundesregierung verabschiedete Nationale
Programm für nachhaltigen Konsum.

Übernachten: Plattformen übernehmen Verantwortung

Im Gegensatz zu Bereichen der Sharing Economy, wie dem Carsharing und dem
Wiederverkauf von gebrauchten Produkten, ist das Potenzial für nachhaltiges
Wirtschaften für das Teilen von Wohnungen eher gering. Ein Effekt könnte sein,
dass aufgrund der Nutzung privaten Wohnraums für kurzfristige Übernachtun-
gen weniger umweltrelevante Ressourcen als in einem Hotel benötigt werden, im
Fall marktlicher Verdrängungseffekte könnten sogar weniger Hotels gebaut

werden. Die mögliche Umweltwirkung scheint aber zu abstrakt und ist letztlich spekulativ und damit nicht handlungsrelevant. Betrachtet man nicht nur das direkte Teilen von Wohnungen, sondern auch den Reisevorgang als Ganzes, sind die Effekte deutlich vielschichtiger. Dies liegt daran, dass die Vermittlung privater Unterkünfte über digitale Plattformen dazu beiträgt, dass günstiger, häufiger und weiter gereist wird. Außerdem werden mehr Flüge, auch über längere Strecken, absolviert. Da die Buchung von Übernachtungen über digitale Vermittlungsportale nicht aus Umweltschutzgründen oder sozialen Erwägungen erfolgt, richtet sich die Frage nicht darauf, ob gereist wird oder nicht und welches Reiseziel gewählt wird, sondern die Frage ist, wie Reisen und Übernachtungen, die über digitale Plattformen vermittelt werden, möglichst umweltverträglich gestaltet werden können.

Angesichts der Verbreitung des über digitale Plattformen vermittelten geteilten Übernachtens werden auch soziale Fehlentwicklungen deutlich, die im Sinne des Gemeinwohls einer Steuerung bedürfen. Dabei geht es insbesondere um die Frage, wie angesichts der massiven Verbreitung der Übernachtungen (vor allem in Städten), neben den positiven Effekten (günstige Angebote, Einkommensmöglichkeiten, Erweiterung des touristischen Angebots etc.), gerade die sozialen Belastungen, die eine solche Entwicklung mit sich bringt (potenzielle Belastung für den Wohnungsmarkt, Verstärkung von Gentrifizierungseffekten, Beeinträchtigung der Lebensqualität von Nachbarn etc.), vermieden werden können.

Das Wachstum der Online-Privatvermietung führt dazu, dass der Problemdruck in Städten wächst. Bei einer Intensivierung der Nachfrage um das Dreifache in den nächsten zehn bis fünfzehn Jahren, was dem Trend entspräche, dürfte der Problemdruck noch um ein Vielfaches größer werden. Vor allem Hotspots, wie angesagte Urlaubsstädte und lokale Bezirke, die bei Touristen besonders beliebt sind, dürften betroffen sein. Die Vermittlung von Ferienwohnungen sind zwar nicht für die sozialen Probleme allein verantwortlich zu machen, sie sind aber in das komplexe Gefüge von Wohnraumverknappung einerseits und generell steigenden Besucherzahlen andererseits eingebettet. Die Vermittlung von Apartments ist selten der primäre Grund für soziale Konflikte, aber durch Zunahme und Konzentration können sie soziale Konflikte verschärfen.

Zahlreiche Städte suchen bereits nach Mechanismen für einen besseren Ausgleich zwischen Gemeinwohlinteresse und den Marktinteressen der Plattformbetreiber und anderer Akteure im Wettbewerbsumfeld. So entsteht ein regelrechter „Flickenteppich" mit sehr unterschiedlichen Regulierungen, die von stark restriktiv bis hin zu moderat reichen. Die EU-Kommission fordert deshalb in ihrer „Europäischen Agenda für die Kollaborativwirtschaft" (Europäische Kommission 2016a) einen harmonisierten Regulierungsrahmen auf EU-Ebene zu schaffen, der sowohl verhältnismäßig und fair ist, eine Entwicklung des Peer-to-Peer Mietmarktes zulässt und zugleich dem Allgemeininteresse dient.

Wie könnten Konfliktlösungen aussehen? Ein Hauptpunkt betrifft die Frage, inwieweit die vermieteten Wohnungen dem Wohnungsmarkt entzogen werden. Ein weiterer Konfliktpunkt ist die Abgrenzung zwischen professionellen und privaten Geschäften, zwischen Wohnraumzweckentfremdung und zeitweilig vermieteten Wohnungen, die nicht dem Wohnungsmarkt entzogen werden. Das Problem besteht für die Behörden darin, dass die Plattformen als Vermittler agieren, d. h. die Plattformen sind nicht diejenigen, die die Dienstleistung des Übernachtens erbringen. Dadurch ist es rechtlich schwierig, die Plattformbetreiber für die Einhaltung von Arbeits-, Hygiene- oder Gesundheitsstandards etc., wie sie für gewerbliche Anbieter gelten, zu verpflichten.

Ziel müsste es außerdem sein, einen fairen Interessensausgleich zwischen Vermietenden, Vermittlungsplattformen, Touristen und Gemeinwohl herzustellen. Bestehender bezahlbarer Wohnraum sowie die Nutzungsmischung in den Stadtquartieren und die soziale Infrastruktur müssten erhalten bleiben. Dies betrifft nicht nur die Frage, wie geteiltes Übernachten sozial gestaltet werden kann, sondern stellt auch eine Aufgabe der Stadt- und Wohnentwicklung sowie des Stadttourismus insgesamt dar. Ein sich an Nachhaltigkeit orientierendes Szenario für geteiltes Übernachten setzt voraus, dass die Plattformbetreiber mehr Verantwortung übernehmen für die Ausgestaltung und Rechtmäßigkeit der Angebote ihrer Nutzer (Peuckert et al. 2017) und sich nicht weiterhin auf ihre vermittelnde Rolle zurückziehen. Um negative Auswirkungen zu verhindern, sind Kooperationen mit Städten bzw. Behörden zu verstärken. Dies betrifft zum einen Austausch und Vereinbarungen zwischen Plattformbetreiber und Städten (z. B. Meldung kommerzieller Nutzer), zum anderen die Gestaltung der Rahmenbedingungen (z. B. für die Besteuerung von Mieteinnahmen, wenn keine Gewerbeanmeldung vorliegt, Überwachung des Online-Vermietungsmarktes, verstärkte Kontrollen).

8.3   Wildcards

Beide Szenarien gehen davon aus, dass die Verbreitung des Peer-to-Peer Sharing in Zukunft deutlich zunimmt. Zukünftig könnte rund ein Drittel der Bevölkerung Peer-to-Peer Sharing in irgendeiner Form praktizieren. Der Markt entwickelt sich dynamisch, aber deutlich heterogen in den verschiedenen Konsumfeldern. Bei der Verbreitung existieren sehr große Unterschiede zwischen den verschiedenen Konsumbereichen und Vertriebsmodellen des Sharing. Denkbar ist auch, dass das Peer-to-Peer Sharing langfristig im Zuge der Kommerzialisierung an Marktanteilen verliert. Zu dieser Einschätzung kommt ein Bericht für das EU-Parlament (Goudin 2016). Demzufolge wird das Peer-to-Peer Sharing als vorübergehendes Phänomen eingeschätzt, das kurzfristig dynamisch wächst, in der langfristigen Entwicklung aufgrund wieder steigender Transaktionskosten, die mit der Produktknappheit begründet werden, aber Marktanteile an Business-to-Consumer Geschäftsmodelle (B2C) verlieren wird, die kostengünstigere Leistungen erbringen können.

Auch Wildcards sind denkbar. Dabei handelt es sich um Faktoren, die zu Trendbrüchen führen können. Wildcards sind spekulativ, was ihre Eintrittswahrscheinlichkeit und ihre konkreten Auswirkungen anbetrifft, sie haben aber das Potenzial für weitreichende Wirkungen, wenn sie denn eintreten. Mit Blick auf das Trendszenario haben die Entwicklungen auf dem Gebiet der „Blockchain" und des „Autonomen Fahrens" das Potenzial, die im Trendszenario angenommene Marktdynamik in einzelnen Bereichen deutlich abzuschwächen. Umgekehrt ist auch denkbar, dass die Dynamik deutlich zunimmt. Dies wäre zu erwarten, wenn Preise für Ressourcen stark ansteigen würden oder das Wirtschaftswachstum merklich nachlässt und sich neue Verteilungsfragen stellen, die einen Resonanzboden für neue soziale Praktiken bieten. Die Einschätzungen der Wildcards, was die Wahrscheinlichkeit eines Eintritts und ihrer Effekte anbetrifft, sind kontrovers. Zum gegenwärtigen Zeitpunkt lässt sich kaum verlässlich einschätzen, wie es mit der Entwicklung weitergeht. Sollten Wildcards tatsächlich ihre Wirkung entfalten, werden die Karten aber neu gemischt.

Blockchain-Technologie

Die Blockchain-Technologie basiert auf einer dezentralen Datenbank, in der eine Kette aus aufeinander folgenden, voneinander abhängigen Transaktionen in Datenblöcken sicher gespeichert wird. Im Kern ist die Technologie eine Art „dezentrales Kassenbuch", das transparent und sehr sicher ist. Bei neueren Blockchains lassen sich „smart contracts" einprogrammieren, intelligente Verträge, die automatisch Zahlungen leisten. Bisher synchronisieren Vermittlungsplattformen Angebot und Nachfrage und stellen Vertrauen zwischen Anbieter und Nutzer her. Durch die Verwendung der Blockchain-Technologie könnte beispielsweise bei einer Vermietung der Wohnung die Haustür so programmiert werden, dass sie nur geöffnet würde, wenn eine bestimmte Person sie reserviert und automatisch bezahlt. Dies könnte digitale Vermittlungsplattformen deshalb zukünftig überflüssig machen. Einige prognostizieren, dass dann auch Internet-Riesen wie Uber oder Airbnb verschwinden, weil Ferienwohnungen oder Autofahren einfach direkt zwischen Anbieter und Kunde vermittelt werden. Im Moment entwickelt sich die Blockchain-Technologie rasant, jedoch stecken die meisten dieser Prozesse noch in den Kinderschuhen. Derzeit sind Blockchains noch zu langsam und zu teuer, um sie im Bereich der Sharing Economy einzusetzen. Insbesondere stellt sich die Frage, wie das Matching ohne den Vermittler zustandekommt. Neben Starts-ups experimentieren auch viele Großunternehmen der IT-Branche mit der Blockchain-Technologie.

Autonomes Fahren

Das autonome Fahren könnte erheblichen Einfluss auf die Zukunft des Peer-to-Peer Carsharing haben. Noch ist unsicher, ob und wie schnell sich autonomes Fahren durchsetzen wird. Die Industrie rechnet mit einer Einführung in den nächsten Jahren und einer nennenswerten Marktrelevanz ab 2030. Autonome Fahrzeuge bieten neue Möglichkeiten für kollaborative Mobilitätsangebote in Form von On-Demand-Services, Sammeltaxis, Robot-Taxis etc. Sie bieten auch autonome Lösungen zur Abdeckung von ländlichen Gebieten. Peer-to-Peer Carsharing könnte durch Automatisierung und Vernetzung der Fahrzeuge weiter vereinfacht werden, indem private autonome Fahrzeuge für andere freigegeben und selbstständig auf Buchungsanfragen reagieren würden, wenn die Eigentümer sie nicht benötigen (Peuckert et al. 2017).

Aber vorstellbar sind auch wesentlich tiefer greifende Effekte. Autonome Fahrzeuge, die im Flottenbetrieb flächendeckend und flexibel jederzeit für jedermann verfügbar sind, könnten den Mehrwert eines privat genutzten Pkw grundlegend in Frage stellen (Agora Verkehrswende 2017). Warum noch ein privates Auto haben, wenn man per Smartphone an jeder Ecke in der Stadt oder flexibel im ländlichen Raum ein autonomes Carsharing-Auto bestellen kann? In diesem Fall wäre es denkbar, dass die meisten Bevölkerungsgruppen aufgrund eines breiten, diversen Angebots an Shared- und On-Demand-Mobilitätsangeboten kommerzieller Flottenbetreiber komplett auf ein Privatauto verzichten. Würde sich die Vision einer „Mobility as a Service", an der alle großen Fahrzeughersteller, Tesla, Internet-Konzerne wie Google und Apple sowie Uber forschen, durchsetzen, könnten Vermittlungsplattformen von Peer-to-Peer Carsharing die Verlierer sein. Uber strebt an, sich zu einem globalen Transportdienstleister zu entwickeln. Dabei kommt es zur Bildung von strategischen Allianzen, die bis vor kurzem kaum vorstellbar waren. Automobilhersteller wie Toyota oder Daimler suchen zunehmend die Kooperation mit Fahrdienstvermittlern. Langfristiges Ziel ist die intelligente Verknüpfung von autonomer Technik und Sharing-Plattformen. Sollte die Beförderung durch autonome Fahrzeuge in großem Stil realisiert werden, was in zehn bis fünfzehn Jahren erwartet wird, könnte Uber eine Kraft entfalten, die letztlich darauf hinausläuft, dass sich Mobilität in Städten komplett neu organisiert. Die Idee:

> „Wenn keine Fahrer mehr nötig sind, dann werden tägliche Fahrdienste bezahlbar und attraktiv. Den Anbietern von solchen autonomen Robotertaxis erlauben sie große Gewinne. In einem weiteren Schritt machen die Plattformen aus Fahrtvermittlung und Fuhrparkbetrieb vollends einen netzwerkbasierten Service. Elektrische Fahrzeuge, die Teil eines regenerativen Strom-Netzes sind, fahren autonom als Teil einer IT-gesteuerten Mobilitäts-Infrastruktur und befördern Kunden, deren Bewegungsdaten von der Plattform verwertet werden. Die Taxifahrer verschwinden, die Automobilhersteller werden zu Zulieferern und die Fahrgäste und Nutzer werden zu Abonnenten eines Mobilitätsdienstes, den sie selbst durch ihre Benutzung finanzieren und optimieren" (Daum 2016).

Uber könnte dabei weltweit eine Hauptrolle spielen. Dies würde freilich auch dazu führen, dass kommerzielle Flottenbetreiber die Geschäftsmodelle dominieren. Peer-to-Peer Carsharing hätte in diesem Szenario keine große Zukunft.

Anstieg der Ressourcenpreise

Der Anstieg der Ressourcenpreise könnte Änderungen des Konsumverhaltens in nicht bekanntem Umfang bewirken. Da die Preissignale des Marktes (bis dato) nicht ausreichend sind, um genügend Lenkungseffekte zur Minderung der Umweltbelastungen und Ressourcenschonung zu erzielen, könnte der Staat diese Aufgabe übernehmen. Als erster Schritt wird ein zweites Preisschild eingeführt (wie es das Bundesumweltministerium erwägt), dadurch könnten Umweltkosten transparenter gemacht werden. Als nächster Schritt werden Preissignale mit Lenkungswirkung gegeben. Das Spektrum der Instrumente reicht von einer Rohstoffabgabe über Energie-, CO_2- und Ökosteuer bis hin zu Emissionszertifikaten für Unternehmen. Bei Produkten gehen über übliche Standards und Anforderungen die Lebensdauer, das Produktdesign und die Kreislauffähigkeit in die Preise ein. Für Hersteller und Nutzer entstehen so Anreize, langlebige, reparaturfreundliche und qualitativ hochwertige Produkte zu produzieren, zu nutzen und zu teilen. Dies könnte die Art und Weise, wie Dinge konsumiert werden, grundsätzlich verändern: Anstatt neu zu kaufen, wird immer häufiger geteilt, weil Peer-to-Peer Sharing die Möglichkeit bietet, Kosten einzusparen. Effizienzbedingte Kostenersparnisse werden über Steuern abgeschöpft. Theoretisch könnten Rebound-Effekte zumindest in den regulierten Feldern so ausgeschlossen werden.

Schrumpfende Wirtschaft

Das Wirtschaftswachstum könnte in den kommenden Jahrzehnten sinken. Besonders betroffen sind Industrieländer wie Deutschland. Das liegt vor allem am Rückgang der Produktivität verbunden mit der demografischen Entwicklung, aber auch gesättigte Märkte sind ein Faktor. Stagnation ruft neue soziale Fragen und Konflikte der Verteilung hervor. In Zeiten des Rückgangs des Wirtschaftswachstums gewinnt das Teilen und Tauschen an Bedeutung. Menschen sind eher bereit zu teilen oder niederschwellige Einkommensquellen zu erschließen, wie sie digitale Plattformen für die Vermittlung von Produkten und Dienstleistungen bieten. Wachstumsschocks in Form von Finanz- und Wirtschaftskrisen können diesen Prozess noch beschleunigen. Wie vergangene Wirtschaftskrisen zeigen, blüht Sharing (wie in Griechenland und Spanien) unter solchen Bedingungen auf. Konzepte zur Postwachstumsökonomie werden anschlussfähig. Die Entwicklung einer nachhaltigen Sharing-Kultur kann in diesem Zusammenhang als Teil einer gesellschaftlichen Resilienzstrategie (VDI TZ 2015) verstanden werden.

8.4   Zusammenfassung und Ausblick

Das Trendszenario macht deutlich, dass das Peer-to-Peer Sharing mit seinen Plattformen kein vorübergehendes Phänomen ist. Ebenso zeigt es auf, dass sich der Markt für Peer-to-Peer Sharing stark heterogen entwickeln wird. Die Dynamik, mit der Fusionen vonstattengehen, Geschäfts- und Erlösmodelle sich verändern sowie neue Akteure in den Markt eintreten, kündigt bereits heute massive Umbrüche an. Während das Apartment-Sharing global expandiert, ist im Bereich des Kleider-Sharing kaum noch Wachstum möglich. Beim privaten Carsharing gibt es ein erhebliches Potenzial, es ist aber nicht klar, ob es sich aus der Nische heraus entwickelt und welche Akteure diese Entwicklung maßgeblich beeinflussen werden. Das Trendszenario zeigt außerdem, dass die Verbreitung des Peer-to-Peer Sharing nicht automatisch zum nachhaltigen Wirtschaften beiträgt, vielmehr hängt die Richtung der Umwelteffekte stark von der Sharing-Praxis ab. Es kommt daher darauf an, den Prozess des Übergangs aus der Nische in den gesellschaftlichen Mainstream aktiv zu gestalten, wie das Transformationsszenario zeigt. Für die Erschließung von Nachhaltigkeitspotenzialen im Sinne des Transformationsszenarios stellen sich mehrere Herausforderungen:

Einbettung von Sharing-Angeboten in eine auf Nachhaltigkeit ausgerichtete Konsumkultur

Peer-to-Peer Sharing wird immer mehr zur Routine im Alltag, situationsbedingt und pragmatisch. Die Bedeutung von Flexibilität und Multioptionalität im Konsum nimmt zu. Dies unterstützt den Trend zum Sharing. Die geteilte Nutzung von Produkten und Diensten ermöglicht es dem Konsumenten, flexibel auf sich wandelnde Situationen und Bedarfe zu reagieren, kostengünstig und spontan Produkte zu nutzen, ohne sich mit Besitz zu belasten. Für die Nutzer geht es darum, sich bessere Zugänge zu verschaffen, was zu einem multioptionalen Konsumverhalten führt. Man erwirbt Eigentum oder auch einen zeitlich begrenzten Zugang, man verkauft Dinge weiter oder stellt sie anderen zur Nutzung zur Verfügung. Dabei zeichnet sich Sharing zunehmend als eigene Konsumpraktik ab, die Spillover-Effekte nach sich zieht, indem sie auf andere Konsumbereiche übertragen wird. Sharing wird zukünftig zunehmen, den eigentumsbezogenen Konsum ergänzen und in bestimmten Bereichen auch ersetzen. Trotzdem ist nicht absehbar, dass sich ein grundlegender Wandel hin zu einer gemeinschaftlichen Konsumkultur im Sinne einer vom Wachstums- und Profitzwang befreiten kollaborativen Ökonomie vollzieht. Ein tatsächlich kollaborativer Konsumstil, der sich als nachhaltig versteht, bleibt in der Nische. Notwendig ist daher die Einbettung von Sharing-Angeboten in eine insgesamt auf Nachhaltigkeit ausgerichtete Konsumkultur.

Soziale Experimentierfelder

Je populärer Peer-to-Peer Sharing wird, desto mehr kommerzielle Plattformen und Angebote bestimmen den Markt. Zugleich durchlaufen die Plattformen eine kommerzielle Professionalisierung, die mit zwei Veränderungen verbunden ist. Einerseits entfernen sie sich immer mehr von der ursprünglichen Vorstellung des gemeinschaftlichen Teilens und Nutzens von Gütern, andererseits wird ein differenziertes Produkt- und Leistungsportfolio aufgebaut, das neben der Vermittlung privaten Teilens zunehmend Angebote professioneller Anbieter umfasst. Während kommerzielle Plattformen sich durch marktlich-wettbewerbliche Mechanismen dynamisch entwickeln, fällt die Dynamik bei gemeinwohlorientierten Plattformen gering aus. Trotzdem bilden sie einen Resonanzboden, auf dem sich neue soziale Praktiken entfalten, die für die Lösung von Nachhaltigkeitsherausforderungen wichtige Impulse geben. Daher ist es notwendig, soziale Experimentierfelder zu fördern und strukturell zu stärken. In der aktuellen Fortschreibung des Deutschen Ressourceneffizienzprogramms, ProgRess II (BMUB 2016), haben sich die Bundesregierung bzw. die entsprechenden Ressorts und Bundesbehörden folgende Ziele gestellt: Stärkung des öffentlichen Dialogs über die Potenziale sozialer Innovationen für Ressourcenschonung (z. B. Etablierung eines Zukunftsforums), Aufbau eines nationalen Netzwerks als Ort gesellschaftlichen Experimentierens und Lernens, die Initiierung eines runden Tisches unter Beteiligung von Banken, Stiftungen und gesellschaftlichen Netzwerken, um neue Finanzierungsinstrumente sozialer Innovationen zu etablieren (z. B. „Crowdfunding-Modell", „Joint Venture Capital"), sowie den Aufbau einer nationalen Kontaktstelle für soziale Innovationen und kollaborativen Konsum.

Angemessener regulatorischer Rahmen

Mit der zunehmenden Verbreitung des Peer-to-Peer Sharing stellen sich Fragen der Governance (z. B. Steuer- und Abgabenpflicht, sozialrechtliche Standards, unfairer Wettbewerb, Verbraucherrecht) in Zukunft mit noch deutlich größerer Schärfe, als dies heute der Fall ist. Peer-to-Peer Sharing erzeugt auch soziale Konflikte oder forciert sie, wie beispielsweise das Apartment-Sharing (potenzielle Belastung für den Wohnungsmarkt, Verstärkung von Gentrifizierungseffekten, Beeinträchtigung der Lebensqualität von Nachbarn etc.). Zu Konflikten können auch die Zugangsbedingungen führen. Einerseits ermöglicht das Sharing neue Zugänge zu Produkten für soziale Gruppen, die sich diese Angebote sonst nicht leisten könnten, auf der anderen Seite können soziale Gruppen, die wenig „Teilbares" besitzen, ausgeschlossen werden (asymmetrisches Sharing). Zur Vermeidung von sozialen Fehlentwicklungen geht es um eine angemessene Regulierung, die sozial und ökologisch negative Effekte eindämmt und den Nutzen für das Gemeinwohl fördert. Da unterschiedliche Sharing-Märkte verschiedenartige Chancen und Probleme mit sich bringen, ist eine pauschale Regulierung weder möglich noch zweckmäßig. Wenig Regelungsbedarf gibt es im Bereich der Vermittlung von Gebrauchtprodukten, hoch ist der Regulierungsbedarf im Bereich des Apartment-Sharing. Auch wenn vielfach ähnliche Geschäftsmodelle bestehen, müssen für die unterschiedlichen Bereiche angepasste Detaillösungen entwickelt werden. Der konkrete Governance-Pfad ist abhängig vom potenziellen Nutzen des Sharing für das Gemeinwohl, vom bestehenden Regulierungsgrad im jeweiligen Marktsektor und von der potenziellen Beeinträchtigung für existierende Systeme (Bartik et al. 2015). Im Übernachtungsbereich sind Meldepflichten relevant. Schwellenwerte für Kurzzeitübernachtungen in Privatwohnungen und für die Zahl der Wohnungen je Anbieter sind festzulegen, um gewerbliche von privaten Anbietern zu trennen. Wer über den Werten liegt, handelt gewerblich und sollte keine Wettbewerbsvorteile gegenüber Hotels und Ferienwohnungsanbietern haben (vgl. Spermann 2017). Im Bereich der Fahrzeugvermittlung könnten insbesondere Fragen der Verkehrssicherheit und Haftung zu regeln sein. Nicht zuletzt sind auch Fragen der Besteuerung von Einnahmen zu klären, wenn Marktaktivitäten über private Akteure erfolgen, die dafür über keine Gewerbeanmeldung verfügen (Peuckert et al. 2017).

Disruptive Effekte infolge eines asymmetrischen Wettbewerbs

Die Dynamik des Peer-to-Peer Sharing bringt wettbewerbliche Veränderungen mit sich. Etablierte Marktakteure werden je nach Sektor und individueller Marktposition unterschiedlich durch die neuen digitalen Plattformen beeinflusst. Besonders groß ist der Einfluss amerikanischer Plattformen (wie Airbnb, Uber, Ebay oder Amazon). Sie agieren global und dominieren den Peer-to-Peer Sharing-Markt. Es handelt sich um finanzstarke Unternehmen, die auf Netzwerk-, Skalierungs- und Monopoleffekte hinzielen. In einzelnen Bereichen entwickelt sich die digitale Vermittlung von Peer-to-Peer Sharing-Angeboten zu einem ernstzunehmenden Wettbewerbsfaktor, etwa im Tourismus, wo die Hotellerie betroffen ist. So dürfte der Preisdruck zunehmen. Zu erwarten ist, dass digitale Plattformen in Wachstumsmärkten wie dem Hotelmarkt schneller wachsen als etablierte Unternehmen und sich deshalb die Marktanteile verschieben werden. Für Hotels in niedrigpreisigen Segmenten, die unmittelbar mit vielen Angeboten des Apartment-Sharing konkurrieren, besteht die Gefahr von Verdrängungseffekten. Uber, von dessen Geschäftsmodell UberPop disruptive Effekte für das Taxigewerbe befürchtet worden sind, wurde in Deutschland gerichtlich gestoppt, so dass dieses Geschäftsmodell hier (zumindest auf absehbare Zeit) keine Zukunftschancen hat. Nichtsdestotrotz, ihre Finanzstärke ermöglicht es großen, globalen Plattformen, nach und nach auch in andere Marktsegmente oder Branchen vorzudringen und ein vielschichtiges Leistungsportfolio aufzubauen. Deshalb sind disruptive Effekte keineswegs ausgeschlossen. Eine Besonderheit stellt der Mobilitätsbereich dar. Eine zentrale Rolle für die zukünftige Entwicklung des gesamten Bereichs spielt die Vision autonomer Fahrzeuge, die zukünftig im Flottenbetrieb flächendeckend verfügbar sein sollen und gemeinschaftlich genutzt werden. Eine solche Entwicklung könnte massive Verdrängungseffekte zur Folge haben, die den Mobilitätsbereich insgesamt betreffen sowie die Geschäftsmodelle des Peer-to-Peer Carsharing. Sollte sich dieses weitreichende Szenario durchsetzen, was heute noch unsicher ist, wäre nur lediglich ein Fahrzeugbestand von 10 bis 30 Prozent (Agora Verkehrswende 2017) der heutigen Ausstattung notwendig. Der Automobilmarkt sähe 2030 vollkommen anders aus als heute, neue Geschäftsmodelle und neue Akteure könnten alte abgelöst haben.

Integration von Nachhaltigkeitsanforderungen in Geschäftsmodelle der Plattformanbieter

Gerade in neu entstehenden und jungen Märkten ist es von zentraler Bedeutung, dass die dort agierenden Unternehmen ihre Geschäftsmodellstrategien mit Blick auf Nachhaltigkeitsanforderungen reflektieren. Dabei sind Leitorientierungen, Visionen, Zielsetzungen und Initiativen ebenso wichtig wie die Einführung von Managementsystemen, wie Umweltmanagementsysteme, die eine systematische Verbesserung der Umweltleistungen der Plattformanbieter unterstützen. Dazu gehört auch, dass die Unternehmen im Sinne einer Corporate Social Responsibility (CSR) mehr Verantwortung übernehmen. Bisher ziehen sich die Plattformbetreiber auf ihre vermittelnde Rolle zurück und übernehmen kaum Verantwortung für die Ausgestaltung und Rechtmäßigkeit der Angebote ihrer Nutzer (Peuckert et al. 2017). Für eine nachhaltige Ausgestaltung der Geschäftsmodelle wäre aber genau das notwendig. Wesentliche Ansätze liegen in der Zusammenarbeit zwischen Plattformen und Regulierungsbehörden sowie der Entwicklung von Formaten für Anbieter und Nachfrager, um Nachhaltigkeitsanforderungen zu reflektieren.

Ressourceneffizienzpotenziale und Rebound-Effekte

Die Erschließung von Nachhaltigkeitspotenzialen vollzieht sich nicht automatisch. Zwar ist auf der Plausibilitätsebene die Ressourceneinsparung durch Teilen sehr hoch, aber in der Konsumpraxis erzeugt die digitale Vermittlung von Sharing-Angeboten gegenläufige Effekte. In bestimmten Fällen führt es dazu, dass der Neukauf von Produkten entfällt, in anderen Fällen führt es zu einer additiven Nutzung (vgl. z. B. Kleider-Sharing). Was stattfindet, ist keineswegs eine rein von Substitution getragene Entwicklung, sondern häufig auch ihr Gegenteil: Der Warenumschlag wird erhöht und dies vor dem Hintergrund rasch wechselnder Produktzyklen. Rebound-Effekte können auftreten, wenn der Zugang zum Güterkonsum durch Peer-to-Peer Sharing erst ermöglicht wird oder wenn finanzielle Einsparungen bzw. zusätzliche Einnahmen, die im Zuge des Sharing entstehen, für andere umweltverbrauchende Zwecke verwendet werden. Wenn die Mittel wieder für neue Konsumoptionen ausgegeben werden, sind Praktiken des Teilens nichts anderes als eine weitere Möglichkeit der Multioptionsgesellschaft

(Loske 2015). Peer-to-Peer Sharing weist deshalb sowohl umweltentlastende wie auch umweltbelastende Effekte auf, ist also in der Konsumpraxis ambivalent. Im Bereich des Car- und Ridesharing fällt die Nettobilanz deutlich positiv aus, beim Teilen von Gebrauchtkleidung sind die Umweltentlastungseffekte eher gering, bei der Vermittlung privater Unterkünfte hängt die ökologische Bilanz davon ab, ob häufiger und weiter gereist wird und welche Verkehrsträger gewählt werden.

9 Nachhaltige Governance des Peer-to-Peer Sharing

Jan Peuckert, Jonas Pentzien

Welche politischen Rahmenbedingungen braucht es, um Nachhaltigkeitspotenziale des Peer-to-Peer Sharing zu stärken? Um diese Frage zu beantworten, fasst das Kapitel die wesentlichen Nachhaltigkeitspotenziale des privaten Teilens zusammen, diskutiert staatliche und anderweitige Steuerungsmöglichkeiten und veranschaulicht deren Vor- und Nachteile anhand konkreter Fallbeispiele aus den Bereichen Mobilität und Wohnen. Übergeordnetes Ziel ist es, eine Typologie unterschiedlicher Governance-Ansätze in der Sharing Economy zu entwickeln und diese in Verbindung zu den Nachhaltigkeitspotenzialen zu setzen.

Drei Aspekte begründen die Notwendigkeit, den Zusammenhang zwischen Governance und nachhaltigem Peer-to-Peer Sharing zu untersuchen:

– Erstens treten die Geschäftsmodelle der Sharing Economy häufig mit den Geschäftsmodellen etablierter Akteure in einen Wettbewerb. Diese unterliegen in der Regel strengeren gesetzlichen Auflagen, wodurch für die neuen Sharing-Angebote Kosten- und Wettbewerbsvorteile entstehen können (Kap. 7). Regulierungen sollen Standards setzen, die diese rechtlichen Grauzonen beseitigen und die verschwimmenden Grenzen zwischen Privatem und Gewerblichem neu definieren.

– Zweitens ist Regulierung vonnöten, um die postulierten positiven Auswirkungen des online-vermittelten Teilens zu steigern. So scheint die alleinige Bereitstellung von digitalen Vermittlungsplattformen ohne entsprechende Regelsetzungen gegenwärtig kaum wesentliche ökologische Entlastungspotenziale hervorzubringen (Kap. 5).

– Drittens kann sich eine ausschließlich gewinnorientierte Nutzung von Sharing-Plattformen, wie dieses Kapitel zeigen wird, teils sogar negativ auf die Nachhaltigkeitspotenziale der Praktiken des Teilens auswirken. Regulierung soll dazu beitragen, negative Externalitäten dieser neuen Formen des Teilens abzuschwächen.

Das Kapitel versucht sich der aus diesen Herausforderungen abgeleiteten Frage, welche Governance die Nachhaltigkeitspotenziale dieser neuen Märkte stärken

© Springer Fachmedien Wiesbaden GmbH, ein Teil von Springer Nature 2019
S. Behrendt et al. (Hrsg.), *Digitale Kultur des Teilens*,
https://doi.org/10.1007/978-3-658-21435-7_10

kann, systematisch zu nähern. Nach der Darstellung der ökonomischen, ökologischen und sozialen Wirkungen und Potenziale des Peer-to-Peer Sharing werden die Besonderheiten der Regulierung digitaler Plattformen aufgezeigt. Daran schließt sich eine Diskussion der Argumente für verschiedene Regulierungsformen mit unterschiedlichem Grad der Eingriffstiefe (Selbstregulierung, konfrontative Ansätze, kooperative Ansätze) an. Abschließend werden Mindestanforderungen an einen nachhaltigen Governance-Rahmen des privaten Teilens identifiziert.

9.1   Nachhaltigkeitspotenziale des privaten Teilens

An die Entstehung einer umfassenden Ökonomie des Teilens werden große Erwartungen für eine nachhaltige Entwicklung geknüpft (Botsman und Rogers 2011, Rifkin 2014). Insbesondere von den neuen Formen der gemeinsamen Nutzung zwischen privaten Akteuren verspricht man sich große ökologische Entlastungspotenziale und die Entstehung einer kollaborativen Wirtschaftsweise, die durch mehr Gemeinsinn und Solidarität geprägt ist. Andererseits werden mit dem wirtschaftlichen Wachstum der Sharing Economy auch Fehlentwicklungen deutlich, die zur Wahrung des Gemeinwohls einer Steuerung bedürfen.

Im Folgenden sollen die verschiedenen Auswirkungen des Internet-gestützten Peer-to-Peer Sharing auf das Gemeinwohl entlang der Nachhaltigkeitsdimensionen Wirtschaft, Umwelt und Soziales aufgezeigt und anhand konkreter Beispiele aus dem Übernachtungs- und dem Mobilitätsbereich erläutert werden. Dabei werden ökonomische, soziale und ökologische Wirkungen auf das Gemeinwohl einbezogen. Ökonomische Gesichtspunkte schließen die Sicherstellung eines fairen Wettbewerbs, die Förderung von Beschäftigung, eine positive Einkommensentwicklung, die Gewährleistung von Verbraucherschutz sowie die Schaffung günstiger Rahmenbedingungen für Innovation ein. Ökologische Nachhaltigkeit zielt auf absolute Entlastungen der Umwelt durch Ressourcenschonung, die Vermeidung von Einträgen in die Umwelt ebenso wie die Vermeidung von Rebound-Effekten durch Mehrkonsum. Unter sozialer Nachhaltigkeit werden unter anderem Auswirkungen auf Armut und Einkommensspreizung, sozialer Zusammenhalt und gesellschaftliche Teilhabe, Solidarität und Resilienz, einen gerechten Umgang miteinander und den Schutz der Privatsphäre adressiert.

9.2 Ökonomische Potenziale und Wirkungen

Dort, wo Effizienzgewinne durch einen gemeinsamen Gebrauch von langlebigen Gütern anfallen, sind in der Regel gewinnorientierte Geschäftsmodelle möglich. Das plattformvermittelte Teilen wird im Allgemeinen und insbesondere von den etablierten Akteuren der Wirtschaft vor allem als Geschäftsgelegenheit wahrgenommen (Martin 2016). Digitale Vermittlungsplattformen haben die Kosten der Koordinierung so stark abgesenkt, dass eine Ausweitung der Praktiken des Teilens auf immer neue Güterbereiche und Akteure lohnend ist. Bisher ungenutzte oder untergenutzte Ressourcenbestände werden auf diese Weise, vermittelt durch das Internet, einer intensiveren Nutzung zugeführt.

Die ökonomischen Einsparpotenziale der Sharing Economy sind beachtlich. Als Anhaltspunkte für das Ausmaß dienen die bestehenden Überkapazitäten, die durch geteilte Güternutzung theoretisch abgebaut werden könnten. Ein Bericht für das EU-Parlament (Goudin 2016) schätzt das Einsparpotenzial für die europäische Wirtschaft auf insgesamt etwa 260 Milliarden Euro im Jahr. Dieser Betrag entspricht mehr als dem Anderthalbfachen des aktuellen EU-Haushalts. Die durchschnittliche Überkapazität an Wohnraum in Europa wird auf etwa drei Prozent geschätzt, was jährlich etwa 35 Milliarden Euro entspricht. Wegen der besonders hohen Reisetätigkeit der Deutschen liegt die geschätzte Überkapazität für die Bundesrepublik mit vier Prozent noch etwas höher. Durch effiziente Ausnutzung von bestehendem Wohnraum könnten demnach etwa 8,5 Milliarden Euro eingespart werden. Noch größer sind die Erwartungen im Mobilitätsbereich. Würde die Fahrzeugflotte Europas voll ausgenutzt, könnten Überkapazitäten von etwa 200 Millionen Fahrzeugen abgebaut werden. Das entspräche einer Einsparung von etwa 60 Prozent der Fahrzeuge, also 152 Milliarden Euro jährlich. Für Deutschland gehen diese Schätzungen sogar von einem Einsparpotenzial von 90 Prozent oder beinahe 40 Millionen Autos aus.

Das theoretische Einsparpotenzial angesichts offensichtlicher Überkapazitäten ist jedoch keinesfalls mit den tatsächlichen ökonomischen Wirkungen des Teilens gleichzusetzen, wie am Beispiel des Carsharing deutlich wird. Die erwähnten Schätzungen berücksichtigen nur ungenügend die räumliche Verteilung des Fahrzeugbestands und die zeitliche Verteilung der Mobilitätsbedarfe (mit Stoßzeiten im Berufsverkehr, wo zwischen 6 und 7 Uhr mehr als 15 Millionen Menschen gleichzeitig befördert werden müssen). Das Zusammenbringen von Angebot und Nachfrage stellt ein Grundproblem für Carsharing-Plattformen im Allgemeinen, insbesondere aber für die dezentralen Netzwerke des Peer-to-Peer Sharing dar. Obwohl das private Carsharing beispielsweise für ländliche Regionen eine sehr attraktive Mobilitätslösung darstellen könnte, wird es kaum genutzt, da fast jeder, der dort ein Auto braucht, auch eines besitzt. Das Teilen zwischen Privatpersonen findet also nach wie vor in einer Nische statt. Bislang nutzt nur ein Bruchteil der Bevölkerung die Möglichkeiten des Sharing. Noch im Mai 2016 gaben bei der Repräsentativbefragung im Rahmen des Projekts etwa 83 Prozent der deutschen Wohnbevölkerung an, Angebote des Peer-to-Peer Sharing überhaupt nicht zu nutzen (Kap. 4). Der Anteil der Befragten, die schon einmal privates Carsharing genutzt haben, lag bei nur etwa zwei Prozent. Zehn Prozent der Befragten können sich aber vorstellen, solche Angebote in Zukunft zu nutzen. Bei einer Verfünffachung des Marktes könnten in Deutschland immerhin mehr als zwei Millionen PKW oder etwa fünf Prozent der Fahrzeugflotte abgeschafft werden. Das käme einem Effizienzgewinn von 1,5 Milliarden Euro gleich.

Trotz der noch relativ geringen Marktdurchdringung kommt dem Teilen zwischen Privatpersonen bereits heute durchaus eine große wirtschaftliche Bedeutung zu. Im Jahr 2015 wurden in Europa Transaktionen im Gesamtwert von etwas mehr als 20 Milliarden Euro in den beiden größten Bereichen des Peer-to-Peer Sharing, Unterkünfte und Personenbeförderung, vermittelt (Vaughan und Daverio 2016). Allein das Apartment-Sharing umfasste Transaktionen im Gesamtwert von etwa 15 Milliarden Euro. Viele sehen in den neuen Geschäftsmodellen Chancen für zusätzliches Wachstum und Beschäftigung (Eichhorst und Spermann 2015). Dabei sind die Beschäftigtenzahlen der Plattformen im Vergleich zu klassischen Unternehmen der jeweiligen Sektoren äußerst gering. Bei Airbnb waren im Jahr 2015 lediglich 1.600 Personen beschäftigt. Neue Einkommensmöglichkeiten entstehen vornehmlich für die Eigentümer von geteilten Gütern, die durch die neuen Nutzungsmöglichkeiten Wertzuwachs erfahren. Auch für die privat Teilenden stellen die Einkünfte jedoch meist nur einen kleinen Zuverdienst dar. Die meisten derjenigen, die über Sharing-Plattformen Dinge mit anderen teilen, verdienen damit weniger als 1.000 Euro im Jahr, der Median liegt bei etwa 300 Euro (ING International 2015).

Die vermittelnden Plattformen beanspruchen im Durchschnitt 15 Prozent des Transaktionsvolumens für sich (Vaughan und Daverio 2016). Für die Vermittlungsleistung wurden etwa 1,15 Milliarden Euro durch Apartment-Sharing-Plattformen eingenommen. Das private Teilen von Fahrten, Fahrzeugen und Parkplätzen bescherte den Vermittlungsplattformen Gesamteinnahmen von etwa 1,7 Milliarden Euro. Über die nächsten zehn Jahre wird der Sharing Economy ein jährliches Wachstum der Einnahmen prognostiziert, das etwa dem Zehnfachen des durchschnittlichen Wirtschaftswachstums in Europa entspricht (ebenda). Dementsprechend erfreuen sich die Plattformen großen Interesses am Kapitalmarkt und werden bisweilen mit milliardenschweren Investitionen ausgestattet. Vor nur zehn Jahren gegründet, ist Airbnb heute unbestritten die weltweit bedeutendste digitale Plattform für die Vermittlung von privaten Übernachtungsangeboten. Laut einem Pressebericht konnte die Plattform im Jahr 2016 erstmalig seit ihrer Gründung Gewinne verbuchen. Dennoch wird sie aktuell am Kapitalmarkt mit mehr als 30 Milliarden Dollar bewertet. Darin spiegeln sich die Erwartungen der Kapitalgebenden an beträchtliche finanzielle Rückflüsse in der Zukunft wider.

Verbraucher kommen durch die Möglichkeiten des Peer-to-Peer Sharing in den Genuss niedrigerer Güterpreise und flexiblerer Angebote. Da Privatakteure nicht denselben gesetzlichen Bestimmungen unterliegen wie Gewerbetreibende, können sie in der Regel deutlich kostengünstiger anbieten. So sind Städtereisen aufgrund der günstigen Übernachtungsangebote für viele attraktiver geworden. Während ein Berliner Hotelzimmer im Durchschnitt 106 Euro kostet, liegt die durchschnittlich erzielte Zimmerrate für Airbnb-Angebote in Berlin bei nur 66 Euro (Colliers International 2017). Privatunterkünfte stellen für Touristen, aber auch zunehmend für Geschäftsreisende, eine willkommene Alternative dar, die das Angebot nicht nur quantitativ, sondern auch qualitativ um individuellere, flexiblere und persönlichere Übernachtungsmöglichkeiten erweitert. Privatunterkünfte versprechen ein authentisches Erlebnis. Dem günstigeren Preis steht in der Regel jedoch auch ein größeres Risiko in Bezug auf die Qualität (Sauberkeit, Sicherheit, Service) der Dienstleistung gegenüber. Die rechtliche Grauzone im Zusammenhang mit der Peer-to-Peer Ökonomie birgt so Gefahren für den Verbraucherschutz und den fairen Wettbewerb.

Spürbare Auswirkungen sind vor allem auch auf die Nachfrage nach Substituten und Komplementen der geteilten Güter zu erwarten. Das rapide Wachstum der Sharing Economy geht teilweise zu Lasten traditioneller Marktakteure, deren Angebote durch das private Teilen ersetzt werden. So verliert das Hotelgewerbe Marktanteile an Wohnungsbesitzer, welche ungenutzten Wohnraum über digitale Plattformen zur Verfügung stellen. Privates Carsharing steht mit gewerblichen Autovermietungen und dem öffentlichen Transportwesen im Wettbewerb. Anbietende von komplementären Dienstleistungen sehen sich einer gesteigerten Nachfrage gegenüber, wie das Apartment-Sharing illustriert. Laut Schätzungen der größten Übernachtungsplattform Airbnb vom April 2017 waren die Gastgeber und Gäste der Plattform im Jahr 2016 in Berlin für eine Wertschöpfung von insgesamt 438 Millionen Euro verantwortlich. Die lokale Gastronomie und Kulturszene scheint vom privaten Wohnraum-Sharing eindeutig zu profitieren, da etwa die Hälfte der Gästeausgaben in diesen Bereichen getätigt wird. Die Plattform schätzt die Ausgaben der Berliner Gäste in lokalen Restaurants der Stadt auf 117 Millionen Euro im Jahr 2016 und 142 Millionen Euro in 2017.

9.3 Ökologische Potenziale und Wirkungen

Ökologische Motive spielen für die Teilnahme am Sharing durchaus eine Rolle, wenn auch ökonomische Vorteile als Gründe dominieren (siehe Kap. 4 und 5). Unabhängig von den eigentlichen Absichten der Akteure ist für die tatsächliche Umweltwirkung jedoch entscheidend, ob durch die Möglichkeiten zur geteilten Nutzung eine Neuproduktion von Gütern angestoßen oder vermieden wird, wie ressourcenintensiv die Vermittlung der Transaktionen und der physische Transfer erfolgt und welche unmittelbaren und indirekten Verhaltensänderungen durch den Zugang und die Benutzung der Sharing-Plattform induziert werden.

Durch die geteilte Nutzung werden die Güter über ihren Produktlebenszyklus insgesamt intensiver genutzt. Die Ressourcenproduktivität steigt, denn um dieselben Bedürfnisse der Nutzer zu befriedigen, werden weniger Ressourcen gebraucht. Bei gleichbleibendem Konsum müssen also weniger Güter produziert werden. Die Verbesserung der Ressourceneffizienz mündet jedoch nicht unmittelbar in einen geringeren Ressourcenverbrauch. Zum einen wirkt sich eine niedrigere Güternachfrage nur allmählich auf die Neuproduktion aus, zum anderen bewirkt eine Veränderung der relativen Kostenstruktur zugleich auch eine Verschiebung des Konsums. Die potenziellen Umweltentlastungen einer Ressourceneffizienzverbesserung durch das Teilen können also durch so genannte Rebound-Effekte ganz oder teilweise wieder zunichtegemacht werden. Wenn die induzierten Konsumänderungen neue Ressourcenverbräuche auslösen, welche die direkten Einsparungen durch die Nutzungsintensivierung übersteigen, fällt die Umweltbilanz der Sharing-Angebote sogar negativ aus. Trotz einer effizienteren Nutzung des Güterbestands ist eine Aussage über die Umwelteffekte des Internet-gestützten Peer-to-Peer Sharing deshalb nur unter Beachtung der Begleitumstände und der induzierten Verhaltensänderungen möglich.

So ist die ökologische Bilanz des Apartment-Sharing nicht eindeutig. Zwar kann einerseits die Bereitstellung von existierendem Wohnraum für eine touristische Kurzzeitnutzung Leerstand vermeiden und Hotelkapazitäten ersetzen, aber die Wirkung auf den Hotelbestand und damit auf die gastgewerbliche Flächennutzung oder den Verbrauch von Ressourcen für den Bau neuer Hotelanlagen ist kurzfristig nur gering und kaum nachweisbar. Dagegen steht der Ressourcenverbrauch für die Bereitstellung der Gästezimmer, Bewirtung, Reinigung, Möblierung, aber auch für die induzierte Reisetätigkeit. Immerhin 23 Prozent der Mieter auf einer Apartment-Sharing-Plattform gaben bei einer Umfrage im Rahmen des Projekts an, aufgrund der Sharing-Angebote im Internet ihre Reisetätigkeit über das Jahr erhöht zu haben (vgl. Kap. 4).

Eine Studie im Auftrag von Airbnb (Cleantech Group 2014) kommt zu dem Schluss, der Aufenthalt in den durch die Plattform vermittelten privaten Unterkünften sei im Durchschnitt deutlich weniger umweltbelastend als der Aufenthalt in Hotels. Beim Energieverbrauch und den Treibhausgasemissionen, beim Wasserverbrauch und bei der Erzeugung von Abfällen lägen die durchschnittlichen Umweltbelastungen eines Airbnb-Gasts unter denen eines typischen Hotelgasts. Unter der Annahme eines dreiprozentigen Zuwachses bei der Reisetätigkeit ergibt sich eine positive Umweltbilanz der Plattformaktivitäten. Hochgerechnet auf aktuelle Nutzerzahlen behauptet Airbnb (2017) im Jahr 2016 allein in Europa einen Energiebedarf von 566.000 Haushalten, den Wasserverbrauch von 9.000 olympischen Schwimmbecken, den Treibhausgasausstoß von 1,6 Millionen Autos und 81.200 Tonnen Müll eingespart zu haben.

Dieses ökologische Einsparpotenzial erscheint jedoch deutlich überzogen. Die im Rahmen des Projekts berechneten ökologischen Entlastungen durch das private Teilen von Wohnraum fallen deutlich geringer aus. Im bestmöglichen Szenario, bei dem man allen Nutzenden von Apartment-Sharing-Plattformen unterstellt, sie würden zugleich auch nachhaltigere Reiseverkehrsmittel nutzen, könnten bei einer zukünftigen Erhöhung des Marktanteils auf 17 Prozent aller deutschen Reisenden etwa 0,6 Millionen Tonnen Kohlendioxid eingespart werden. Davon ginge jeweils die Hälfte der Entlastungen zum einen auf den Wechsel von Hotels zu privaten Unterkünften und zum anderen auf die Wahl der Verkehrsmittel zurück.

Auch für das private Carsharing ergibt sich ökobilanziell ein gemischtes Bild. Zwar zeigt die Umfrage unter Nutzern von Plattformen für privates Carsharing, dass kaum zusätzliche Fahrten erfolgen: Lediglich neun Prozent der Mietenden gaben an, sie hätten ohne die Online-Angebote keine Fahrt unternommen. Bedenklich sind aus ökologischer Perspektive allerdings die Verhaltensänderungen in Bezug auf die Wahl der Transportmittel. 23 Prozent der Mieter hätten statt des privat geteilten Fahrzeugs öffentliche Verkehrsmittel und drei Prozent eine Mitfahrgelegenheit genutzt. In etwa einem Viertel der Fälle entsteht aufgrund der Sharing-Angebote also zusätzlicher Verkehr auf der Straße, weil Kollektivfahrten durch Individualfahrten ersetzt werden. Hinzu kommt ein Beharrungseffekt: 17 Prozent der Vermieter behaupten, dass sie ihr Auto nicht länger behalten würden, wenn es keine Plattformen gäbe, über die es vermietet werden könnte. Entscheidend für eine positive Bilanz des privaten Carsharing sind die Wirkungen der Sharing-Angebote auf den Neukauf bzw. die Abschaffung von Fahrzeugen bei den Mietenden: 17 Prozent behaupten, das eigene Auto aufgrund der Sharing-Angebote abgeschafft und 57 Prozent auf die Anschaffung eines Autos verzichtet zu haben.

Geht man von einer zukünftigen Marktdurchdringung des privaten Carsharing von etwa zehn Prozent aus, wie es die Repräsentativbefragung nahelegt, könnten bei Abschaffung privater PKW durch alle Mietenden Entlastungen von knapp 2,3 Millionen Tonnen Kohlendioxid im PKW-Verkehr und etwa 0,4 Millionen Tonnen aus der PKW-Herstellung, aber auch eine Mehrbelastung von etwa 1,1 Millionen Tonnen Kohlendioxid durch die verstärkte Nutzung und den dazu notwendigen Ausbau des öffentlichen Verkehrs entstehen. Insgesamt könnten Treibhausgasminderungen von etwa 1,6 Millionen Tonnen Kohlendioxid realisiert werden.

Die Steigerung der Ressourcenproduktivität durch die Nutzungsintensivierung des Güterbestands übersetzt sich also nicht zwangsläufig in ökologische Entlastungen. Vielmehr werden durch die direkten Effizienzgewinne Verhaltensänderungen im Konsum ausgelöst, die den Ressourcenverbrauch wiederum steigern können. Rebound-Effekte heben die möglichen Ressourceneinsparungen teilweise wieder auf. So werden durch günstige Übernachtungen mehr Reisen getätigt und die Verfügbarkeit privat geteilter Fahrzeuge zieht Verkehrsaufkommen aus dem öffentlichen Personenverkehr ab. In der ökologischen Gesamtbilanz können die untersuchten Bereiche des Peer-to-Peer Sharing allenfalls als schwach positiv für die Umwelt bewertet werden.

9.4   Soziale Potenziale und Wirkungen

Güter werden seit jeher zwischen Familienmitgliedern, in der Nachbarschaft oder in der Dorfgemeinde geteilt, aber auch in Organisationen, etwa in Vereinen oder Unternehmen. Geschäftsmodelle, die das Teilen von Gütern beinhalteten, gab es schon lange vor dem Internet. Mit den Möglichkeiten der digitalen Vermittlung hat sich jedoch der Kreis der Personen, mit denen geteilt werden kann, drastisch erweitert. Die Besonderheit heutiger Modelle des Internet-gestützten Peer-to-Peer Sharing liegt vor allem darin, dass nun auch völlig fremden Personen der Zugang zum Privateigentum eingeräumt wird, welche sich nicht durch die Zugehörigkeit zu einer gemeinsamen Bezugsgruppe auszeichnen.

Die sozialen Folgen des verbreiteten „Teilens unter Fremden" sind bisher noch kaum empirisch untersucht. Mit dem Teilen von privaten Gütern wird häufig die Erwartung verbunden, dass durch die Interaktion neues soziales Kapital entsteht. Die neue Konnektivität soll Austauschbeziehungen über soziale Gruppen hinweg ermöglichen und neue Gemeinschaften entstehen lassen. Durch den Aufbau neuer zwischenmenschlicher Beziehungen sollen die Koordination und Kooperation zum gegenseitigen Vorteil erleichtert werden. Davon könnte eine transformative Wirkung auf das Zusammenleben ausgehen. Verfechter dieser Idee sehen darin Ansätze einer alternativen Wirtschaftsordnung, die stärker auf Reziprozität und Gemeingüter ausgerichtet ist (Rifkin 2014). Einige soziologische Studien (Schnur und Günter 2014, Schor und Fitzmaurice 2015) deuten darauf hin, dass durch das Teilen über Online-Plattformen nicht zwangsläufig neues Sozialkapital entsteht, zumeist keine dauerhaften sozialen Bindungen geschaffen und häufig bestehende Gesellschaftsunterschiede fortgeschrieben werden. So mehren sich die Hinweise auf diskriminierendes Verhalten bei der Ausübung von Sharing-Praktiken. Einige Untersuchungen zeigen, dass bei der Auswahl von Transaktionspartnern und bei der Interaktion mit anderen Nutzenden Klassenschranken und sozialer Status durchaus eine beachtliche Rolle spielen (Schor 2017; Schor et al. 2016). Auch offensichtliche Fälle rassistischer Diskriminierung bei der Preissetzung und bei der Bewertung von Sharing-Angeboten konnten nachgewiesen werden (Cansoy und Schor 2017).

Die Erwartungen an den Aufbau sozialen Kapitals durch das Internetgestützte Peer-to-Peer Sharing erscheinen zudem überzogen, angesichts der Tatsache, dass dabei immer seltener noch realweltliche Interaktionen zwischen den Transaktionspartnern stattfinden. Die am weitesten verbreiteten Praktiken erfordern kaum noch eine echte Auseinandersetzung mit Fremden. Die dafür notwendige emotionale Arbeit wird zunehmend in den Hintergrund gedrängt. So ist eine Tendenz derzeitiger Geschäftsmodelle zu beobachten, durch technische Lösungen echte Zusammentreffen der miteinander teilenden Akteure zugunsten einer bequemeren Abwicklung überflüssig zu machen. Die Individualität der privaten Angebote gilt zwar als authentisch und trägt in der Regel zu deren Attraktivität bei. Immerhin 49 Prozent der deutschen Wohnbevölkerung sehen einen Vorteil des Peer-to-Peer Sharing in der Möglichkeit, neue Menschen kennenzulernen. Dieses Motiv scheint gerade für junge Menschen zwischen 16 und 24 Jahren von Bedeutung zu sein (Kap. 3). Die starke Gemeinschaftsorientierung früherer Sharing-Ansätze (z. B. Hospitality Clubs) ist mit der allgemeinen Verbreitung der Praktiken einer möglichst reibungslosen und pragmatischen Transaktion aber gewichen. Zunehmend wird also nicht mehr mit unbekannten Menschen, sondern mit einer gesichtslosen Allgemeinheit geteilt.

Durch die Bereitstellung von Bewertungssystemen wirken die Plattformen gezielt darauf hin, dass Nutzer durch wiederholt positiv bewertete Transaktionen Reputation aufbauen können. Die Etablierung von Reputationsmechanismen durch die Vermittlungsplattformen ist jedoch keinesfalls mit dem Aufbau sozialen Kapitals zu verwechseln. Bewertungstools und pragmatische technische Lösungen sind darauf gerichtet, das Vertrauen in das System und die Plattform zu stärken. Positive Erfahrungen bestätigen das Funktionieren des Marktes. Die Möglichkeit der Sanktionierung von Transaktionspartnern durch negative Bewertungen tragen nicht zum Aufbau zwischenmenschlicher Beziehungen bei, sondern mindern das wahrgenommene Risiko in Verbindung mit den sozialen Interaktionen.

Die gravierendsten sozialen Folgen des Internet-gestützten Peer-to-Peer Sharing liegen womöglich in der systematischen Aushebelung branchenspezifischer und allgemeiner gesetzlicher Bestimmungen. Die rechtliche Unbestimmtheit in Bezug auf (quasi-)professionell handelnde Vermieter geteilter Güter gefährdet bisweilen wichtige soziale Gemeinwohlinteressen, wie beispielsweise die Bereitstellung von bezahlbarem Wohnraum für alle. So verschärfen die Möglichkeiten des Apartment-Sharing die ohnehin angespannte Situation am Wohnungsmarkt. Die plattformvermittelte Vermietung von Wohnungen führt in der Tendenz zu einer weiteren Aufwertung des Wohneigentums, vor allem in touristisch attraktiven Wohngebieten. Durch kurzzeitige Vermietung von Wohnraum an Touristen können Wohnungseigentümer deutlich höhere Mieteinkünfte pro Tag erzielen, als es auf dem durch restriktive Mietpreisregelungen geprägten klassischen Wohnungsmarkt möglich wäre. Ein gängiges Geschäftsmodell besteht darin, das Wohneigentum als Zweitwohnsitz anzumelden und über Online-Plattformen an wechselnde Kurzmieter zu vermitteln. So kann etwa jedes fünfte Airbnb-Angebot in Berlin als quasi-kommerziell eingestuft werden (Karat Studio 2016). Der stark wachsende Städtetourismus wird mittlerweile vielerorts von den Stadtbewohnern als eine Beeinträchtigung der Lebensqualität wahrgenommen und gefragte Wohnviertel kämpfen vermehrt mit Lärmbelastungen und Authentizitätsverlust.

Als wichtiger sozialer Aspekt des Peer-to-Peer Sharing werden häufig die neuen Möglichkeiten zur Einkommensgenerierung angeführt, von denen insbesondere auch Geringverdienende und Arbeitslose profitieren könnten. Die Vermittlung durch Online-Plattformen senke Markteintrittsbarrieren und öffne damit Märkte für neue Akteure, die dadurch befähigt würden, weitgehend unabhängig und selbstbestimmt zusätzliche Einkünfte zu erzielen. Diese Argumentation verkennt, dass Personen über Eigentum verfügen müssen, um es einträglich mit anderen zu teilen. Die neuen Einkommensquellen schaffen zugleich alternative Formen des Zuverdienstes und neue Spielarten der sozialen Exklusion. Menschen, die über Eigentum verfügen, werden bessergestellt, da der Wert ihres Eigentums steigt. Durch das Teilen von Gütern werden keine neuen Arbeitsplätze geschaffen, sondern zusätzliche Verwertungsmöglichkeiten für bestehendes Kapital.

Positive Verteilungseffekte des Internet-gestützten Peer-to-Peer Sharing entstehen möglicherweise durch den erleichterten Zugang zur Güternutzung. Gelegentliches Kurzzeitmieten von Gütern über Sharing-Plattformen ermöglicht die Befriedigung bestimmter Bedürfnisse ohne die andernfalls erforderlichen Investitionen. Der käufliche Erwerb eines Autos oder einer Innenstadtwohnung kann für Personen mit geringem Einkommen eine erhebliche ökonomische Belastung darstellen. Menschen, die sich die Anschaffung der Güter nicht leisten können oder wollen, erhalten durch das private Teilen die verbesserte Möglichkeit zu deren Nutzung. Der zusätzliche Wettbewerb bei Vermietungsdienstleistungen durch Privatakteure drückt die Kosten für die Verbraucher.

Allerdings besteht hierbei die Gefahr einer fortschreitenden Kommerzialisierung des Privaten, wodurch bestehende soziale Austauschbeziehungen sukzessive durch kommerzielle Transaktionen verdrängt werden. Indem soziales Kapital gegenüber ökonomischem Kapital entwertet wird, kann die Bepreisung vormaliger Freundschaftsdienste negative Verteilungseffekte nach sich ziehen. Durch die neuen Verwertungsmöglichkeiten werden Gefälligkeiten, wie das Ausborgen des Autos an den Nachbarn, mit einem Preis versehen. Für das Überlassen einer vorübergehend leerstehenden Wohnung an Freunde fallen nun handfeste Opportunitätskosten an. Die unentgeltliche Bereitstellung von Gütern aufgrund zwischenmenschlicher Verbundenheit oder Sympathie wird damit nicht wahrscheinlicher.

Im Anschluss an diese Darstellung der Wirkungen und Potenziale des Peer-to-Peer Sharing werden im nächsten Schritt nun die Besonderheiten der Regulierung digitaler Plattformen aufgezeigt sowie die Argumente für verschiedene Regulierungsformen mit unterschiedlichem Grad der Eingriffstiefe diskutiert.

9.5   Besonderheiten der Regulierung digitaler Plattformen

Regulierung als Frage der Informationsbeschaffung

Mit Regulierung verfolgt der Staat soziale und ökonomische Politikziele. Sie stellt ein rechtliches und administratives Mittel dar, mit dem ökonomische Aktivität angekurbelt oder begrenzt werden soll. Solche regulatorischen Instrumente werden demnach vor allem dann angewandt, wenn Märkte ineffiziente oder unzureichende Ergebnisse produzieren (Hertog 2010). Ob eine Regulierung komplexer Systeme jedoch Wirkmächtigkeit erlangt, hängt primär davon ab, ob die regulierende Institution gute und vertrauenswürdige Informationen über den zu regulierenden Gegenstand besitzt (Dietz 2003). Gesetze können noch so passgenau formuliert sein – sie scheitern, wenn die benötigten Informationen zur Bemessung fehlen.

Die Restrukturierung bestehender Märkte durch das Aufkommen digitaler Vermittlungsplattformen stellt den Staat in zweierlei Hinsicht vor neue Herausforderungen. Auf der einen Seite zieht das online-vermittelte Teilen zwischen Privatpersonen eine Dezentralisierung der bereitgestellten Güter nach sich, was die Kosten der Regulierung erhöhen kann. Während Standards in der Hotelbranche beispielsweise durch unangekündigte Inspektionen überprüft und sichergestellt werden können, stellt sich im Kontext der digitalen Sharing Economy nicht nur das Problem der Unverhältnismäßigkeit (Muss jedes auf Airbnb angebotene Zimmer daraufhin geprüft werden, ob gesetzliche Standards eingehalten werden?), sondern auch das der Rechtmäßigkeit (Welches Überprüfungsrecht hat die Regulierungsinstitution überhaupt in Bezug auf dezentral bereitgestellte Güter?).

Auf der anderen Seite findet zugleich aber auch eine zentrale Erfassung von Informationen über die auf den Plattformen abgewickelten Transaktionen statt. So laufen die potenziell regulierungsrelevanten Informationen (welche Wohnungen auf Airbnb vermietet werden) bei den Vermittlungsplattformen zusammen. Der Zugriff von Regulierungsbehörden auf diese Daten wird jedoch zumeist dadurch erschwert, dass die Plattformen ihre Firmensitze im Ausland haben (Miller 2016). So können global operierende Plattformen, wie Airbnb, sich bisher erfolgreich einer Weitergabe von Informationen an staatliche Behörden widersetzen.

Hieraus entsteht eine Art Paradox der Regulierung in der Plattformökonomie: Während Nutzungsdaten und Nutzerprofile aufgrund der verstärkt dezentral bereitgestellten Güter einerseits an Stellenwert gewinnen, wird es aufgrund des Ortes, an dem diese wertvollen Informationen zusammenlaufen, für staatliche Regulierungsbehörden schwieriger, die wirtschaftlichen Aktivitäten dieser Plattformen und ihrer Nutzer nachvollziehen zu können.

Regulierung als Ebenen-Frage

Die Regulierung digitaler Plattformen wird weiterhin durch die Vielzahl an beteiligten politischen Akteuren und Interessen erschwert. Da die Märkte der Sharing Economy aufgrund der in ihr geteilten Güter und den mit diesen Gütern assoziierten Transportkosten größtenteils lokale Märkte sind, werden Konflikte um die negativen Externalitäten des Teilens derzeit größtenteils auch auf der lokalen Ebene ausgetragen (Frenken und Schor 2017). Lokale Regierungen sind aber nicht die einzigen politischen Institutionen, die plattformspezifische Interessen artikulieren. Im Gegenteil, im Kontext des online-vermittelten Teilens zwischen Privatpersonen spitzen sich Zielkonflikte zwischen unterschiedlichen politischen Ebenen derzeit immer mehr zu: Während beispielsweise die Landesregierung Berlin mit dem Zweckentfremdungsgesetz in seiner ersten Fassung versucht hat, die negativen Externalitäten des Apartment-Sharing-Sektors auf Basis eines ausgesprochen starken ordnungsrechtlichen Ansatzes abzuschwächen, hat sich die Europäische Kommission in ihrer im Juni 2016 verabschiedeten „Europäischen Agenda für die Kollaborativwirtschaft" explizit *gegen* eine stärkere Regulierung von Sharing-Angeboten positioniert und primär die ökonomischen Potenziale digitaler Vermittlungsplattformen betont (Europäische Kommission 2016a). Diese Zielkonflikte gewinnen dadurch an Brisanz, dass Gesetzgebungen oder Gerichtsentscheidungen auf übergeordneten politischen Ebenen oft direkte Auswirkungen auf den Handlungsspielraum lokaler Institutionen haben. Die Entscheidung des Europäischen Gerichtshof, Autofahrten mit Privatleuten als Chauffeur als Verkehrsdienstleistung zu definieren, hat dieses potenziell konflikthafte Verhältnis noch einmal verdeutlicht.

Regulierung als relationaler Prozess

Regulierung wird begrifflich häufig auf *staatliche* Eingriffe in Märkte enggeführt. Dabei wird angenommen, dass der Staat durch gesetzliche Vorgaben individuelles Marktverhalten beeinflussen kann. Dieser Perspektive liegen eine Vielzahl von impliziten Annahmen zugrunde:

- Erstens wird vorausgesetzt, dass diese Verfassungsorgane die einzigen Institutionen mit Regulierungsfähigkeit sind.
- Zweitens wird impliziert, dass die staatlichen Verfassungsorgane der Legislative, Exekutive und Judikative die tatsächliche Fähigkeit zur Durchsetzung solcher Vorgaben besitzen.

- Und drittens wird angenommen, dass der Staat effektiv ist in seinen Regulierungsbemühungen und die postulierten Ziele erreicht, ohne nicht-intendierte Nebenwirkungen zu erzeugen.

Ob diese Annahmen tatsächlich Bestand haben, ist jedoch umstritten. Black (2001) beispielsweise hat auf Basis einer empirischen Analyse Grenzen staatlicher Regulierungsansätze typologisiert, die eine Erweiterung dieses enggeführten Verständnisses nahelegen. Ihr zufolge verlieren regulatorische Instrumente ihre Wirkmächtigkeit vor allem dann,

- wenn sie nicht angemessen oder gut genug ausgearbeitet sind (so genannte Instrumentenfehler);
- wenn die regulierende Institution auf Basis unzureichender Informationen die tatsächlichen Problemursachen nicht identifizieren und demnach nicht zielgenau eingreifen kann (so genannte Informationsfehler);
- wenn die Implementierung des Instruments unzureichend ist (so genannte Implementierungsfehler);
- oder aber wenn die zu regulierenden Individuen/Organisationen sich der Einhaltung der neuen Regeln widersetzen.

Um die zunehmende Komplexität des Regulierungsprozesses sowie die sich verändernde Rolle staatlicher Verfassungsorgane besser greifen zu können, schlägt Black eine Differenzierung zwischen staatlichen Regulierungsansätzen auf der einen und ‚dezentralisierten' Regulierungsansätzen auf der anderen Seite vor. Regulierung sollte ihrer Ansicht nach nicht mehr nur als top-down-Prozess konzeptualisiert sein, sondern als *relationales* Verhältnis zwischen staatlichen sowie nichtstaatlichen Akteuren verstanden werden. Bezogen auf die Sharing Economy leitet sich aus diesen Überlegungen die Notwendigkeit ab, nicht nur die Potenziale staatlicher Regulierung für die Stärkung der Nachhaltigkeitspotenziale von Peer-to-Peer Sharing-Plattformen, sondern auch ‚dezentralisierte' Formen der Regulierung auf ihre Nachhaltigkeitspotenziale zu untersuchen.

Um diesem Anspruch gerecht zu werden, untersucht das Kapitel drei Regulierungsansätze:

1) das staatliche Ordnungsrecht,
2) die Selbstregulierung sowie
3) die Ko-Regulierung.

In einem ersten Schritt werden zunächst die einzelnen Formen der Regulierung näher beleuchtet, um darauf aufbauend ihre Potenziale und Grenzen im Rahmen

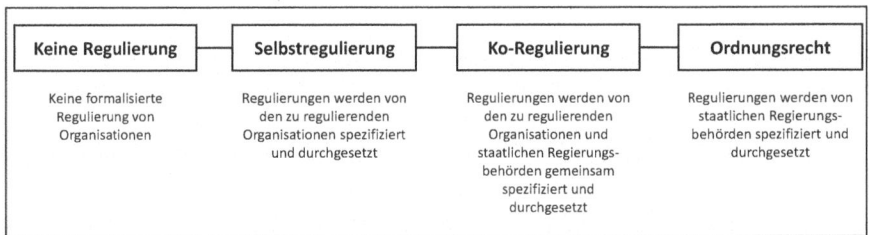

Abbildung 40: Regulierungsformen (in Anlehnung an Bartle und Vass 2005)

des Peer-to-Peer Sharing zu evaluieren. Ziel ist es, Mindestanforderungen und Rahmenbedingungen zu identifizieren, die für einen erfolgreichen Einsatz der jeweiligen Regulierungsformen notwendig sind. Abbildung 40 stellt diese zu betrachtenden Regulierungsformen auf einer Achse, die von ,keiner Regulierung' bis zu ,staatlicher Regulierung' reicht, dar.

9.6 Typologie unterschiedlicher Regulierungsformen

Theorie und Praxis des Ordnungsrechts

Bei der klassischen Form der Durchsetzung gesetzlicher Vorschriften erfolgt die Regulierung durch die staatlichen Verfassungsorgane Legislative, Exekutive und Judikative beziehungsweise durch Institutionen, die diesen staatlichen Organen gegenüber weisungsgebunden sind. Das Ordnungsrecht zeichnet sich Spindler und Thorau (2015) zufolge vor allem durch seine hohe demokratische Legitimität aus. Weiterhin können gesellschaftliche Entwicklungen – im Gegensatz zur Selbstregulierung – unabhängig von Marktdynamiken in den Blick genommen und bewertet werden. Im Gegensatz zu marktgeleiteten Interessen ist staatliches Handeln vornehmlich auf die Erhöhung des Gemeinwohls, die Schaffung und den Schutz von Gemeingütern ausgerichtet. So werden im Kontext des Übernachtungssektors staatlicherseits eine soziale Durchmischung in Innenstädten und die Bereitstellung von bezahlbarem Wohnraum gegen Marktentwicklungen verteidigt. Gleichzeitig erlaubt das Ordnungsrecht, übergreifende Regulierungsmaterien zu adressieren, die weit über einzelne Wirtschaftsbereiche hinausreichen. So wird beispielsweise im Sinne eines fairen Wettbewerbs durch kartellrechtliche Bestimmungen der Entstehung von Monopolen entgegengewirkt.

Ordnungsrechtliche Ansätze haben jedoch auch Nachteile. Da staatliche Regulierung ein Produkt oft langwieriger demokratischer Entscheidungsfindungsprozesse ist, kann weniger flexibel und schnell auf sich verändernde Marktdynamiken eingegangen werden. Weiterhin kann das Ordnungsrecht auch (nicht-intendierte) Nebenwirkungen erzeugen. Die Anwendung von Ordnungsrecht kann ebenfalls dazu führen, dass Markttransaktionen kostspieliger oder komplett unterbunden werden. So kann es dazu kommen, dass Angebote zurückgezogen werden, wenn sich die Einhaltung der Regularien zu aufwändig gestaltet. Auch kann es zu einer Unverhältnismäßigkeit zwischen Durchsetzungsaufwand und den durch Nichtregulierung entstehenden Schäden kommen. Das Schutzinteresse muss deshalb grundsätzlich gegen die anfallenden Regulierungskosten abgewogen werden.

Zu welchem Grad diese Vor- und Nachteile des Ordnungsrechts im Kontext der Sharing Economy zum Tragen kommen und welche Nachhaltigkeitspotenziale durch staatliche Regulierung adressiert werden können, wird nun anhand des Beispiels des zwischen 2014 und 2018 gültigen konfrontativen Regulierungsansatzes der Berliner Landesregierung im Apartment-Sharing-Sektor diskutiert. Diesen Sektor zu betrachten, eignet sich deshalb besonders, um die Potenziale des Ordnungsrechts zu evaluieren, weil die Auswirkungen des Apartment-Sharing auf die Bereitstellung von bezahlbarem Wohnraum in urbanen Ballungsräumen in den letzten Jahren auf lokaler Ebene besondere regulatorische Aufmerksamkeit erhalten haben (Kap. 7).

Das Gesetz gegen die Zweckentfremdung von Wohnraum wurde vom Berliner Senat im Jahr 2014 erlassen und im Frühjahr 2018 durch ein deutlich weniger konfrontatives Gesetz ersetzt. Begründet wurde der Gesetzesentwurf damit, dass die kontinuierliche Bereitstellung des Gemeinguts ‚bezahlbarer Wohnraum' unter anderem durch die zunehmende Umwandlung von Miet- in Ferienwohnungen gefährdet sei. Daraus abgeleitet untersagte das Gesetz die gastgewerbliche Kurzzeitvermietung von kompletten Wohnungen (ZwVbVO 2016). Ausgenommen war lediglich die Vermietung einzelner Zimmer unter der Voraussetzung, dass der Vermieter der angebotenen Wohnung selber dort lebt. Somit sollte einer vorwiegend kommerziellen Nutzung der Riegel vorgeschoben werden. Obwohl das Gesetz kein Verbot von digitalen Übernachtungsplattformen darstellte, wurde es im öffentlichen Diskurs fast ausschließlich als ein solches wahrgenommen, da es neben der professionellen Vermietung von Ferienwohnungen auch das gelegentliche Teilen von privaten Komplettwohnungen als unzulässig erklärte.

Welchen Anteil das Apartment-Sharing tatsächlich an der angespannten Situation auf dem Berliner Wohnungsmarkt trägt, ist umstritten. Während von Airbnb in Auftrag gegebene Studien argumentieren, dass die Kurzzeitvermietung keinen Einfluss auf die Berliner Wohnraumversorgung habe (GEWOS 2014;

GEWOS 2016), kommen diverse unabhängige Untersuchungen zu dem Ergebnis, dass sich die plattformvermittelten Praktiken tatsächlich negativ auf den Wohnungsmärkten bemerkbar gemacht haben (Wachsmuth et al. 2018; Karat Studio 2016). Ungeachtet der eigentlichen Ursache der Berliner Wohnungsnot deutet die Empirie derzeit darauf hin, dass die Wirkung des Zweckentfremdungsgesetzes hauptsächlich „in einem kurzzeitigen Abschreckungseffekt bestand, welcher das Verhalten vieler Anbieter aber nicht nachhaltig prägte" (Karat Studio 2016). Das Beispiel des Berliner Gesetzes scheint somit die Eingangsthese – dass die Spezifizität digitaler Vermittlungsplattformen die Durchsetzung klassischer Regulierungsmaßnahmen erschwert – zu bestätigen.

Drei Aspekte können herangezogen werden, um diese Schwierigkeiten zu erklären und die Potenziale des Ordnungsrechts im Kontext der Plattformökonomie zu evaluieren: Das erste Problem ist die unzureichende Informationsgrundlage, auf der die regulierende Instanz agieren muss, sowie die dadurch bedingten Informationsfehler. Bisher scheiterten alle Versuche der Stadt Berlin, Vermittlungsplattformen zur Weitergabe ihrer Daten zu verpflichten. So entschied das Berliner Verwaltungsgericht im August 2017 zugunsten Airbnbs und gegen den Bezirk Pankow, dass nicht die deutsche Niederlassung, sondern der Mutterkonzern der Organisation mit Sitz in Dublin Adressat solcher Forderungen sein müsse. Die Schwierigkeiten des ordnungsrechtlichen Ansatzes lassen sich zweitens durch Unsicherheit über die Rechtskräftigkeit des Gesetzes erklären. So führte eine erfolgreiche Klage der Sharing-Plattform Wimdu dazu, dass alle vor Einführung des Gesetzes angemeldeten Ferienwohnungen legalisiert werden mussten. Eine weitere Klage gegen das Gesetz erreichte, dass auch die zeitweise Vermietung von Zweitwohnungen vom Bezirk genehmigt werden muss. Die Kläger fielen zwar grundsätzlich unter das Zweckentfremdungsverbot, die Voraussetzungen für eine Genehmigung seien aber jeweils erfüllt, da „schutzwürdige private Interessen hier dem öffentlichen Interesse an der Erhaltung des betroffenen Wohnraums vorgingen" (Verwaltungsgericht Berlin 2016). Die Ausnahme vom Gesetz öffnete nun die Möglichkeit für kommerzielle Anbieter, ihre Wohnung zuerst als Zweitwohnung zu registrieren und im Anschluss dann von der Stadt als Ferienwohnung genehmigen zu lassen. Schlussendlich wurde das Gesetz auch von den mit der Umsetzung beauftragten Behörden in Frage gestellt. So entschieden sich einige Berliner Bezirke dazu, das Gesetz auch nach vollem Inkrafttreten explizit *nicht* umzusetzen, um sich im Falle einer gerichtlichen

Rücknahme des gesamten Gesetzes vor etwaigen Schadensersatzansprüchen zu schützen.[38]
    Wie die Analyse des mittlerweile deutlich abgeschwächten Zweckentfremdungsgesetzes gezeigt hat, wird Ordnungsrecht vor allem auf lokaler Ebene herangezogen, um negative soziale Auswirkungen von kommerziellen Plattformen abzuschwächen.[39] Es ist derzeit jedoch nicht eindeutig abschätzbar, ob die ordnungsrechtlichen Maßnahmen diese Ansprüche tatsächlich erfüllen können. So zeigt das Beispiel, dass

1) Informationsfehler,
2) rechtliche Unsicherheiten sowie
3) Differenzen zwischen Regulierungsbehörden

gravierende Durchsetzungsprobleme nach sich ziehen. Ordnungsrecht kann demnach nur dann effektiv angewandt werden, wenn die regulierende Institution tatsächlich Zugang zu den für den Regulierungsprozess relevanten Informationen hat und das Gesetz nicht zu breit und rechtlich angreifbar formuliert worden ist. Zugleich läuft eine strenge ordnungsrechtliche Regulierung Gefahr, unverhältnismäßige Kosten zu produzieren. So zielte das Zweckentfremdungsgesetz zwar darauf ab, Wohnraumspekulation und die professionelle Kurzzeitvermietung von Wohnungen zu unterbinden, schränkte aber zugleich auch die Möglichkeit für Privatanbietende ein, ihr eigenes Zuhause gelegentlich zu teilen. Da keine geeigneten (und gleichzeitig überprüfbaren) gesetzlichen Kriterien zur gezielten Unterbindung von Zweckentfremdung gefunden wurden, ging das Vorgehen somit auch auf Kosten potenziell Ressourcen schonender Praktiken des privaten Teilens.

Theorie und Praxis der Selbstregulierung

Selbstregulierungsansätze sind dadurch gekennzeichnet, dass private Organisationen oder Firmen eigenständig Regeln formulieren, erwünschte Verhaltensweisen festlegen und diese im Rahmen ihrer Geschäftsmodelle durchsetzen. Im Gegensatz zum Ordnungsrecht finden solche Formen der Selbstregulierung demnach auf „keiner expliziten Gesetzesgrundlage und ohne einen besonderen gesetzlichen Handlungsrahmen" statt (Spindler und Thorau 2015). Selbstregulie-

---

38 https://www.berliner-zeitung.de/23953152
39 Die Debatte um die Sharing Economy scheint sich derzeit primär auf die oben skizzierten sozialen Aspekte zu konzentrieren. Ökologische oder ökonomische Nachhaltigkeitsaspekte wurden im deutschen Kontext bisher noch nicht über ordnungsrechtliche Maßnahmen adressiert.

rung wird demnach als ein Prozess definiert, in dem organisierte Gruppen Standards für das erwünschte Verhalten ihrer Teilnehmer entwerfen und diese auf Basis von selbst entwickelten Sanktionsmechanismen durchsetzen.

Befürworter der Selbstregulierung betonen vor allem die Ineffizienz staatlicher Regulierungsprozesse im Kontext neuer technologischer Entwicklungen sowie die wachsende Verquickung von staatlichen und nichtstaatlichen Interessen (ebenda). Weiterhin wird argumentiert, dass Formen der Selbstregulierung schneller auf Veränderungen reagieren könnten (und demnach der beschleunigten Dynamik des Marktes gerechter würden) und eine höhere Flexibilität besäßen (und demnach besser geeignet wären, um neuen plattformbasierten Geschäftsmodellen Entwicklungsspielraum zu ermöglichen). Kritiker hingegen charakterisieren Selbstregulierungsansätze als eine Art voluntaristische ‚Mogelpackung‘, die von Partikularinteressen mit dem Ziel propagiert wird, staatliche Markteingriffe zu delegitimieren (Black 2001).

Im Kontext der online-vermittelten Praktiken des Teilens lassen sich drei Ebenen der Selbstregulierung differenzieren.

– Erstens werden Selbstregulierungsmechanismen von Plattformen genutzt, um Informationsasymmetrien zwischen Anbietern und Nutzern abzubauen und eine Qualitätssicherung der angebotenen Dienstleistungen zu ermöglichen (Thierer et al. 2015). Dadurch soll nicht nur die Identifizierung von guten und schlechten Transaktionspartnern erleichtert, sondern auch Anreize zur Erbringung qualitativ hochwertiger Dienstleistungen geschaffen werden. Selbstregulierungsmechanismen werden somit häufig eingesetzt, um der Anonymität in den jeweiligen Märkten entgegenzuwirken und zum Aufbau von Vertrauen in die Märkte an sich beizutragen. Diese Form der Selbstregulierung kann als Selbstregulierung zwischen Angebot und Nachfrage charakterisiert werden.

– Zweitens können sich einzelne Firmen und Organisationen aber auch über den Abbau von Informationsasymmetrien selber hinausgehende Regeln setzen und diese im Kontext ihrer Plattform implementieren. Solche organisationsspezifischen Regelsetzungen werden häufig angewandt, um plattformspezifische Anreize für bestimmte Verhaltensweisen zu schaffen oder nicht erwünschte Verhaltensweisen, die über die Selbstregulierung zwischen Angebot und Nachfrage hinausgehen, zu sanktionieren. Dies kann als Selbstregulierung auf Plattformebene bezeichnet werden.

– Drittens können aber auch Organisationen der Selbstregulierung entstehen, die für einen gesamten Sektor/Markt Regeln festlegen und diese – ohne Regierungseinfluss – umsetzen. Solche Selbstregulierungsorganisationen entstehen häufig dann, wenn Marktakteure den mit ordnungsrechtlichen Eingriffen durch staatliche Regulierungsbehörden verbundenen Befolgungskosten zuvorkommen wollen. Dies kann als plattformübergreifende Selbstregulierung bezeichnet werden (Sundararajan 2016).

Um eine Selbstregulierung zwischen Angebot und Nachfrage voranzutreiben, greifen viele Sharing-Organisationen, wie Wimdu oder Drivy, auf Bewertungs- und Reputationsmechanismen zurück. Diese ermöglichen es den Nutzern, die von ihnen in Anspruch genommenen Dienstleistungen nach Abschluss der Transaktion zu bewerten. Dadurch sollen Informationsasymmetrien zwischen Anbietenden und Nachfragenden abgeschwächt werden. Da nachfragende Nutzer auf Basis dieser auf den Plattformen bereitgestellten aggregierten Informationen über vergangene Transaktionen in die Lage versetzt werden, unerwünschtes Verhalten zu sanktionieren, kann theoretisch etwaigem Marktversagen entgegengewirkt werden. So soll nicht nur die Anonymität der plattformbasierten Märkte überwunden und damit allgemeines Marktvertrauen aufgebaut, sondern auch eine plattforminterne Qualitätssicherung geschaffen werden.

Die öffentlich einsehbaren Bewertungsprofile haben aber eine Doppelfunktion: So ermöglichen sie nicht nur eine Selbstregulierung zwischen Angebot und Nachfrage, sondern stellen den Plattformen auch Sanktionsmöglichkeiten bereit, auf Basis derer Selbstregulierungsprozesse auf Plattformebene initiiert werden können. So können Plattformen negative Bewertungen heranziehen, um Anbieter, die den von der Plattform definierten Qualitätsansprüchen nicht genügen, temporär oder endgültig zu sperren und Standards zu setzen, die über die rein marktbasierte Selbstregulierung hinausgehen. Die Fahrtvermittlungsplattform Uber beispielsweise legt pro Stadt einen Bewertungsdurchschnitt fest, bei deren Unterschreitung das betroffene Profil von der Plattform genommen wird (Uber 2018).

Da die Attraktivität einer Plattform auch unmittelbar von der Qualität der von ihr vermittelten Angebote abhängt, hat sie ein Eigeninteresse daran, die Einhaltung gewisser Qualitätsstandards bei den angebotenen Dienstleistungen durchzusetzen. Vor allem in Bezug auf den Verbraucherschutz und die Marktstabilisierung fallen derzeit Plattforminteresse und Allgemeininteresse zusammen. Gegenwärtig adressieren Selbstregulierungsmechanismen damit primär ökonomische Aspekte der Nachhaltigkeit. Sind Verbraucher explizit an ökologischen und sozialen Aspekten interessiert, könnten Plattformen auch hier Informationen bereitstellen, die den Nutzern dabei helfen, das dahingehend bessere Angebot auszuwählen. So könnte es im Idealfall zu einem Wettbewerb zwischen den Plattformen kommen, bei dem Standardsetzung und Qualitätssicherung im

Fokus stehen und potenziell sogar Nachhaltigkeitsaspekte als Distinktionsmerkmal betont werden. Voraussetzung dafür ist jedoch, dass in den jeweiligen Märkten echte Plattformalternativen existieren oder zumindest neue Akteure mit spezifischen Qualitätsstandards in den Markt eintreten können. Die gegenwärtigen Monopolisierungstendenzen führen jedoch dazu, dass der Wettbewerb zwischen den Plattformen um die Qualität der angebotenen Services begrenzt ist.

Aufgrund positiver Rückkopplungseffekte in Netzwerkökonomien muss das Interesse der Plattformen darauf gerichtet sein, eine möglichst große Nutzercommunity aufzubauen. Auch wenn die Marktmacht einzelner Plattformen geradezu monopolistisch ist, gilt es, diese Relevanz gegenüber möglichen Plattformalternativen zu behaupten, die deren dominante Stellung anfechten könnten. Exkludierendes Verhalten durch Plattformnutzende widerspricht insofern dem Interesse der Plattformen und kann von ihnen durch die Ausgestaltung der Transaktionsprozesse teilweise unterbunden werden. Antidiskriminierungsverpflichtungen der Nutzer werden von einigen Plattformen bereits durchgesetzt. Eine ähnliche Interessenlage gilt für anderes unerwünschtes Nutzerverhalten, welches der Reputation einer Plattform schaden könnte. So werden Falschangaben oder gravierende Fehlverhalten von Nutzenden in der Regel schnell mit einem Ausschluss von der Plattformnutzung sanktioniert.

Gleichzeitig werden aber auch Grenzen der Selbstregulierung deutlich. So sind Selbstregulierungsansätze nur bedingt geeignet, wenn die negativ Betroffenen nicht unmittelbar an der Transaktion beteiligt sind (wie beispielsweise bei der Lärmbelästigung von Nachbarn durch Airbnb-Nutzer). Genauso ungeeignet sind Selbstregulierungsmechanismen, wenn es um den Schutz von Gemeingütern (wie beispielsweise bezahlbarem Wohnraum) geht. Letztlich scheinen auch die ökologischen Auswirkungen von Peer-to-Peer Sharing und die Verhinderung von damit verbundenen Rebound-Effekten nicht durch Selbstregulierung adressierbar, da diese vor allem durch sich ändernde relative Kostenstrukturen auftreten, die außerhalb der Kontrolle der Plattformen liegen.

Weiterhin haben sich in Deutschland bisher noch keine plattformübergreifenden Selbstregulierungsorganisationen etablieren können. Dies kann als Hinweis darauf interpretiert werden, dass die Monopolisierungstendenzen in den einzelnen Sektoren der Sharing Economy hierzulande noch so stark sind, dass eine gemeinsame Interessenvertretung derzeit nicht lohnenswert scheint. Im Vereinigten Königreich hingegen hat sich im Jahr 2015 bereits eine solche plattformübergreifende Interessenvertretung namens Sharing Economy UK gegründet, die unter anderem ein Peer-to-Peer spezifisches Gütesiegel vergibt und damit branchenübergreifend eine einheitliche Standardsetzung propagiert. Dieses so genannte „TrustSeal" wird an Plattformen vergeben, die Datensicherheit garantieren, substanzielle Versicherungslösungen anbieten, die Identität der Anbieter verifizieren und sichere Bezahlungsmöglichkeiten implementieren. Über Formen der Selbstregulierung lässt sich also auf der einen Seite flexibel und schnell auf die sich verändernden Anforderungen an Regulierung im Kontext der Sharing Economy reagieren. Das Potenzial der Selbstregulierung erschöpft sich aber, wenn Partikularinteresse und Gemeinwohlinteresse *nicht* zusammenfallen. So lassen sich – wie in der Analyse der bisher entstandenen Selbstregulierungsmechanismen sichtbar geworden ist – Fragen der sozialen und ökologischen Nachhaltigkeit nur begrenzt auf Basis dieser Regulierungsform adressieren. Grenzen der Selbstregulierung auf Plattformebene sind eben gerade dort erreicht, wo ein Gemeinwohl explizit gegen die Interessen der Nutzer durchzusetzen wäre (wie beispielsweise in Bezug auf den Lärm von Airbnb-Gästen, Rebound-Effekte oder einzuziehende Steuern).

Theorie und Praxis der Ko-Regulierung

Die dritte Form der Regulierung ist die Ko-Regulierung. Hierbei werden Standards vom Staat gemeinsam mit den zu regulierenden Organisationen spezifiziert und durchgesetzt. Private Akteure werden innerhalb eines gesetzlichen Rahmens selbstregulierend tätig und garantieren die Einhaltung staatlich festgelegter Normen, ohne in allen Fällen einer direkten Kontrolle zu unterliegen. Formen der Ko-Regulierung erwachsen häufig nicht aus einem intentionalen Prozess, sondern stellen das Produkt von durch Androhung von Ordnungsrecht in Gang gesetzten Aushandlungsprozessen zwischen staatlichen und nichtstaatlichen Akteuren dar. So kann es im Eigeninteresse der Plattformen liegen, durch eine Zusammenarbeit mit staatlichen Regulierungsinstitutionen potenziell kostspielige ordnungsrechtliche Maßnahmen abzuwenden.

Ko-Regulierungs-Ansätze haben dabei, genau wie die Selbstregulierung und das Ordnungsrecht, ihre Stärken und Schwächen. Auf der einen Seite kann durch die Einbindung nichtstaatlicher Akteure zusätzlicher wirtschaftlicher Sachverstand in den Regulierungsprozess eingebracht und im Rahmen staatlicher Standardsetzung nutzbar gemacht werden. Dies führt dazu, dass die Informationserfordernisse des Regulierers und das Problem des Zugangs zu relevantem Wissen, wie sie im Abschnitt zum Zweckentfremdungsgesetz beschrieben wurden, gemindert werden. Weiterhin kann es durch die aktive Einbeziehung nichtstaatlicher Akteure zu einer kosteneffektiveren Umsetzung des Gemeinwohlinteresses kommen. Die Annahme hierbei ist, dass das aktive Mitgestalten der Regulierungsinstrumente durch die zu regulierenden Akteure schlussendlich auch eine höhere Befolgungsquote nach sich zieht, da die durch Selbstregulierung formulierten privaten Standards eng verzahnt sind mit der staatlichen Rechtsetzung und ihrer Durchsetzung. Letztlich wird der Ko-Regulierung ein hohes Maß an Flexibilität zugeschrieben, da schnell auch nur in einzelnen Sektoren neue Regulierungsmechanismen ausprobiert werden können.

Kritiker argumentieren jedoch, dass die Ko-Regulierung im Gegensatz zum Ordnungsrecht den Fokus zu stark auf rein pragmatische Lösungen legt und dabei Fragen der Nachhaltigkeit und der Maximierung des gesellschaftlichen Nutzens außen vorgelassen werden. Weiterhin kann es zum Problem des so genannten *„regulatory capture"* kommen: Dies beschreibt eine Form politischer Korruption, die auftritt, wenn ein Regierungsorgan, anstatt im Interesse der Gesellschaft zu handeln, die kommerziellen oder speziellen Interessen einer bestimmten die Industrie oder den Sektor dominierenden Interessensgruppe vertritt (Wren-Lewis 2011).

Ko-Regulierungsansätze lassen sich derzeit vor allem im Übernachtungssektor identifizieren. Das wohl anschaulichste Beispiel ist die Erhebung von Bettensteuern durch Plattformen wie Airbnb und Wimdu. So hat Dortmund als erste deutsche Stadt in 2017 eine diesbezügliche Vereinbarung mit Airbnb geschlossen. Die Plattform erhebt die in der Stadt fällige Bettensteuer von 7,5 Prozent direkt von den Nutzern und überweist sie an die Stadt. In anderen Städten, wo keine vergleichbare Form der Ko-Regulierung besteht, müssen Airbnb-Gastgeber die Bettensteuer von ihren Gästen abführen und selber an die Stadt weiterreichen. Dies zieht nicht nur einen hohen Verwaltungsaufwand nach sich, sondern führt in vielen Fällen auch zu einem Rückgang an Steuereinnahmen, da die fälligen Steuern von den Gastgebern nicht abgeführt werden.

Ein weiteres Beispiel für Formen der Ko-Regulierung ist die Idee des Tageslimits auf Übernachtungsplattformen. Hierbei legt die regulierende Institution eine Anzahl von Tagen pro Jahr fest, an denen eine Vermietung von Wohnungen über Vermittlungsplattformen erlaubt wird. Erreicht der Anbieter das festgeschriebene Limit, unterbindet die Vermittlungsplattform automatisch weitere Buchungen. Die Idee, solche Tageslimits festzulegen, hat sich in den letzten Jahren im europäischen Raum immer mehr verbreitet und wird nun unter anderem in Hamburg, Amsterdam und London angewandt. In Berlin wurde das nur schwer durchzusetzende Zweckentfremdungsgesetz in 2018 dahingehend angepasst, dass sich potenzielle Vermieter nun zuerst beim zuständigen Bezirk registrieren lassen und die dort erhaltene Registrierungsnummer anschließend in den Inseraten bei digitalen Vermittlern angeben müssen. Dies soll es der Stadt ermöglichen, auch ohne Zugriff auf die Daten der intermediären Plattform evaluieren zu können, bei welchen Inseraten es sich um illegale Zweckentfremdung handelt und bei welchen nicht.

Laut Frenken und Schor (2017) lassen sich mit der Einführung solcher Tageslimits sowie der Registrierungspflicht zwei Probleme gleichzeitig lösen: So kann einerseits eine klare Grenze zwischen gewerblichen und nicht-gewerblichen Anbietern gezogen werden, die durch die verpflichtende Registrierung für die Regulierungsbehörde auch online nachvollziehbar ist. Andererseits kann durch das Tageslimit und die verpflichtende Registrierung auch rechtlich sichergestellt werden, dass nicht-gewerbliche Anbieter von der Einkommenssteuerpflicht befreit werden. Diese Form der Ko-Regulierung ist demnach konsistent mit dem Anspruch, nachhaltige Ausprägungen des digitalen Teilens zu fördern, andererseits aber Grenzen für professionalisierte und kommerzialisierte Aktivitäten, die negative Externalitäten (wie die Zweckentfremdung von Wohnraum) mit sich bringen, zu setzen.

In Bezug auf Nachhaltigkeitsaspekte kann konstatiert werden, dass die oben beschriebenen Formen der Ko-Regulierung nur dann funktionieren, wenn die Kosten der Nichtbefolgung der vom Staat gesetzten Richtlinien höher sind als die Beteiligung an Prozessen der Ko-Regulierung. Gleichzeitig funktioniert die Ko-Regulierung aber genau dann nicht mehr, wenn die Standardsetzung zu hohe Ansprüche an die Plattform stellt. In diesem Fall ist es wahrscheinlich, dass sich die Plattform der Zusammenarbeit verschließt und so lange in der rechtlichen Grauzone oder im Illegalen agiert, bis die vermittelten Transaktionen durch staatlichen Eingriff unmöglich gemacht werden.

Viele Konflikte des Teilens – und insbesondere Konflikte um die Nachhaltigkeitspotenziale der Sharing Economy – lassen sich aber nur bedingt über auf Pragmatismus ausgerichtete Formen der Ko-Regulierung lösen. Die Ko-Regulierung des Tageslimits beispielsweise regelt lediglich den Konflikt um die Definition der Bagatellgrenze. In der Aggregation können Bagatelldelikte sich aber weiterhin nachteilig auf Nachhaltigkeit auswirken. Wenn jede Wohnung in Friedrichshain-Kreuzberg für 60 Tage im Jahr vermietet wäre, hätte der Apartment-Sharing-Sektor einen vermutlich noch größeren (negativen) Einfluss auf die Sozialstruktur des Bezirks, als er sie laut Stadt bereits jetzt schon innehat. In diesem hypothetischen Fall wäre zwar das Problem der gewerblichen Vermietung ‚gelöst', andere propagierte negative Auswirkungen des Teilens (wie die im Mediendiskurs häufig mit der Sharing Economy assoziierte zunehmende Kommerzialisierung des Alltagslebens) aber blieben unangetastet. Der Pragmatismus der Ko-Regulierung macht es demnach nur eingeschränkt möglich, über marktbasierte Fragen hinaus soziale und ökologische Aspekte zu adressieren.

Zusammengefasst erlaubt die Ko-Regulierung im besten Fall eine kostengünstigere Durchsetzung von flexibleren Regeln zur Wahrung des öffentlichen
Interesses. Voraussetzung für so eine Zusammenarbeit ist jedoch, dass Plattformen ein Eigeninteresse daran haben, staatlich festgeschriebene Regeln selber
durchzusetzen (um beispielsweise eine ordnungsrechtliche Durchsetzung zu
verhindern). Der Staat kann somit einen rechtlichen Rahmen vorgeben, der eine
verbindliche Einhaltung von Nachhaltigkeitszielen zum Ziel hat. Sollten diese
Verbindlichkeiten aber zu stark sein, kann davon ausgegangen werden, dass
Plattformen sich den Regulierungsaufgaben verweigern. In diesem Falle bleibt
wiederum nur der Weg des Ordnungsrechts – mit seinen eigenen spezifischen
Vor- und Nachteilen.

9.7 Weiterentwicklung bestehender Regulierungsansätze

Zusammengefasst eignen sich bestehende Regulierungsansätze nur bedingt, um
die Nachhaltigkeitspotenziale der Sharing Economy zu heben. Ordnungsrechtliche Maßnahmen wie das Berliner Zweckentfremdungsgesetz sind zwar mit
dem Anspruch gestartet, die Bereitstellung von Gemeingütern sicherzustellen
und soziale Nachhaltigkeit zu fördern, stoßen aber derzeit verstärkt auf Probleme
in der Durchsetzung. Bereits etablierte Formen der Selbstregulierung haben bisher ausschließlich auf ökonomische Nachhaltigkeitsaspekte wie den freien Zugang zum Markt sowie Marktstabilisierung insgesamt abgezielt. Über Formen
der Ko-Regulierung konnte letztlich in einigen Märkten die Steuerpflicht durchgesetzt werden, jedoch ließen sich auch nur in begrenztem Maße soziale und
ökologische Nachhaltigkeitspotenziale heben. Demnach gibt es eine Notwendigkeit, bestehende Regulierungsformen anzupassen wie auch gänzlich neue Formen zu entwickeln.

Innovative ordnungsrechtliche Maßnahmen

Selbstverpflichtungen der Plattformen alleine scheinen die eingangs beschriebenen Probleme der Sharing Economy nicht ausreichend lösen zu können. Ein
stärkeres Eingreifen staatlicher Behörden ist demnach unabdingbar. Hierbei lassen sich drei potenzielle Weiterentwicklungen skizzieren:

In einem ersten Schritt muss das bestehende Kartellrecht im Kontext der
Sharing Economy überprüft werden. So konstatiert Demary (2016), dass Netzwerkeffekte in der Sharing Economy Monopolisierungstendenzen nach sich
zögen und es dadurch zu einer immer größeren Marktmacht einiger weniger

Akteure käme. Dies führe dazu, dass lokale Anbieter Probleme hätten, sich auf Dauer gegen global operierende Plattformen durchsetzen zu können. Netzwerkeffekte beschreiben die Tatsache, dass die Attraktivität einer Plattform steigt, je mehr Individuen sich an ihr beteiligen. Derartige Effekte können Monopolbildungen begünstigen, da für die Nutzer der dominanten Plattform ein Wechsel zu kleineren, unbekannteren Plattformen in der Regel kaum attraktiv ist. Dieser so genannte Lock-In-Effekt wird dadurch verstärkt, dass bei einem Wechsel in der Regel die mit dem persönlichen Profil verbundenen Daten und Transaktionshistorien (auch positive Bewertungen) verloren gehen. Dadurch wird der mit einem Wechsel verbundene Aufwand unnötig heraufgesetzt, um eine Abwanderung der Nutzenden zusätzlich zu erschweren.

Erleichtert werden könnte dieser Wettbewerb beispielsweise durch eine staatlich festgeschriebene Interoperabilität von Plattformen, wie sie in Artikel 20 der EU-Datenschutzgrundverordnung (EU-DSGVO 2016) zumindest in Teilen festgeschrieben wurde. Laut dieser Verordnung sollen ab Mai 2018 alle Internet-Nutzer in der EU ihre personenbezogenen Daten zwischen verschiedenen Online-Plattformen transferieren können. Eine die Monopolbildung adressierende Interoperabilität setzt aber zwei weitere Veränderungen voraus. Erstens müsste eine Form der *Datenportabilität* ermöglicht werden, sprich: Nutzer müssen die Fähigkeit besitzen, ihr Profil inklusive Reputation zu einer anderen Plattform mitnehmen zu können. Zweitens braucht es eine *Kompatibilität zwischen Plattformen.* So könnte man sich vorstellen, dass – analog zur Funktionsweise von E-Mail-Diensten, die trotz unterschiedlicher Benutzeroberflächen miteinander kommunizieren können – eine Person mit einem Profil auf Übernachtungsplattform A (mit Monopolstellung) eine Transaktion auf Plattform B (ohne Monopolstellung, aber mit stärkerem Fokus auf Nachhaltigkeit) durchführen könnte. So könnte der Staat festlegen, dass im Kontext eines Sektors innerhalb der Sharing Economy mit Monopolisierungstendenz so eine Form von Datenportabilität und allgemeiner Kompatibilität verpflichtend ist, um den Markteintritt von neuen Plattformen zu erleichtern.

Zweitens könnten staatliche Institutionen über Zulassungsbedingungen die Genehmigung zum Betrieb eines bewilligungspflichtigen Gewerbes an sozial-ökologisches Engagement koppeln. Diese Konditionen könnten dann gelockert werden, wenn sich Plattformen verpflichten, die von der regulierenden Instanz formulierten Standards tatsächlich zu befolgen. Weiterhin ließe sich über Möglichkeiten der verpflichtenden Sacheinlagen nachdenken: So könnten Bewilligungen für Plattformen mit hohen negativen Externalitäten daran gekoppelt werden, dass diese in einen Fond einzahlen, der für die Abschwächung der von ihnen verursachten negativen Externalitäten genutzt wird.

Drittens kann der Staat auch selber als Anbieter oder Intermediär in der Sharing Economy aktiv werden und nachhaltigere staatlich-organisierte Peer-to-Peer Sharing-Plattformen aufbauen. Diese Plattformen unterlägen einer direkten staatlichen Kontrolle und könnten durch ihren Fokus auf nachhaltige Transaktionen langfristig eine eigene Nutzungsklientel anziehen. In einigen Städten sind bereits staatlich organisierte, plattformbasierte Tausch- und Verschenkmärkte entstanden. Die Berliner Stadtreinigung beispielsweise stellt auf ihrer Webseite eine Peer-to-Peer Plattform zum Tauschen und Verschenken nicht mehr benötigter Güter bereit (Scholl et al. 2013). Der Ansatz kommunal betriebener Plattformen könnte auf das private Carsharing und das Apartment-Sharing ausgeweitet werden. So könnten lokale Unternehmen, Plattformkooperativen und soziale Organisationen eingeladen werden, unter Rückgriff auf die von Städten bereitgestellten Daten Services anzubieten. Kommunale Plattformen könnten aufgrund der Abwesenheit kommerzieller Interessen gleichsam ein größeres Vertrauen seitens der Verbraucher hinsichtlich eines verantwortungsvollen Umgangs mit den erhobenen Nutzerdaten für sich reklamieren. In diesem Sinne könnte eine auf Nachhaltigkeit fokussierte öffentliche Infrastruktur des Teilens entstehen.

Innovative Selbstregulierungsmechanismen

Wie eingangs dargestellt, konzentrieren sich die für den Regulierungsprozess relevanten Daten zentral bei den Plattformen. Eine derzeit kontrovers diskutierte Möglichkeit, diesen Zustand produktiv zu nutzen, ist die so genannte datengetriebene Selbstregulierung (Sundararajan 2016). In diesem Regulierungsprozess würden die von Nutzern freiwillig bereitgestellten Daten von den einzelnen Plattformen ausgewertet werden, um ein vollautomatisiertes Vorgehen gegen plattforminternes, marktschädigendes Verhalten zu ermöglichen. So könnten Plattformen beispielsweise Algorithmen programmieren, die auf Basis des Nutzungsverhaltens Zweckentfremdung automatisch identifizieren und unterbinden könnten.

Ein weiterer Ansatz der Selbstregulierung könnte darin bestehen, dass Plattformen Transparenz über den Umwelteinfluss der vermittelten Transaktion gewährleisten. So könnte einerseits ein größeres Bewusstsein dafür geschaffen werden, welche Implikationen auch das Teilen auf Plattformen noch mit sich bringt. Dies könnte Anreize für Individuen schaffen, Rebound-Effekte – wie beispielsweise ein verstärktes Reisen aufgrund geringerer Preise im Apartment-Sharing-Sektor – zu vermeiden. Andererseits könnten die tatsächlichen Umweltkosten der Nutzung – wie beispielsweise der CO_2-Ausstoß eines geliehenen Autos – im Stile eines zweiten Preisschildes auch an den Nutzer weitergegeben werden.

Im Zuge davon könnte es zu einer Spezialisierung im Plattformmarkt kommen, die sich nicht über den Preis, sondern über die Nachhaltigkeitsorientierung der einzelnen Plattformen strukturiert. So könnten sich einige Plattformen über ihre ökologische Performance profilieren und dadurch ein bestimmtes, ökologisch bewusstes Segment von Nutzern aktivieren. Da Selbstregulierung an sich immer auch ein Prozess des Wettbewerbs *zwischen* Plattformen ist – schlechtere oder nicht existente Selbstregulierungsmaßnahmen gehen, wie oben gezeigt, oft auch einher mit schlechterem Verbraucherservice – könnten sich bestimmte Plattformen genau über ihre Position zu Fragen der Nachhaltigkeit am Markt als Akteur verorten.

Hierfür ist jedoch vorausgesetzt, dass in den jeweiligen Märkten der Sharing Economy tatsächlich Wettbewerb zwischen unterschiedlichen Plattformen herrscht. Stünden mehrere Plattformen in Konkurrenz zueinander und würden um Marktanteile ringen, könnte es für die einzelnen Organisationen Sinn ergeben, sich beispielsweise über eine explizite ökologische Ausrichtung zu positionieren, um ein bestimmtes Klientel anzusprechen. Dies erscheint im Kontext der gegenwärtigen Monopolisierungstendenzen, die Wettbewerb erschweren, eher unwahrscheinlich.

Innovative Formen der Ko-Regulierung

In Bezug auf die Ko-Regulierung lassen sich zwei potenzielle Weiterentwicklungen charakterisieren. Erstens mangelt es derzeit noch an Anreizen für Unternehmen, sich auf Ansätze der Ko-Regulierung einzulassen. Um dies zu ändern, könnten beispielsweise staatliche Gütesiegel eingeführt oder von Sharing-Plattformen etablierte Kodizes vom Staat anerkannt werden (wie das oben genannte Siegel des Sharing Economy UK). Einen erster Schritt in diese Richtung stellt die Ausweitung des staatlich geförderten Umweltzeichens „Blauer Engel" auf den Sektor des kommerziellen Carsharing dar. Die dabei festgelegten Vergabekriterien fokussieren beispielsweise auf die Umweltqualität der Fahrzeugflotte sowie die (theoretische) Nutzungsintensität (gemessen über das Verhältnis der Anzahl der Fahrzeuge zu der Anzahl der Mitglieder) (Blauer Engel 2018). Dieser Ansatz ließe sich in Zukunft auch auf Peer-to-Peer Sharing-Plattformen übertragen.

Zweitens müssten Anreize für den Aufbau nichtstaatlicher Regulierungsbehörden geschaffen werden. Dies könnte über eine staatliche Akkreditierung von Einrichtungen der freiwilligen Selbstkontrolle, wie es beispielsweise im Kontext des Jugendschutzes schon gehandhabt wird, geregelt werden. So könnte der Staat allgemeinverbindliche Standards setzen, an die sich Marktteilnehmer halten müssen. Plattformen könnten sich dann von staatlichen Institutionen ‚ausbilden' lassen, um die Regulierungsintention nachvollziehen zu können, die Regularien dann aber schlussendlich selber, ohne direkten staatlichen Eingriff umsetzen. Um zu überprüfen, dass diese Form der Selbstregulierung tatsächlich zu einer Einhaltung der vorher vereinbarten Standards führt, könnten staatliche Regulierungsbehörden wiederum geprüfte Nachweise über die Einhaltung verlangen (Sundararajan 2016). Die Entscheidung Facebooks, im Kontext der 2018 in Kraft getretenen EU-Datenschutz-Grundverordnung, aktiv gegen das Verbreiten so genannter „fake news" vorzugehen, stellt einen ersten Schritt in diese Richtung dar.

Zentraler Vorteil eines solchen Ansatzes wäre, dass diese staatlich ausgebildeten Experten aufgrund ihrer Eingebundenheit in die Plattformen ein größeres Wissen über die tatsächlichen Markttransaktionen hätten. Weiterhin würden die Kosten der Durchsetzung für die Regulierungsbehörden bei gleichzeitiger Sicherstellung der Einhaltung von Rahmenbedingungen sinken. Somit könnte eine größere Regulierungseffizienz bei geringerem staatlichen Aufwand erzielt werden.

9.8   Fazit

Die Analyse der Wirkungen und Potenziale des Peer-to-Peer Sharing hat relevante Problemfelder des privaten Teilens aufgezeigt, die durch geeignete Steuerungsinstrumente auf nachhaltige Entwicklungspfade gesetzt werden müssen. Die ökonomische Nachhaltigkeit ist durch Tendenzen der Monopolisierung der Plattformen, Fragen des Verbraucherschutzes und der Sicherung der Leistungsqualität, Wettbewerbsverzerrungen und Fälle von Steuervermeidung gefährdet. Ökologische Nachhaltigkeitspotenziale werden vor allem durch die Substituierung nachhaltiger Praktiken durch weniger umweltfreundliche Aktivitäten und zusätzlichen Konsum geschmälert. Unter Aspekten der sozialen Nachhaltigkeit sind die zunehmende Kommerzialisierung privater Lebensbereiche, der Umgang mit Nutzerdaten und mögliche Verletzungen der Privatsphäre, exkludierendes Verhalten und die Fortschreibung sozialer Klassenunterschiede problematisch. Es wurde auch gezeigt, dass das Teilen von Gütern positive Nachhaltigkeitswirkungen mit sich bringt.

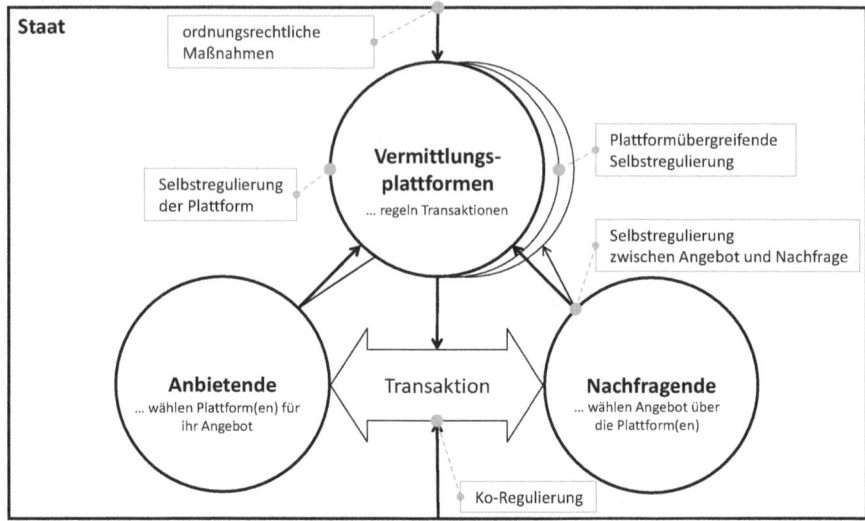

Abbildung 41: Systematisierung der Regulierungsformen für Peer-to-Peer Sharing. Eigene Darstellung

Voraussetzung dafür, dass Sharing-Plattformen positive Nachhaltigkeitseffekte erzeugen, ist jedoch, dass sie in einen adäquaten Governance-Rahmen eingebettet sind. Der Rahmen muss sicherstellen, dass staatlich festgelegte Mindeststandards eingehalten werden und es nicht zu einer Unterminierung bestehender Regulierungen kommt. Die Darstellung alternativer Regulierungsansätze verdeutlicht, dass den Behörden für die Schaffung eines solchen Rahmens mehr Optionen zur Verfügung stehen, als häufig angenommen wird. Zusammenfassend lassen sich die folgenden wesentlichen Regulierungsansätze unterscheiden:

1) Formen der Selbstregulierung auf verschiedenen Ebenen,
2) ordnungsrechtliche Maßnahmen und
3) Formen der Ko-Regulierung (siehe Abbildung 41).

Um deren Eignung für die nachhaltige Steuerung von Peer-to-Peer Sharing-Praktiken zu bewerten, ist entscheidend, welche Interessen die daran beteiligten Akteure verfolgen, wo die relevanten Informationen für eine effektive Steuerung zu verorten sind und inwieweit die Einhaltung der aufgestellten Regeln effektiv durchsetzbar ist.

Grundsätzlich ist davon auszugehen, dass relevante Informationen über Marktaktivitäten und die impliziten Kosten der Umsetzung von regulativen Maßnahmen eher auf der Ebene der Marktakteure vorliegen. Die erforderlichen politischen Prozesse hingegen sind zur normativen Abwägung zwischen unterschiedlichen Gemeinwohlinteressen oder den gegensätzlichen Interessen verschiedener Marktakteure im Sinne einer demokratischen Legitimierung eher auf staatlicher Ebene zu verorten. In diesem Spannungsfeld sollte eine nachhaltige Steuerung den Marktakteuren selbst überlassen werden, wenn einerseits die Sicherstellung der fraglichen Gemeinwohlaspekte in ihrem Interesse liegt und diese andererseits durch sie auch faktisch durchgesetzt werden kann. Liegen die fraglichen Gemeinwohlaspekte jedoch nicht im Interesse der bestimmenden Marktakteure, haben sie nicht die notwendigen Mittel, um Regelverstöße zu sanktionieren, oder müssen gar Interessen der Allgemeinheit gegen die Interessen der Marktakteure durchgesetzt werden, ist eine Regulierung durch staatliche Autoritäten geboten. Hierbei können aufgrund schlechter Informationslage oder fehlender Durchsetzungsinstrumente erhebliche Kosten bei der Umsetzung der ordnungsrechtlichen Maßnahmen entstehen. Die Ko-Regulierung stellt eine mögliche Kompromisslösung dar, die eine kosteneffiziente Umsetzung von hoheitlichen Aufgaben anstrebt und damit Vorteile für die beteiligten Akteure und die Allgemeinheit verspricht. Tabelle 7 ordnet den Problemfeldern des Peer-to-Peer Sharing geeignete Regulierungsansätze zu.

Eine Reihe von Nachhaltigkeitsaspekten, insbesondere das Auftreten von ökologischen Rebound-Effekten oder Fragen der Verteilungswirkung, können durch eine ordnungsrechtliche Regulierung des privaten Teilens nicht adressiert werden. Die effektive Steuerung erfordert eine transformative Nachhaltigkeits-

Tabelle 7: Regulierungsansätze für bestimmte Problemfelder der Nachhaltigkeit

Nachhaltigkeits-dimension	Selbstregulierung	Ko-Regulierung	Ordnungsrecht
Ökonomisch	• Leistungsqualität, • Versicherung, • Haftung	• Abführung von Steuern	• Bagatellgrenzen für Gewerbeanmeldung
Ökologisch	• Informationen über Umweltwirkungen	• Kennzeichnung „echten" Teilens	• Internalisierung von Umweltwirkungen
Sozial	• Antidiskriminierung	• Standards für Datenportabilität	• Datensouveränität

politik und einen regulativen Rahmen, der weit über die betrachteten Sektoren hinausreicht. So kann eine umweltfreundliche Verwendung der durch das Teilen erzeugten finanziellen Ersparnisse nur durch eine umfassende Internalisierung der ökologischen Externalitäten in sämtlichen Wirtschaftsbereichen sichergestellt werden. Allenfalls können Plattformen ihren Nutzern Informationen über direkte Umweltwirkungen der Einzeltransaktionen bereitstellen oder ein umweltfreundliches Verhalten der Nutzer durch die Gestaltung komplementärer Angebote fördern. Solche Maßnahmen werden jedoch nur auf freiwilliger Basis erfolgen können.

Es hat sich gezeigt, dass Formen der Selbstregulierung in einigen Problemfeldern bereits erfolgreich eingesetzt werden. Da es im Interesse der Plattformen liegt, funktionierende Märkte aufzubauen, werden Fragen des Verbraucherschutzes und der Haftung bei Betrug oder Unfällen bereits durch Vorkehrungen der Plattformen geregelt. Bewertungssysteme helfen, existierende Informationsasymmetrien im Markt abzubauen, und ermöglichen eine gewisse Selbstregulierung zwischen den Nutzern. Schlechte Leistungsqualität wird durch Bewertungssysteme erkannt und sanktioniert. In der Konsequenz wird dadurch eine Bereinigung des Marktes bewirkt. Versicherungslösungen und subsidiäre Gewährleistungen durch die Plattformen reduzieren das Risiko der Plattformnutzenden weiter und tragen somit zum Schutz der Verbraucher vor Betrugsfällen bei.

In vielen Fällen können Selbstregulierungs- und Ko-Regulierungsansätze dazu beitragen, nachhaltige Praktiken des Teilens zu fördern. Diese Ansätze sollten stärker als bislang von staatlicher Seite aus berücksichtigt werden, um eine nachhaltige Ausrichtung der Sharing Economy weiter voranzutreiben. Voraussetzung dafür ist aber, dass

1) Regulierungsbehörden Kriterien entwickeln, anhand derer zwischen gewerblichen und nicht-gewerblichen Angeboten unterschieden werden kann und dass

2) Plattformen stärker Verantwortung für die bei ihnen abgewickelten Transaktionen übernehmen.

Um diese Aspekte in die Regulierungsbemühungen zu integrieren, müssen folgende Aspekte verwirklicht werden:

(1) Plattformen und Regulierungsbehörden müssen gemeinsam Standards für die Sharing Economy entwickeln

Peer-to-Peer Sharing ist trotz des großen medialen und akademischen Interesses immer noch ein junges Phänomen, das sich gesamtgesellschaftlich noch in der

Nische befindet. Um die positiven Nachhaltigkeitspotenziale heben zu können, muss sich dieses Phänomen also weiterhin etablieren können. Von staatlicher Seite aus sollte deshalb grundsätzlich dafür gesorgt werden, dass Sharing-Praktiken mit Nachhaltigkeitspotenzialen Entwicklungsperspektiven haben und aktiv gefördert werden, während nicht-nachhaltigen Sharing-Praktiken entgegengewirkt wird. Dies spricht dafür, Plattformen im Sinne einer Ko-Regulierung aktiv in den Regulierungsprozess einzubeziehen und Nachhaltigkeitsaspekte in den Designprozess aufzunehmen.

In einem ersten Schritt sollten Plattformen und Regulierungsbehörden gemeinsam an einer Standardsetzung mitwirken. Plattformübergreifende Netzwerke (wie Sharing Economy UK) sollten in Abstimmung mit staatlichen Behörden festlegen, welche Mindeststandards unabdingbar sind und wie deren Einhaltung sichergestellt werden kann. Regulierungsbehörden sollten dabei einen besonderen Fokus darauf legen, dass Fragen des Verbraucherschutzes geklärt sind, dass Gewerbesteuern abgeführt und Vorkehrungen zum Schutz der Allgemeinheit eingehalten werden.

Parallel zu diesem Verständigungsprozess sollten von staatlicher Seite aus förderliche Rahmenbedingungen entwickelt werden: Da ökonomische Nachhaltigkeit in vielen Fällen durch Formen der Selbstregulierung adäquat adressiert werden kann, sollten sich Regulierungsbehörden mit dem Aufbau und der Anerkennung von Einrichtungen der freiwilligen Selbstkontrolle auseinandersetzen. Staatlich anerkannte Gütesiegel könnten als freiwillige Instrumente der Verbraucherinformation ökonomische Anreize für gemeinsam zu bestimmende Standards der Umwelt- und Sozialverträglichkeit setzen.

(2) „Echtes" Teilen muss gefördert, „falsches" Teilen als Gewerbe behandelt werden

Peer-to-Peer Sharing trägt kaum zur Ressourcenschonung bei, wenn zusätzliche Güter angeschafft werden, um diese über digitale Plattformen zu vermieten. Diese Form des „falschen" Teilens – bei der die Güterproduktion zusätzlich angekurbelt wird – sollte gesetzlich von Praktiken des „echten" Teilens unterschieden werden, bei denen der Güterbestand einer intensiveren Nutzung zugeführt wird. Mögliche negative Externalitäten des Peer-to-Peer Sharing, vor allem im sozialen Bereich, wiegen umso schwerer, wenn ihnen keine ökologische Entlastung gegenübersteht. Um die ökologischen Potenziale des Teilens zu fördern und dessen Gemeinwohl schädigende Wirkungen abzuschwächen, sollten Governance-Mechanismen nur „echte" Praktiken des Teilens fördern und „falsche" Praktiken nicht weniger streng als vergleichbare gewerbliche Aktivitäten regulieren. Transkationen auf Sharing-Plattformen, die ökonomische Anreize für die Anschaffung von Gütern setzen, sollten demnach als gewerblich definiert und analog zu den bestehenden Gewerben wie der Hotel- oder Taxiindustrie behandelt werden. „Echtes" Teilen kann hingegen durch die Ausnahme von restriktiven gesetzlichen Bestimmungen (z. B. Besteuerung) staatlich gefördert werden. Die Umsetzung dieser Forderung verlangt eine ausdifferenzierte Definition von Gewerbetätigkeit in allen Sektoren, in denen Peer-to-Peer Sharing relevante Marktanteile erreicht. Eine Möglichkeit wäre, Bagatellgrenzen für die Ausnahme von der Gewerbeanmeldung gesetzlich so festzulegen, dass eine Unterschreitung für kommerziell ausgerichtete Anbieter geteilter Güter unattraktiv ist, aber gelegentliches Teilen erleichtert wird. Wie so eine Festlegung operationalisiert wird, hängt jedoch stark vom jeweiligen Sektor ab. Im Apartment-Sharing-Sektor scheint sich die Idee der Tageslimits durchzusetzen. Es stellt sich die Frage, wie sich dieser Ansatz auf andere Märkte übertragen lässt, was also das Äquivalent der Tagesregel für andere Märkte wäre.

(3) Ordnungsrechtliche Ansätze müssen weiterentwickelt werden

Es wurde weiterhin aufgezeigt, dass die effektive Durchsetzung solcher Grenzen für Regulierungsbehörden aufgrund fehlender Informationen erschwert ist. Der Beschaffung von regulierungsrelevanten Daten kommt deshalb im Kontext der Sharing Economy eine besondere Relevanz zu. Derzeit operieren Regulierungsbehörden häufig auf Basis einer unzureichenden Datengrundlage – eine Situation, die dadurch verschärft wird, dass sich viele Plattformen weigern, die bei ihnen zusammenlaufenden Informationen über abgewickelte Transaktionen mit den Regulierungsbehörden zu teilen. Es besteht also die Notwendigkeit, gesetzlich neu zu regeln, auf welche Daten Regulierungsbehörden Zugriff haben. Es sollte von staatlicher Seite nicht davor zurückgeschreckt werden, Plattformen gesetzlich dazu zu verpflichten, Zugang zu ihren Daten zu gewähren.

Ein weiterer Aspekt, der staatliches Handeln notwendig macht, sind die Monopolisierungstendenzen in der Sharing Economy. Wenn der freie Wettbewerb durch die Marktmacht einzelner Plattformen eingeschränkt wird, sind eine Stärkung der Rechte der Nutzenden an ihren persönlichen Daten und eine wirksame Kontrolle der Einhaltung dieser Rechte erforderlich. Die Anfechtbarkeit der Monopolstellung etablierter Plattformen könnte dadurch gestärkt werden, dass ein Wechsel zwischen verschiedenen Plattformen gezielt erleichtert wird. Dazu sollten in einem ersten Schritt Mindeststandards für Datenportabilität entwickelt werden.

(4) Plattformen müssen stärker in Verantwortung gezogen werden

Plattformen besitzen die Fähigkeit zur Gestaltung der über sie abgewickelten Transaktionen. Demnach könnten sie durch verbindliche Regeln direkten Einfluss darauf nehmen, welche Formen des Teilens durch ihre Vermittlung praktiziert werden. Häufig ziehen sich die Plattformen jedoch auf ihre Vermittlerrolle zurück und übernehmen für die Einhaltung gesetzlicher Bestimmungen und die Stärkung von Nachhaltigkeitsaspekten keine Verantwortung für die von ihnen vermittelten Leistungen. Der Regulierungsprozess wird dadurch erschwert, dass sich Gesetze nur auf die durch Plattformen ermöglichten Praktiken beziehen können, nicht aber auf die Plattformorganisationen selbst. Es besteht also eine Diskrepanz zwischen der Gestaltungsmacht der Plattformen und ihrer Verantwortungsübernahme.

Die Implementierung konfrontativer Regulierungsansätze sowie die Androhung von Verboten haben dazu geführt, dass sich Plattformen verstärkt auf Prozesse der Ko-Regulierung einlassen und dazu bereit sind, Verantwortung für die auf ihren Plattformen durchgeführten Transaktionen zu übernehmen. In diesem Kontext hat sich ein Möglichkeitsfenster geöffnet, Kompromisse des Teilens zu finden, die es ermöglichen, „echte" Sharing-Praktiken mit Nachhaltigkeitspotenzialen aktiv zu fördern und gleichzeitig nicht-nachhaltige Sharing-Praktiken als klassische Gewerbetätigkeiten zu definieren und rechtlich zu behandeln. Diese Prozesse sollten vertieft und der dafür notwendige Austausch mit den jeweiligen Plattformorganisationen verstärkt werden. Formen der Selbst- und Ko-Regulierung können staatliche Regulierung dabei nicht ersetzen. Es muss stattdessen darum gehen, staatliche Regelsetzung in ausgewählten Bereichen zu ergänzen sowie diese Regelungen besser durchzusetzen. Es bleibt jedoch dabei, dass eine effektive Selbst- und Ko-Regulierung auf einen gesetzlichen Rahmen angewiesen ist, um in Bezug auf Nachhaltigkeitspotenziale legitim und glaubwürdig zu sein. Zentrale Herausforderung für staatliche Regulierungsbehörden ist es demnach, einen ordnungsrechtlichen Rahmen zu entwickeln, innerhalb dessen Formen der Selbstregulierung und Ko-Regulierung ihre jeweiligen Potenziale voll ausschöpfen können.

10 Mit Sharing nachhaltiger Wirtschaften?!

Gerd Scholl, Christine Henseling, Siegfried Behrendt

Welchen Beitrag leistet Peer-to-Peer Sharing zum nachhaltigen Wirtschaften und was muss getan werden, damit dieser Beitrag möglichst groß ausfällt? Die voranstehenden Kapitel haben einige Antworten auf diese Fragen gegeben.

Das über kommerzielle Online-Plattformen vermittelte Teilen von privat zu privat bewirkt in seiner derzeitigen Ausprägung und mit den gegenwärtigen Formen der Nutzung moderate Umweltentlastungen. Dies zeigt die am Beispiel von vier Sharing-Plattformen durchgeführte Ökobilanz (siehe Kapitel 5). Sharing im Bereich der Kleidung bringt demnach vergleichsweise geringe ökologische Vorteile, wobei sich ein durch den erleichterten Zugang ausgelöster Mehrkonsum und eine erhöhte Nachhaltigkeit durch die Vermeidung von Neukäufen zum Teil aufheben. Direkte Vorteile in Bezug auf verringerte Emissionen aus der Mobilität treten bei vermittelten Mitfahrgelegenheiten auf. Hier wird die Besetzungszahl der genutzten Fahrzeuge erhöht, so dass die personenbezogenen Emissionen der Fahrt sinken. Sowohl beim privaten Automieten als auch beim Mitfahren ergeben sich zudem indirekte Vorteile des Sharing, da die Nutzer ihre Autos teilweise abschaffen, was wiederum Einfluss auf die sonstige Alltagsmobilität hat. Beim Apartment-Sharing werden Privatwohnungen mit Reisenden geteilt, was zur Verringerung der Umweltlasten im Vergleich zu einer Übernachtung im Hotel führt. Beim Reisen verursachen die zurückgelegten Strecken einen Großteil der Umweltlasten, insbesondere Flugreisen. Hier werden ökologische Vorteile aus dem Bereich der Übernachtung zum Teil aufgehoben, da das Sharing-Angebot zusätzliches Reisen stimuliert.

Die ökologische Bilanz des Internet-gestützten Peer-to-Peer Sharing fällt also derzeit schwach positiv aus. Demgegenüber sind die Wirkungen des Peer-to-Peer Sharing in der sozialen Dimension schon deutlich ambivalenter und angesichts der mit der Sharing Economy verbundenen Hoffnungen auf stärker kollaborative Formen des Produzierens und Konsumierens auch ernüchternder. Zwar sieht knapp die Hälfte der Deutschen einen Vorteil des Peer-to-Peer Sharing in der Möglichkeit, neue Menschen kennenzulernen. Aber mit anderen Menschen ein Gefühl der Gemeinschaftlichkeit zu empfinden, das betrachtet nur noch ein Drittel der Bevölkerung als vorteilhaft (siehe Kapitel 3). Bei den heute

© Springer Fachmedien Wiesbaden GmbH, ein Teil von Springer Nature 2019
S. Behrendt et al. (Hrsg.), *Digitale Kultur des Teilens*,
https://doi.org/10.1007/978-3-658-21435-7_11

weit verbreiteten Formen der Sharing Economy steht die Gemeinschaftsorientierung also eher im Hintergrund. Es dominieren Pragmatismus und der eigene
Nutzen.

Hinzu kommen die indirekten sozialen Wirkungen, wie etwa die systematische Aushebelung branchenspezifischer und allgemeiner gesetzlicher Bestimmungen. So gefährdet mancherorts das (quasi-)professionelle Wohnungs-Sharing
das Gemeinwohlinteresse nach bezahlbarem Wohnraum. Darüber hinaus bietet
das organisierte Teilen von privat zu privat nicht automatisch Einkommens-
chancen für Einkommensschwache – denn nur wer über Eigentum verfügt, kann
damit zusätzliche Einkünfte generieren. Auf der anderen Seite erhalten Menschen, die sich die Anschaffung bestimmter Güter nicht leisten können oder
wollen, durch Sharing neue Zugangsmöglichkeiten zum Güterkonsum. Doch
dies wiederum kann die Kommerzialisierung des Privaten, das heißt eine Verdrängung sozialer Austauschbeziehungen durch ökonomische Transaktionen,
befördern. Der vormalige Freundschaftsdienst, etwa das Verleihen des Autos
oder die Überlassung der Wohnung, bedeuten in der Sharing Economy einen
Verlust potenzieller Einkünfte. Unentgeltliche soziale Transaktionen werden dadurch nicht unbedingt wahrscheinlicher.

Trotz dieses auf ökologischer und sozialer Ebene sehr uneinheitlichen Bil-
des sind die Möglichkeiten, die Internet-gestütztes Peer-to-Peer Sharing für ein
nachhaltigeres Wirtschaften bietet, unbestritten. Das im Projekt erarbeitete
Trendszenario (siehe Kapitel 8) macht deutlich, dass das Peer-to-Peer Sharing
mit seinen Plattformen definitiv kein vorübergehendes Phänomen ist. Nach der
Gründungsphase und einer anschließenden Phase schnellen Wachstums und
schneller Expansion befindet sich der Markt gegenwärtig in einer Konsolidie-
rungs-, Ausdifferenzierungs- und Umbruchphase, die durch Aufgabe, Fusionen,
neue Geschäfts- und Erlösmodelle sowie durch Kooperationen geprägt ist. Auf
Nutzerseite ist das Interesse an dieser innovativen Form des Konsums groß. Den
im Projekt durchgeführten Umfragen zufolge ist jeder dritte Deutsche bereit,
Peer-to-Peer Sharing zukünftig zu nutzen. So könnte sich die Nachfrage nach
privatem Carsharing verfünffachen und die nach privatem Apartment-Sharing
mehr als verdoppeln. Hierbei liegt die Herausforderung darin, den Prozess des
Übergangs aus der Nische in den gesellschaftlichen Mainstream so zu gestalten,
dass die Ressourceneffizienzpotenziale, möglichst umfassend erschlossen werden, ohne dass dies zulasten anderer Gemeinwohlinteressen geht.

Das erfordert zum einen ein verändertes Konsumverhalten. Die Umfragen
haben zwar gezeigt, dass sowohl bei Menschen, die Sharing-Plattformen nutzen,
als auch bei Menschen, die diesbezüglich (noch) keine Erfahrungen haben, die

ökologischen Vorteile der geteilten Nutzung von hoher Bedeutung sind (siehe Kapitel 3 und 4). Dass es aber vor allem sie selbst sind, die durch die Abschaffung des eigenen Autos, den Verzicht auf beschleunigten Kleidungskonsum oder die Vermeidung von zusätzlichen Flugreisen das Ausmaß der Umweltwirkungen bestimmen – dieser Zusammenhang wird von den (potenziellen) Nutzern bislang nicht gesehen. Daher ist ein „substitutiver" Konsumstil nötig, das heißt eine Art des Konsumierens, bei der die geteilte Nutzung die nicht-geteilte Nutzung tatsächlich ersetzt und nicht bloß ergänzt. Solch ein Konsumstil setzt allerdings einen grundsätzlichen Einstellungs- und Verhaltenswandel voraus. Noch ist dieser in der Breite der Gesellschaft nicht in Sicht. Das Internet-gestützte Peer-to-Peer Sharing wird aber erst dann sein ganzes ökologisches Potenzial entfalten, wenn es als Teil eines Wandels in Richtung nachhaltiger Konsumstile betrachtet und auch realisiert wird.

Hinzukommen müssen – im Sinne des im Buch vorgestellten Transformationsszenarios (siehe Kapitel 8) – zudem eine nachhaltige Gestaltung der Geschäftsmodelle der digitalen Vermittlungsplattformen sowie die Schaffung geeigneter politischer und rechtlicher Rahmenbedingungen. Ersteres zielt zuvorderst auf die Stabilisierung der ökonomischen Tragfähigkeit der Plattformen. Um neue Nutzer zu erreichen, muss das Nutzervertrauen durch entsprechende Mechanismen – Verifizierung, Bewertungssysteme und Versicherungen – weiter gestärkt und das Wertangebot durch einfache und zuverlässige Transaktionen sowie neue Services weiterentwickelt werden. Überdies muss ein nachhaltiges Nutzerverhalten gefördert werden, etwa indem durch Hervorhebungen und verbesserte Suchfunktionen umweltfreundliche Angebote auf den Plattformen sichtbarer gemacht werden (siehe Kapitel 6). Dazu zählt auch, dass die Unternehmen im Sinne einer Corporate Social Responsibility mehr Verantwortung übernehmen. Bisher ziehen sich die Plattformbetreiber auf ihre vermittelnde Rolle zurück und übernehmen kaum Verantwortung für die Ausgestaltung und Rechtmäßigkeit der Angebote ihrer Nutzer.

Der zweite Aspekt, eine kluge politisch-rechtliche Rahmung des Peer-to-Peer Sharing, bezieht sich auf den Versuch, die Selbstregulierung der Plattformen, die Regulierung durch staatliches Ordnungsrecht sowie die Ko-Regulierung zwischen Staat und Plattformen so zu gestalten, dass positive Nachhaltigkeitseffekte entstehen (siehe Kapitel 9). Dazu gehört beispielsweise, dass Plattformen und Regulierungsbehörden gemeinsam Standards für die Sharing Economy entwickeln, etwa beim Verbraucherschutz, dass „echtes" Teilen gefördert und „falsches" Teilen als Gewerbe behandelt wird oder dass die Bereitstellung der Nutzungsdaten für eine angemessene Regulierung gesetzlich neu geregelt wird.

Mit den skizzierten Ergebnissen und Schlussfolgerungen hat das Forschungsvorhaben PeerSharing empirisch fundierte Antworten auf die Frage geliefert, wie nachhaltig das über Online-Plattformen vermittelte Peer-to-Peer Sharing ist, beziehungsweise wie man diese innovative Form des Konsums (noch) nachhaltiger gestalten kann. Mit der Fokussierung des Vorhabens auf kommerzielle Internet-Plattformen gehen jedoch auch gewisse Einschränkungen einher: So wurde damit nur ein Teilbereich der Sharing Economy betrachtet. Wenngleich dieser von einer hohen Dynamik gekennzeichnet ist und neue wirtschaftliche Player hervorgebracht hat, unterscheidet er sich doch nicht unerheblich von anderen Bereichen der Sharing Economy, insbesondere dem professionellen Vermietungsgeschäft („business-to-consumer"). Neben etablierten Rentalunternehmen treten hier zunehmend Hersteller- und Handelsunternehmen als innovative Dienstleistungsanbieter auf, so etwa – schon seit geraumer Zeit – Automobilhersteller als Anbieter von vollflexiblen Carsharing-Systemen sowie – jüngst – ein Konsumgüter- und Einzelhandelsunternehmen als Anbieter eines Mietservice für Baby- und Kinderkleidung. Die Idee des eigentumslosen Konsums hat also auch die Old Economy erreicht. Was dies für die Sharing Economy insgesamt bedeutet und vor allem für ihren (potenziellen) Beitrag zum nachhaltigen Wirtschaften, ist eine empirisch offene Frage.

Ferner war im Forschungsvorhaben PeerSharing der Blick stärker auf gewinnorientierte, denn auf gemeinwohlorientierte Sharing-Plattformen gerichtet. Letztere fristen zwar ein Nischendasein, könnten aber für den sozial-ökologischen Wandel ebenfalls von großer Bedeutung sein. Unter welchen Bedingungen Sharing als soziale Innovation wirksam werden kann, wurde an anderer Stelle untersucht (Rückert-John et al. 2016, Scholl und Gossen 2017), wäre jedoch angesichts der ungebrochenen Dynamik der Sharing Economy erneut zu betrachten.

Schließlich wurde mit der ökologischen Bilanzierung des Internet-gestützten Peer-to-Peer Sharing am Beispiel von vier Anwendungsfeldern erstmals eine empirisch fundierte und umfragegestützte Abschätzung der Umweltwirkungen des Sharing vorgelegt, die auch Rebound-Effekte thematisiert. Indirekte Effekte, die aus einer Verlagerung eingesparter oder eingenommener Beträge aus Sharing-Aktivitäten in andere Konsumfelder resultieren (finanzieller Rebound), konnten jedoch im Rahmen des Projektes aufgrund der Datenlage nur qualitativ betrachtet werden. Um zu noch aussagekräftigeren Befunden hinsichtlich der ökologischen Wirkungen der Sharing Economy zu gelangen, sollten diese Zusammenhänge künftig genauer untersucht werden.

Die digitale Kultur des Teilens hat das Wirtschaften unverkennbar verändert. Diese Entwicklung wird sich fortsetzen und zukünftig noch größere Teile von Wirtschaft und Gesellschaft erfassen. Die im vorliegenden Buch vorgestellten Forschungsergebnisse zeigen, dass dieser Trend ein nachhaltigeres Wirtschaften befördern kann. Allerdings ist das kein Selbstläufer. Um das volle Potenzial der Sharing Economy für eine nachhaltige Entwicklung auszuschöpfen, braucht es veränderte Konsummuster, (noch) nachhaltigere Geschäftsmodelle und eine kluge politisch-rechtliche Rahmung. Angesichts der großen Entwicklungsdynamiken kann mit der Bearbeitung dieser Herausforderungen nicht früh genug begonnen werden.

Literaturverzeichnis

Agora Verkehrswende (2017): Mit der Verkehrswende die Mobilität von morgen sichern. 12 Thesen zur Verkehrswende. Berlin.

AHGZ (2016a): Airbnb macht Reiseveranstaltern Konkurrenz. Allgemeine Hotel- und Gastronomie-Zeitung, 18.11.2016. URL: https://www.ahgz.de/unternehmen/sharing-economy-airbnb-macht-reiseveranstaltern-konkurrenz,200012235561.html (letzter Zugriff: 28.03.2017).

AHGZ (2016b): Airbnb und Airplus integrieren Bezahllösung. Allgemeine Hotel- und Gastronomie-Zeitung, 14.11.2016. URL: https://www.ahgz.de/news/sharing-econo my-airbnb-und-airplus-integrieren-bezahlloesung,200012235412.html (letzter Zugriff: 27.03.2017).

AHGZ (2016c): Hotels verlieren Marktanteile an Airbnb. Allgemeine Hotel- und Gastronomie-Zeitung, 21.11.2016. URL: https://www.ahgz.de/news/sharing-economy-hotels-verlieren-marktanteile-an-airbnb,200012235581.html (letzter Zugriff: 28.03.2017).

Airbnb (2017): Airbnb: Helping travel grow greener. Report, March 10, 2017. URL: https://www.airbnbcitizen.com/wp-content/uploads/2017/03/Airbnbandsustainable travel2017.pdf (letzter Zugriff: 25.04.2018).

Almeida, H. (2016): Airbnb Find Sweet Spot in Lisbon after Berlin and Barcelona Struggles. Bloomberg, 07.07.2016. URL: https://skift.com/2016/06/07/airbnb-finds-sweet-spot-in-lisbon-after-berlin-and-barcelona-struggles/ (letzter Zugriff: 28.03.2017).

Andersson, M.; Hjalmarsson, A.; Avital, M. (2013): Peer-to-Peer Service Sharing Platforms: Driving Share and Share Alike on a Mass-Scale. Completed Research Paper. Thirty Fourth International Conference on Information Systems, Milan 2013.

Bardhi, F.; Eckhardt, G.M. (2012): Access-Based Consumption: The Case of Car Sharing. Journal of Consumer Research, 39 (4), 881-898.

Bartik, H.; Lutter, J.; Antalovsky, E. (2015): The Big Transformers. Sharing- und On-Demand-Economy auf dem Vormarsch. Konsequenzen und Handlungsoptionen für die öffentliche Hand im Personentransport- und Beherbergungswesen. Im Auftrag der Stadt Wien, MA 23 – Wirtschaft, Arbeit und Statistik. URL: https://www.wien.gv.at/statistik/pdf/big-transformers.pdf (letzter Zugriff: 27.10.2017).

Bartle, I.; Vass, P. (2005): Self-Regulation and the Regulatory State: A Survey of Policy and Practice. Centre for the Study of Regulated Industries.

Behrendt, S.; Blättel-Mink, B.; Clausen, J. (2011): Wiederverkaufskultur im Internet. Chancen für nachhaltigen Konsum am Beispiel von eBay. Springer: Berlin, Heidelberg.

© Springer Fachmedien Wiesbaden GmbH, ein Teil von Springer Nature 2019
S. Behrendt et al. (Hrsg.), *Digitale Kultur des Teilens*,
https://doi.org/10.1007/978-3-658-21435-7

Behrendt, S.; Henseling, C.; Flick, C.; Ludmann, S.; Scholl, G. (2017): Zukünfte des Peer-to-Peer Sharing. Diskurse, Schlüsselfaktoren und Szenarien. URL: http://www.peer-sharing.de/data/peersharing/user_upload/Dateien/PeerSharing_AP_5.pdf (letzter Zugriff am 18.12.2017).

Behrendt, S.; Pfitzner, R.; Kreibich. R. (1999): Wettbewerbsvorteile durch ökologische Dienstleistungen: Umsetzung in der Unternehmenspraxis. Springer: Berlin.

Belk, R. (2007): Why Not Share Rather Than Own? The ANNALS of the American Academy of Political and Social Science. 611 (1), 126-140.

Belk, R. (2013): You are what you can access: Sharing and collaborative consumption online. Journal of Business Research, 67, 1595-1600.

Bellotti, V.; Ambard, A.; Turner, D.; Gossmann, C.; Demkova, K.; Carroll, J.M (2015): A muddle of models of motivation for using peer-to-peer economy systems. In: Proceedings of the 33rd Annual ACM Conference on Human Factors in Computing Systems, ACM, S. 1085-1094.

Benlian, A.; Hess, T. (2011): The Signaling Role of IT Features in Influencing Trust and Participation in Online Communities. In: International Journal of Electronic Commerce (IJEC), 15 (4), 7-56.

Bessinger, B. (2016): Carsharing-Projekt „Maven". Teilen und absahnen. ZEIT Online, 07.12.2016. URL: http://www.zeit.de/mobilitaet/2016-12/carsharing-projekt-maven-opel (letzter Zugriff: 30.10.2017).

Beuth, P. (2012): Couchsurfer-Dienst schafft Datenschutz faktisch ab. ZEIT ONLINE, 14.09.2012. URL: http://www.zeit.de/digital/datenschutz/2012-09/couchsurfing-nutzungsbedingungen-datenschutz (letzter Zugriff: 28.03.2017).

BeVolunteer (o. J.): Zur Geschichte von BeWelcome. URL: http://www.bevolunteer.org/about-bevolunteer/history/ (letzter Zugriff: 11.08.2018).

Bieger, T.; Reinhold, S. (2011): Das wertbasierte Geschäftsmodell – Ein aktualisierter Strukturierungsansatz. In: Bieger, T.; zu Knyphausen-Aufseß, D.; Krys, C. (Hrsg.) (2011): Innovative Geschäftsmodelle. S. 13-70.

Black, J. (2001): Decentring regulation: understanding the role of regulation and self-regulation in a "post-regulatory" world. Current Legal Problems, 54 (1), 103-146.

Blauer Engel (2018): Umweltfreundliches Car Sharing. URL: https://www.blauer-engel.de/de/produktwelt/alltag-wohnen/car-sharing-142 (letzter Zugriff: 01.03.2018).

BMUB (2016): Bundesministerium für Umwelt, Naturschutz, Bau und Reaktorsicherheit. Deutsches Ressourceneffizienzprogramm II, Programm zur nachhaltigen Nutzung und zum Schutz der natürlichen Ressourcen. URL: http://www.bmub.bund.de/fileadmin/Daten_BMU/Pools/Broschueren/progress_ii_broschuere_bf.pdf (letzter Zugriff: 29.10.2017).

BMUB; UBA (2015): Bundesministerium für Umwelt, Naturschutz, Bau und Reaktorsicherheit, Umweltbundesamt. Umweltbewusstsein in Deutschland 2014: Ergebnisse einer repräsentativen Bevölkerungsumfrage. Berlin, Dessau.

Böcker, L.; Meelen, T. (2017): Sharing for people, planet or profit? Analysing motivations for intended sharing economy participation. In: Environmental Innovation and Societal Transitions, 23, 28-39.

Bodur, H.O.; Brinberg, D.; Coupey, E. (2000): Belief, affect, and attitude: alternative models of the determinants of attitude. In: Journal of Consumer Psychology, 9 (1), 17-28.

Botsman, R. (2013): The Sharing Economy Lacks a Shared Definition. URL: http://www. fastcoexist.com/3022028/the-sharing-economy-lacks-a-shared-definition (letzter Zugriff: 13.04.2018).

Botsman, R.; Rogers, R. (2011): What's mine is yours: how collaborative consumption is changing the way we live. Collins: London.

Bröse, I. (2016): Peer-to-Peer-Geschäftsmodelle. Charakteristiken und Herausforderungen. URL: https://www.izt.de/fileadmin/publikationen/IZT_Text_3-2016_Peer-to-Peer.pdf (letzter Zugriff am 19.12.2017).

Bundeskartellamt (2013): Bestpreisklausel des Hotelportals HRS verstößt gegen das Kartellrecht – Verfahren gegen weitere Hotelportale eingeleitet. Pressemitteilung, 20.12.2013. URL: http://www.bundeskartellamt.de/SharedDocs/Meldung/DE/Presse mitteilungen/2013/20_12_2013_HRS.html?nn=3591568 (letzter Zugriff: 8.03.2017).

Bundeskartellamt (2015): Bundeskartellamt mahnt auch Bestpreisklauseln von Booking. com ab. Pressemitteilung, 02.04.2015. URL: http://www.bundeskartellamt.de/ SharedDocs/Meldung/DE/Pressemitteilungen/2015/02_04_2015_Booking.com.html (letzter Zugriff: 28.03.2017).

Cansoy, M.; Schor, J.B., (2017): Who Gets to Share in the Sharing Economy: Racial Discrimination on Airbnb. Working paper, Boston College.

Chafkin, M.; Newcomer, E. (2016): Airbnb faces growing pains as it passes 100 million guests. Bloomberg, 11.07.2016. URL: https://www.bloomberg.com/news/articles/ 2016-07-11/airbnb-faces-growing-pains-as-it-passes-100-million-users (letzter Zugriff: 27.03.2017).

Cleantech Group (2014): Environmental Impacts of Home Sharing: Phase 1 Report. Prepared for Airbnb, Inc, April 30, 2014.

Colliers International (2017): Airbnb gewinnt in Berlin weiter an Bedeutung – 68 Prozent mehr Übernachtungen. Pressemitteilung vom 9. März 2017. URL: https://www. colliers.de/presse/colliers-international-airbnb-gewinnt-in-berlin-weiter-an-bedeu tung-68-prozent-mehr-uebernachtungen/ (letzter Zugriff: 25.04.2018).

Conrady, R. (2015): Sharing Economy: Stärken und Schwächen eines Megatrends aus Kundensicht – eine exklusive empirische Studie von ITB und Hochschule Worms.

ITB Berlin Kongress, 06.03.2015. URL: https://v-i-r.de/wp-content/uploads/2016/03/Sharing-Economy-Studie-HS-Worms_ITB_06.03.2015.pdf (letzter Zugriff: 28.03.2017).

Couchsurfing (o. J.): Homepage. URL: http://www.couchsurfing.com/about/about-us/ (letzter Zugriff: 11.08.2018).

Daum, T. (2016): Share a Ride. Uber und die Zukunft der Mobilität, 18.7.2016. URL: http://dasfilter.com/gesellschaft/share-a-ride-uber-und-die-zukunft-der-mobilitaet-understanding-digital-capitalism-ii-teil-5 (letzter Zugriff: 29.10.2017).

Demary, V. (2015): Mehr als das Teilen unter Freunden: was die Sharing Economy ausmacht. Wirtschaftsdienst: Zeitschrift für Wirtschaftspolitik, 95 (2), 95-98.

Demary, V. (2016). Der Aufstieg der Onlineplattformen. Was nun zu tun ist. URL: https://www.iwkoeln.de/fileadmin/publikationen/2016/305493/IW-Report_2016__32_Digitale_Plattformen.pdf (letzter Zugriff: 02.02.2018).

Dietz, T. (2003): The Struggle to Govern the Commons. Science, 302, 1907-1912. URL: http://doi.org/10.1126/science.1091015.

Dönnebrink, T. (2014): Shareconomy. In: Heinrich-Böll-Stiftung (Hrsg.): Seitenwechsel, die Ökonomie des Gemeinsamen. Böll.Thema 1/2014, 12.

Ebay (2015): TNS-Studie im Auftrag von eBay, Pressemitteilung, 28.08.2015.

Edelman, B.; Luca, M.; Svirsky, D. (2015): Racial Discrimination in the Sharing Economy: Evidence from a Field Experiment. American Economic Journal: Applied Economics, forthcoming.

Eichhorst, W.; Spermann, A. (2015): Sharing Economy – Chancen, Risiken und Gestaltungsoptionen für den Arbeitsmarkt. randstad stiftung. Eschborn.

EU-DSGVO (2016): Artikel 20 – EU-DSGVO – Recht auf Datenübertragbarkeit. URL: https://www.datenschutz-grundverordnung.eu/grundverordnung/art-20-ds-gvo/ (letzter Zugriff: 01.03.2018).

Europäische Kommission (2013): The Sharing Economy: Accessibility Based Business Models for Peer-to-Peer Markets. Business Innovation Observatory. O.O.

Europäische Kommission (2016a): A European Agenda for the Collaborative Economy. bzw. „Europäische Agenda für die Kollaborativwirtschaft". URL: http://bit.ly/2rIO5x1 (letzter Zugriff: 02.02.2018).

Fichter, K. (2005): Interpreneurship: Nachhaltigkeitsinnovationen in interaktiven Perspektiven eines vernetzenden Unternehmertums. Metropolis-Verlag: Marburg.

Fichter, K.; Tiemann, I. (2015): Das Konzept „Sustainable Business Canvas" zur Unterstützung nachhaltigkeitsorientierter Geschäftsmodellentwicklung. Universität Oldenburg, Borderstep Institut.

Frenken, K.; Meelen, T.; Arets, M.; van de Glind, P. (2015): Smarter regulation for the sharing economy. URL: http://www.theguardian.com/science/political-science/2015/may/20/smarter-regulation-for-the-sharing-economy (letzter Zugriff 13.04.18).

Frenken, K.; Schor, J. (2017): Putting the Sharing Economy in its place. Environmental Innovation and Societal Transitions, 23, 3-10.

Freudstein (2010): Freudstein Private Equity Fonds GmbH -Beteiligung an der Gloveler GmbH eingegangen. Pressemitteilung, 08.03.2010. URL: http://www.presse-artikel. org/2010/freudstein-private-equity-fonds-gmbh-beteiligung-an-der-gloveler-gmbh-eingegangen-1177/ (letzter Zugriff: 28.03.2017).

Frick, K.; Hauser, M.; Gürtler, D. (2013): Sharity, Die Zukunft des Teilens. GDI Studie Nr. 39. Rüschlikon, GDI.

Gallagher, Billy (2015): CouchSurfing Raises $15 Million Series B From General Catalyst Partners, Menlo Ventures, Others. Techcrunch, 22.08.2012. URL: https://tech crunch.com/2012/08/22/couchsurfing-raises-15-million-series-b-from-general-cata lyst-partners-others/?guccounter=1 (letzter Zugriff: 11.08.2018).

GBI AG (2016): Etwa jeder elfte Städtereisende in Deutschland schläft bei Airbnb & Co. Pressemitteilung, 11.04.2016. URL: http://www.gbi.ag/detailansicht/n//etwa-jeder-elfte-staedtereisende-in-deutschland-schlaeft-bei-airbnb-co/ (letzter Zugriff: 28.03.2017).

GEWOS (2014): Airbnb und der Berliner Wohnungsmarkt 2014: Auswirkungen des Airbnb-Angebots auf die Berliner Wohnraumversorgung. URL: https://www.airbnb action.com/wp-content/uploads/2014/12/AirbnbundderBerlinerWohnungsmarkt.pdf (letzter Zugriff: 26.03.2018).

GEWOS (2016): Airbnb und der Berliner Wohnungsmarkt 2016: Auswirkungen des Airbnb-Angebots auf die Berliner Wohnraumversorgung. Berlin, September 2016. URL: http://berlin.airbnbcitizen.com/wp-content/uploads/sites/59/2016/12/Okt. 2016-Studie-GEWOS-Studie-Airbnb-und-Wohnungsmarkt-Berlin.pdf (letzter Zugriff: 26.03.2018).

Global Freeloaders (o. J.): Homepage. URL: http://globalfreeloaders.com/member locations.php (letzter Zugriff: 11.08.2018).

Gossen, M.; Henseling, S.; Bätzing, M.; Flick, C. (2016): Peer-to-Peer Sharing: Einschätzungen und Erfahrungen Ergebnisse einer qualitativen Befragung. PeerSharing Arbeitsbericht 3, Berlin. URL: http://www.peer-sharing.de/data/peersharing/user_ upload/Dateien/PeerSharing_Ergebnispapier_AP4_Vorstudie_final_neu.pdf (letzter Zugang 03.05.2018).

Goudin, P. (2016): The cost of non-Europe in the sharing economy: Economic, social and legal challenges and opportunities. European Parliament.

Grassmuck, V. (2012): The Sharing Turn: Why We are Generally Nice and Have a Good Chance to Cooperate Our Way Out of the Mess We Have Gotten Ourselves into. In:

Sützl, W.; Stalder, F.; Maier, R.; Hug, T.: Cultures and Ethics of Sharing / Kulturen und Ethiken des Teilens. Innsbruck University Press, S. 17-34.

Hamari, J.; Sjöklint, M.; Ukkonen, A. (2015): The sharing economy: why people participate in collaborative consumption. In: J. Assoc. Inform. Sci. Technol., 67 (9), 2047-2059.

Hartmans, A. (2016): Airbnb might not be hurting the hotel industry after all. Business Insider Deutschland, 12.10.2016. URL: http://www.businessinsider.de/airbnb-isnt-hurting-hotels-2016-10 (letzter Zugriff: 28.03.2017).

Hawkins, A.J. (2016): Airbnb is now banned from listing short-term rentals in New York. The Verve, 21.10.2016. URL: http://www.theverge.com/2016/10/21/13361536/airbnb-new-york-cuomo-bill-ban-short-term (letzter Zugriff: 28.03.2017).

Haywood, J. (2016): New Airbnb data sheds light on 13 global markets. Hotel News Now, 11.10.2016. URL: http://hotelnewsnow.com/Articles/77191/New-Airbnb-data-sheds-light-on-13-global-markets (letzter Zugriff: 06.11.2017).

Hegenauer, M. (2016): Schläft eigentlich noch irgendjemand im Hotel?. WeltN24, 30.08.2015.

Heinrichs, H. (2013): Im Zeitalter des Homo Collaborans. In: Politische Ökologie 135: Vom rechten Maß. Suffizienz als Schlüssel zu mehr Lebensglück und Umweltschutz, 99-106.

Heinrichs, H.; Grunenberg, H. (2012): Sharing Economy. Auf dem Weg in eine neue Konsumkultur?. Lüneburg, Centre for Sustainability Management.

Hemmelskamp, J. (1999): Umweltpolitik und technischer Fortschritt. Eine theoretische und empirische Untersuchung der Determinanten von Umweltinnovationen. Springer-Verlag: Heidelberg.

Henseling, C.; Gossen, M.; Scholl, G. (2017): Peer-to-Peer Sharing als Element eines transformativen Konsums? Einblicke in Konsumverhalten und Motive von Peer-to-Peer Sharing-Nutzern in Deutschland. URL: http://www.peer-sharing.de/data/peersharing/user_upload/Dateien/Henseling_Gossen_Scholl_Einblicke_in_Konsum verhalten_und_Motive_von_Peer-to-Peer_Sharing-Nutzern_in_Deutschland.pdf (letzter Zugriff am 05.01.2018).

Henseling, C.; Hobelsberger, C.; Flick, C.; Behrendt, S. (2018): Nachhaltige Entwicklungsperspektiven für Geschäftsmodelle des Peer-to-Peer Sharing. URL: http://www.peer-sharing.de/data/peersharing/user_upload/Dateien/Arbeitsbericht_6_Nachhaltige_Entwicklungsperspektiven.pdf (letzter Zugriff am 14.05.2018).

Hertog, J.D. (2010): Review of Economic Theories of Regulation. Utrecht School of Economics, Discussion Paper Series 10-18. URL: https://www.uu.nl/sites/default/files/rebo_use_dp_2010_10-18.pdf (letzter Zugriff: 14.02.2018).

Hinz, U. (2014): Digital Identities in the Peer-to-Peer Shareconomy establishing trust in online networks. Fraunhofer Institute for Open Communication Systems Fokus. Berlin.

Hirschl, B., Konrad, W.; Scholl, G.; Zundel, S. (2001): Nachhaltige Produktnutzung: Sozial-ökonomische Bedingungen und ökologische Vorteile alternativer Konsumformen. Berlin: Edition Sigma.

Hospitality Club (o. J.): Homepage. URL: http://www.hospitalityclub.org/ (letzter Zugriff: 11.08.2018).

Hotelleriesuisse (2016): Die Nutzung von Airbnb durch Hoteliers – Chancen und Risiken? Merkblatt, 2016. URL: https://www.hotelleriesuisse.ch/files/pdf11/ Merkblatt_Airbnb_fr_Hoteliers_Airbnb_dt.pdf (letzter Zugriff: 28.03.2017).

HOTREC (2015a): Levelling The Playing Field: Policy Paper On The "Sharing" Economy. Hotrec Policy Paper. November 2015. Brüssel.

HOTREC (2015b): Dominant online platforms gaining market share in travel trade, no signs of increased competition between online travel agents unveils European hotel distribution study. Pressemitteilung, 18. Juli 2016, Brüssel. URL: https://www. horesca.lu/uploads/files/d-0616-199-dm-press%20release%20distribution%20study_ final.pdf (letzter Zugriff: 11.08.2018).

Hüsing, A. (2016): Fusion: Wimdu und 9flats schließen sich zusammen. Deutsche Start-ups, 10.10.2016. URL: https://www.deutsche-startups.de/2016/10/10/fusion-wimdu-9flats/ (letzter Zugriff: 27.03.2017).

HWW (2016): Neuer Investor für die Buchungsplattform gloveler.de. Insolvenz Portal, 2016-11-09. URL: https://app.insolvenz-portal.de/Nachrichten/neuer-investor-fuer-die-buchungsplattform-gloveler-de/13822/ (letzter Zugriff: 27.03.2017).

ING International (2015): The European sharing economy set to grow by a third in the next 12 months. URL: http://www.ing.com/Newsroom/All-news/European-sharing-economy-to-grow-by-a-third-in-the-next-12-months.htm (letzter Zugriff: 26.03.2018).

ING-DiBa AG (2015): My car is my castle: Umfrage zur Sharing Economy. URL: https:// www.ing-diba.de/pdf/ueber-uns/presse/publikationen/ing-diba-economic-analysis-sharing-economy-31-07-2015.pdf (letzter Zugang 03.05.2018).

IW (2016): Qualitative und quantitative Auswirkungen der Sharing Economy in Nord-rhein-Westfalen. Institut der deutschen Wirtschaft, Köln. URL: https://www. wirtschaft.nrw/sites/default/files/asset/document/mweimh_sharing-economy-in-nrw. pdf (letzter Zugriff: 06.10.2017).

Jansen, J. (2015): Airbnb ist jetzt 30 Milliarden Dollar wert. FAZ, 07.08.2016. URL: http://www.faz.net/aktuell/wirtschaft/unternehmen/wohnungsvermittlungsportal-airbnb-verdreifacht-wert-14376535.html (letzter Zugriff: 28.03.2017).

Kaczmarek, J. (2011): Airbnb übernimmt Accoleo und expandiert nach Europa. Gründerszene, 01.06.2011. URL: http://www.gruenderszene.de/news/airbnb-accoleo (letzter Zugriff: 27.03.2017).

Kagermeier, A.; Köller, J.; Stors, N. (2015): Airbnb als Share Economy-Herausforderung für Berlin und die Reaktionen der Hotelbranche, Studien zur Freizeit- und Tourismusforschung, 11.

Karat Studio (2016): Airbnb Misused. What effect is the partial Airbnb ban having in Berlin? – A look at new data from Airbnb. URL: http://bit.ly/2qelo9O (letzter Zugriff: 02.02.2018).

Khoschnam, A. (2011): Airbnb, Wimdu und 9flats: Der Kampf der Rivalen. Gründerszene Magazin, 08.11.2011. URL: http://www.gruenderszene.de/allgemein/airbnb-9flats-wimdu-kampf-privatunterkunfte (letzter Zugriff: 02.05.2018).

Koolhoven, R. (2016): The private law's reflection of sharing intentions. Konferenzband der 1. Interdisziplinären Konferenz zur Zukunft der Wertschöpfung. 14.-15. Dezember 2016. Hamburg.

Kotowski, T. (2016): Deutscher Airbnb-Konkurrent verkauft sich nach Singapur. FAZ online, 27.04.2016. URL: http://www.faz.net/aktuell/wirtschaft/netzwirtschaft/9-flats-deutscher-airbnb-konkurrent-verkauft-sich-nach-singapur-14202691.html (letzter Zugriff: 28.03.2017).

Kyriasoglou, C. (2016): Führt Wimdu seine Kunden in die Irre? Gründerszene, 22.01.2016. URL: http://www.gruenderszene.de/allgemein/wimdu-versicherungsachschaeden (letzter Zugriff: 28.03.2017).

Lamberton, C.P.; Rose, R. L. (2012): When is ours better than mine? A framework for understanding and altering participation in commercial sharing systems. Journal of Marketing, 76, 109-125.

Lenz, B.; Fraedrich, E. (2015): Neue Mobilitätskonzepte und autonomes Fahren: Potenziale der Veränderung. In: Maurer, M.; Gerdes, J.C.; Lenz, B.; Winner, H. (Hrsg.) (2015): Autonomes Fahren. Technische, rechtliche und gesellschaftliche Aspekte. S. 175-196.

Light, A.; Miskelly, C. (2014): Design for Sharing. Final report/ Working Paper. O.O.

Lomas, N. (2016): Airbnb faces fresh crackdown in Barcelona as city council asks residents to report illegal rentals. TechCrunch, 21.09.2016. URL: https://techcrunch.com/2016/09/19/airbnb-faces-fresh-crackdown-in-barcelona-as-city-council-asks-residents-to-report-illegal-rentals/ (letzter Zugriff: 28.03.2017).

Loske, R. (2015): Gutes Teilen, schlechtes Teilen?. In: Blätter für deutsche und internationale Politik, 11, 89-99.

Ludmann, S. (2018): Ökologie des Teilens, Bilanzierung der Umweltwirkungen des Peer-to-Peer Sharing. URL: https://www.peersharing.de/data/peersharing/user_upload/Dateien/Oekologie_des_Teilens_Arbeitspapier_8_.pdf (letzter Zugriff: 10.08.2018).

Lunden, I. (2013): Tony Espinoza steps down as CEO of couchsurfing, Jennifer Billock steps up as interim as startup lays off staff, "double down" on mobile. Techcrunch, 10.10.2013. URL: https://techcrunch.com/2013/10/10/ tony-espinoza-steps-down-as-ceo-of-couchsurfing-jen-billock-steps-up-as-interim-as-startup-lays-off-staff-doubles-down-on-mobile/ (letzter Zugriff: 27.03.2017).

Malik, O. (2011): What every Startup can learn from Airbnb. GIGAOM, 22.02.2011. URL: https://gigaom.com/2011/02/22/airbnb/ (letzter Zugriff: 27.03.2017).

Martin, C. (2016): The sharing economy: A pathway to sustainability or a nightmarish from of neoliberal capitalism?. Ecological Economics 121, 149-159.

McCarthy, N. (2016): Which Cities Have The Most Airbnb Listings?. Forbes, 07.07.2016. URL: http://www.forbes.com/sites/niallmccarthy/2016/07/07/which-cities-have-the-most-airbnb-listings-infographic/ (letzter Zugriff: 28.03.2017).

Miller, S.R. (2016): First Principles for Regulating the Sharing Economy. Harvard Journal on Legislation, 53 (February), 147-202.

Möhlmann, M. (2015): Collaborative consumption: determinants of satisfaction and the likelihood of using a sharing economy option again. In: Journal of Consumer Behaviour, 14 (3), 193-207.

Müller, B. (2016): Zu viele Ferienwohnungen, kein Platz für Mieter. Süddeutsche Zeitung, 18.04.2016. URL: http://www.sueddeutsche.de/wirtschaft/airbnb-in-staedten-vermietung-von-ferienwohnungen-laeuft-aus-dem-ruder-1.2954475 (letzter Zugriff: 30.10.2017).

Murphy, L.W. (2016): Airbnb's Work to Fight Discrimination and Build Inclusion. Report submitted to Airbnb, 08.09.2016. URL: http://blog.airbnb.com/wp-content/uploads/2016/09/REPORT_Airbnbs-Work-to-Fight-Discrimination-and-Build-Inclusion.pdf (letzter Zugriff: 28.03.2017).

Nica, E.; Potcovaru, A.-M. (2015): The Social Sustainability of the Sharing Economy. Economics, Management, and Financial Markets. 10 (4), 69-75.

Nunez, M. (2016): New York Law Bans Airbnb Short-Term Rentals. Gizmodo, 21.10.2016. URL: http://gizmodo.com/new-york-law-bans-airbnb-short-term-rentals-1788086399 (letzter Zugriff: 28.03.2017).

Ong, J. (2012): Airbnb launches in Australia with new office in Sydney, coming soon to Thailand and Indonesia. The next web, 02.11.2012. URL: http://thenextweb.com/asia/2012/11/02/airbnb-launches-in-australia-coming-soon-to-thailand-and-indonesia/ (letzter Zugriff: 27.03.2017).

Osterwalder, A.; Pigneur, Y. (2011): Business Model Generation: Ein Handbuch für Visionäre, Spielveränderer und Herausforderer. Frankfurt am Main.

Osterwalder, A.; Pigneur, Y.; Tucci, C. (2005): Clarifying Business Models: Origins, Present, and Future of the Concept. In: Communications of the Association for Information Systems: Vol. 16, Article 1.

Peitsmeier, H.; Preuss, S. (2018): Drive Now und Car2Go vor der Fusion. 23.01.2018. URL: http://www.faz.net/aktuell/wirtschaft/unternehmen/drive-now-und-car2go-vor-der-fusion-15413481.html (letzter Zugriff: 23.04.2018).

Peitz, M.; Schwalbe, U. (2016): Zwischen Sozialromantik und Neoliberalismus – zur Ökonomie der Sharing Economy. Discussion Paper No. 16-033. URL: http://www.zew.de/publikationen/zwischen-sozialromantik-und-neoliberalismus-zur-oekonomie-der-sharing-economy/ (letzter Zugriff: 17.11.2017).

Perlroth, Nicole (2011): Non-Profit CouchSurfing Raises Millions In Funding. Forbes, 24.08.2011. URL: https://www.forbes.com/sites/nicoleperlroth/2011/08/24/non-profit-couchsurfing-raises-millions-in-funding/#10b9c2483e3d (letzter Zugriff: 11.08.2018).

Perry, F. (2016): 'We are building our way to hell': tales of gentrification around the world. The Guardian, 05.10.2016. URL: https://www.theguardian.com/cities/2016/oct/05/building-way-to-hell-readers-tales-gentrification-around-world (letzter Zugriff: 30.10.2017).

Peuckert, J.; Bätzing, M.; Fünning, H.; Gossen, M.; Scholl, G. et al. (2017): Kontexte des Teilens, Herausforderungen bei der gesellschaftlichen Verankerung von Peer-to-Peer Sharing am Beispiel von Übernachten und Autoteilen. URL: http://www.peer-sharing.de/data/peersharing/user_upload/PeerSharing_Arbeitspapier4_Kontexte_des_Teilens.pdf (letzter Zugriff: 17.11.2017).

Phipps, M.; Ozanne, L.K.; Luchs, M.G.; Subrahmanyan, S.; Kapitan, S.; Catlin, J.R.; Weaver, T. (2013): Understanding the inherent complexity of sustainable consumption: a social cognitive framework. In: Journal of Business Research, 66 (8), 1227-1234.

Porter, M. E.: (2001): Strategy and the Internet. Harvard Business Manager 79 (3), 63-78.

Postinett, A. (2016): Neuer Maßnahmenkatalog: Wie Airbnb den Rassismus besiegen will. Handelsblatt, 09.09.2016. URL: http://www.handelsblatt.com/unternehmen/it-medien/neuer-massnahmenkatalog-wie-airbnb-den-rassismus-besiegen-will/145220 84.html (letzter Zugriff: 28.03.2017).

PwC (2015): Share Economy: Repräsentative Bevölkerungsbefragung. URL: https://www.pwc.de/de/digitale-transformation/assets/pwc-bevoelkerungsbefragung-share-economy.pdf (letzter Zugriff: 03.05.2018).

RBB (2016a): Airbnb fühlt sich zu Unrecht kritisiert. rbb|24, 15.07.2016. URL: http://www.rbb-online.de/panorama/beitrag/2016/07/boycott-airbnb---boycottairbnb-berlin.html (letzter Zugriff: 28.03.2017).

RBB (2016b): Auskunftspflicht für Internetplattformen – Berlin zwingt „airbnb" zur Offenlegung von FeWo-Betreibern. rbb|24, 09.02.2016, Berlin.

RBB (2016c): Urteil des Berliner Verwaltungsgerichts – Erste Klagen gegen Fewo-Verbot gescheitert. rbb|24, 09.06.16, Berlin. URL: http://www.rbb-online.de/politik/

beitrag/2016/06/berliner-verwaltungsgericht-zu-ferienwohnungen.html (letzter Zugriff: 28.03.2017).

Repschläger, J.; Zarnekow, R.; Meinhardt, N.; Röder, C.; Pröhl, T. (2015): Vertrauen in der Share Economy. Studie: Analyse von Vertrauensfaktoren für Online-Profile. In: Research Papers in Information Systems Management, Nr. 15. URL: https://www. ikm.tu-berlin.de/fileadmin/fg16/Forschungsprojekte/Vertrauen_in_der_Share_ Economy.pdf (letzter Zugriff: 30.10.2017).

Rifkin, J. (2014): The Zero Marginal Cost Society: The internet of things, the collaborative commons, and the eclipse of capitalism. Palgrave Macmillan. Dt. Übersetzung: Rifkin, J. (2014): Die Null-Grenzkosten-Gesellschaft. Das Internet der Dinge, kollaboratives Gemeingut und der Rückzug des Kapitalismus. Frankfurt/New York.

RNZ (2014): Rhein-Neckar-Zeitung, Wie viel ist genug? von S. Kern, 6. Juni 2018. https://www.rnz.de/panorama/magazin_artikel,-Magazin-Wie-viel-ist-genug-_arid, 20959.html (letzter Zugriff: 06.06.2018)

Rohrbeck, F. (2016): Wimdu: „Meine Wohnung wurde zerstört". ZEIT ONLINE, 21.01.2016. URL: http://www.zeit.de/2016/04/wimdu-berlin-apartments-vandalismus (letzter Zugriff: 09.08.2018).

Roudman, S. (2013): How to Lose Funds and Infuriate Users: Couchsurfing, a Cautionary Tale From the "Sharing Economy". Techpresident, 07.11.2013. URL: http://techpresident.com/news/24498/couchsurfing2 (letzter Zugriff: 28.03.2017).

Rückert-John, J.; Jaeger-Erben, M.; Schäfer, M.; Scholl, G.; Gossen, M. (2016): Nachhaltiger Konsum durch soziale Innovationen – Konzepte und Praxis. Hrsg. vom Umweltbundesamt, Texte 40/2016, Dessau-Roßlau.

Rungg, A. (2016): Novasol schluckt Rocket-Internet-Start-up. Manager Magazin, 29.11.2016. URL: http://www.manager-magazin.de/unternehmen/artikel/novasol-schluckt-privatbetten-vermittler-wimdu-a-1123551.html (letzter Zugriff: 28.03.2017).

Schade, A. (2016): Warum Kleiderkreisel die Entlassungen nicht helfen werden. Gründerszene Online, 10.10.2016. URL: https://www.gruenderszene.de/allgemein/ kleiderkreisel-entlassungen-kommentar (letzter Zugriff: 30.10.2017).

Schaltegger, S.; Lüdeke-Freund, F.; Hansen, E. G. (2012): Business cases for sustainability: The role of business model innovation for corporate sustainability. In: International Journal of Innovation and Sustainable Development, 95-119.

Schmidt, H. (2011): Rekord: Start-Up Wimdu erhält 90 Millionen Dollar Finanzspritze. FAZ online, 15.06.2011. URL: http://blogs.faz.net/netzwirtschaft-blog/2011/06/15/ wohnungsvermittler-wimdu-erhaelt-90-millionen-euro-finanzspritze-2630/ (letzter Zugriff: 28.03.2017).

Schneiderman, E.T. (2014): Airbnb and the City. Oktober 2014.

Schnur, O.; Günter, H. (2014): Collaborative Consumption, Sozialkapital und Quartier. Eine Annäherung. Raumforschung und Raumordnung, 72 (5), 401-413.

Scholl, G. (2009): Marketing nachhaltiger Dienstleistungen. Bedingungen der Übernahme und Empfehlungen zur Vermarktung von eigentumsersetzenden Konsumpraktiken. Marburg: Metropolis.

Scholl, G.; Behrendt, S.; Flick, C.; Gossen, M.;Henseling, C.; Richter. L. (2015): Peer-to-Peer Sharing, Definition und Bestandsaufnahme PeerSharing. Arbeitsbericht 1. URL: http://www.peer-sharing.de/data/peersharing/user_upload/Dateien/Peer Sharing_Ergebnispapier.pdf (letzter Zugriff: 17.11.2017).

Scholl, G.; Gossen, M. (2017): Wie kann die Umweltpolitik soziale Innovationen für nachhaltigen Konsum fördern? In: Jaeger-Erben, M.; Rückert-John, J.; Schäfer, M. (Hrsg.): Soziale Innovationen für nachhaltigen Konsum. Wissenschaftliche Perspektiven, Strategien der Förderung und gelebte Praxis, Springer, Wiesbaden, S. 51-69.

Scholl, G.; Gossen, M.; Holzhauer, B. (2017): Teilen digital. Verbreitung, Zielgruppen und Potenziale des Peer-to-Peer Sharing in Deutschland. URL: https://www.peer-sharing.de/data/peersharing/user_upload/PeerSharing_Brosch%C3%BCre_Teilen_digital.pdf (letzter Zugriff am 14.08.2018).

Scholl, G; Gossen, M; Grubbe, M; Brumbauer, T. (2013): Alternative Nutzungskonzepte – Sharing, Leasing und Wiederverwendung. ResourcenPolitik. Arbeitsbericht. Institut für ökologische Wirtschaftsforschung, Berlin.

Schor, J. (2014): Debating the Sharing Economy. URL: http://www.greattransition.org/publication/deba-ting-the-sharing-economy (letzter Zugriff: 30.04.2018).

Schor, J. (2017). Does the sharing economy increase inequality within the eighty percent? Findings from a qualitative study of platform providers. Camb. J. Reg. Econ. Soc., 10 (2), 263-279.

Schor, J.; Fitzmaurice, C. (2015): Collaborating and Connecting: The Emergence of a Sharing Economy. In: Reisch, L.; Thogersen, J. (Hrsg.): Handbook on Research on Sustainable Consumption. Cheltenham, UK: Edward Elgar, S. 410-425.

Schor, J.; Fitzmaurice, C.; Attwood-Charles, W.; Carfagna, L.; Poteat, E. (2016): Paradoxes of openness and distinction in the sharing economy. Poetics, 54, 66-81.

Schrader, U. (2001): Konsumentenakzeptanz eigentumsersetzender Dienstleistungen: Konzeption und empirische Analyse. Lang: Frankfurt am Main.

Sharing Economy UK (2018). TrustSeal. http://www.sharingeconomyuk.com/trustseal (letzter Zugriff: 01.03.2018).

Smolka, C.; Hienerth, C. (2014): The Best of Both Worlds: Conceptualizing Trade-offs between Openness and Closedness for Sharing Economy Models. O.O.

Snyder, B. (2014): Airbnb closes $475 million funding round. Fortune, 01.08.2014. URL: http://fortune.com/2014/08/01/airbnb-closes-475-million-funding-round/ (letzter Zugriff: 27.03.2017).

Spermann, A. (2017): Sharing Economy muss mit Augenmaß geregelt werden. Badische Zeitung, Mittwoch, 25. Oktober 2017.

Spindler, G.; Thorau, C. (2015). Eckpunkte einer digitalen Ordnungspolitik. Politik-empfehlungen zur Verbesserung der Rahmenbedingungen für eine effektive Ko-Regulierung in der Informationsgesellschaft. Studie im Auftrag von Selbstregulie-rung Informationswirtschaft e.V.

SRU (2016): Umweltgutachten 2016, Impulse für eine integrative Umweltpolitik. Berlin. URL: https://www.umweltrat.de/SharedDocs/Downloads/DE/01_Umweltgutachten/ 2016_Umweltgutachten_HD.pdf?__blob=publicationFile (letzter Zugriff: 30.10.2017).

Stahel, W. (1994): The Utilization-Focused Service Economy. Resource Efficiency and Product-Life Extension. In The Greening of Industrial Ecosystems, hg. v. Braden R. Allenby und Deanna J. Richards, S. 178-190. Washington DC.

Staun, H. (2013): Der Terror des Teilens. FAZ Online vom 22.12.2013. URL: http:// www.faz.net/aktuell/feuilleton/debatten/shareconomy-der-terror-des-teilens-12722 202.html (letzter Zugriff: 30.10.2017).

Stokes, K.; Clarence, E.; Anderson, L.; Rinne, (2014): Making sense of the UK collabora-tive economy. Nesta: London.

Sundararajan, A. (2016): The Sharing Economy: The End of Employment and the Rise of Crowd Based-Capitalism.The MIT Press: Boston.

Thierer, A. D.; Koopman, C.; Hobson, A.; Kuiper, C. (2015): How the Internet, the Shar-ing Economy, and Reputational Feedback Mechanisms Solve the 'Lemons Problem.' University of Miami Law Review, 70 (3). URL: http://dx.doi.org/10.2139/ ssrn.2610255 (letzter Zugriff: 26.03.2018).

Tussyadiah, I. (2016): Factors of Satisfaction and Intention to Use Peer-to-Peer. In: Accommodation International Journal of Hospitality Management, 55, 70-80.

Tussyadiah, I.; Pesonen, J. (2016): Drivers and barriers of peer-to-peer accommodation stay – an exploratory study with American and Finnish travelers. In: Current Issues in Tourism, 21 (6), 703-720.

UBA (2015): Nutzen statt Besitzen: Neue Ansätze für eine Collaborative Economy; Um-welt, Innovation, Beschäftigung. UBA 03/2015, URL: https://www.umweltbundes amt.de/sites/default/files/medien/378/publikationen/uib_03_2015_nutzen_statt_besit zen_0.pdf (letzter Zugriff: 08.08.2018).

UBA (2017a): Schaffung einer Datenbasis zur Erfassung der Mengen von in Deutschland wiederverwendeten Produkten. Texte 04/2017, Dessau. URL: https://www.umwelt bundesamt.de/sites/default/files/medien/1968/publikationen/2017-01-17_texte_04-2017_zwischenbericht_mengen-wiederverwendete-produkte_v2.pdf (letzter Zugriff: 30.10.2017).

UBA (2017b): Strategien gegen Obsoleszenz – Sicherung einer Produktmindestlebens-
dauer sowie Verbesserung der Produktnutzungsdauer und der Verbraucherinformation. Position, Dessau. URL: https://www.umweltbundesamt.de/sites/default/
files/medien/377/publikationen/170516_uba_position_obsoleszenz_dt_bf.pdf (letzter Zugriff: 30.10.2017).

Uber (2018): Uber Community-Richtlinien. URL: https://www.uber.com/legal/
community-guidelines/de-de/ (letzter Zugriff: 02.02.2018).

Vargo, S.L.; Lusch, R.F. (2004): The four service marketing myths. In Journal of Service
Research, 6 (4), 324-335.

Vaughan, R.; Daverio, R. (2016): Assessing the size and presence of the collaborative
economy in Europe. PWC. URL: http://www.pwc.co.uk/issues/megatrends/
collisions/sharingeconomy/future-of-the-sharing-economy-in-europe-2016.html
(letzter Zugriff: 26.03.2018).

VDI TZ (2015): Gesellschaftliche Veränderungen 2030. Ergebnis Band 1, Zweck, A.
et al., Düsseldorf.

Verhage, J. (2016): Morgan Stanley: Airbnb's Threat to Hotels Is Only Getting Sharper
Thanks to (you guessed it!) millennials. Bloomberg, 14.11.2016. URL: https://www.
bloomberg.com/news/articles/2016-11-14/morgan-stanley-airbnb-s-threat-to-hotels-
is-only-getting-sharper (letzter Zugriff: 28.03.2017).

Verwaltungsgericht Berlin (2016): Zweckentfremdung: Anspruch auf Erteilung von Aus-
nahmegenehmigungen für Ferienwohnungszwecke bei Zweitwohnungen. Pressemitteilung vom 09.08.2016. URL: https://www.berlin.de/gerichte/verwaltungsgericht/
presse/pressemitteilungen/2016/pressemitteilung.507033.php (letzter Zugriff:
02.02.2018).

Vogelpohl, T.; Simons, A. (2015): Kontroversen ums Teilen. Ein Überblick über das online gestützte Peer-to-Peer Sharing als gesellschaftliche Innovation und eingehende
allgemeine und spezifische Kontroversen. Arbeitsbericht 2. URL: https://www.peer-
sharing.de/data/peersharing/user_upload/Dateien/PeerSharing_Arbeitsbericht2.pdf
(letzter Zugriff: 17.11.2017)

Voss, O. (2017): Flohmarkt auf dem Smartphone. In: Der Tagesspiegel, 30.07.2017, S. 21.

VZBV (2015): TEILEN, HABEN, TEILHABEN. VERBRAUCHER IN DER SHARING
ECONOMY. Diskussionspapier. URL: https://www.vzbv.de/sites/default/files/
sharing-econoy-diskussionspapier-vzbv-deutscher-verbrauchertag-2015.pdf (letzter
Zugriff: 30.10.2017).

VZBV (Verbraucherzentrale Bundesverband) (2015): Sharing Economy: Die Sicht der
Verbraucherinnen und Verbraucher in Deutschland. Ergebnisbericht. Berlin. URL:
https://www.kantaremnid.de/studien/pdf/sharing_economy-umfrage-bericht-emnid-
2015-06-29.pdf (letzter Zugriff: 03.05.2018).

Wachsmuth, D.; Chaney, D.; Kerrigan, D.; Shillolo, A.; Basalaev-Binder, R. (2018): The
High Cost of Short-Term Rentals in New York City. A report from the Urban Poli-

tics and Governance research group. School of Urban Planning, McGill University. URL: https://mcgill.ca/newsroom/files/newsroom/channels/attach/airbnb-report.pdf (letzter Zugriff: 28.03.2018).

Wauters, R. (2012): Airbnb: 5 million nights booked, opening 6 new international offices in Q1 2012. Techcrunch, 26.01.2012. URL: http://social.techcrunch.com/2012/01/26/airbnb-5-million-nights-booked-opening-6-new-international-offices-in-q1-2012/ (letzter Zugriff: 27.03.2017).

WBGU (2012): Welt im Wandel. Gesellschaftsvertrag für eine Große Transformation. Hauptguten 2012, Berlin.

WBGU (2016): Der Umzug der Menschheit: Die transformative Kraft der Städte. Hauptgutachten 2016, Berlin.

Wirtz, B. (2011): Business Model Management: Design – Instrumente – Erfolgsfaktoren von Geschäftsmodellen. Gabler: Wiesbaden.

Wirtz, B. Pistoia, A.; Ullrich, S.; Gottel, V.: (2015): Business Models: Origin, Development and Future Research Perspectives. In: Long Range Planning, S. 36-54.

Wohlert, N.-V. (2011): Versicherungen von 9flats, Wimdu und Airbnb überzeugen weiterhin nicht. Gründerszene, 13.10.2011. URL: http://www.gruenderszene.de/news/versicherungen-9flats-wimdu-airbnb-holger-schnittker (letzter Zugriff: 28.03.2017).

Wren-Lewis, L. (2011): Regulatory Capture: Risks and Solutions. URL: https://www.researchgate.net/publication/265962949_Regulatory_Capture_Risks_and_Solutions (letzter Zugriff: 02.02.2018).

Zaleski, O.; De Vynck, G. (2016): Airbnb Is Building a Flight-Booking Tool. Bloomberg Techno-logy, 19.12.2016. URL: https://www.bloomberg.com/news/articles/2016-12-19/airbnb-is-building-a-flight-booking-tool (letzter Zugriff: 28.03.2017).

ZEIT ONLINE (2015): Airbnb erhält 1,5 Milliarden Dollar. ZEIT ONLINE, 08.12.2015. URL: http://www.zeit.de/wirtschaft/unternehmen/2015-12/airbnb-investoren-milliar den (letzter Zugriff: 27.03.2017).

ZEIT ONLINE (2016): Airbnb kündigt Vermietern in Berlin. ZEIT ONLINE, 27.4.2016. URL: http://www.zeit.de/wirtschaft/unternehmen/2016-04/airbnb-berlin-ferien wohnungen-vermieten-zweckentfremdung-gesetz (letzter Zugriff: 28.03.2017).

ZwVbVO (2016): Erste Änderung der Ausführungsvorschriften über das Verbot der Zweckentfremdung von Wohnraum (1. Änderung AV – ZwVb). Amtsblatt Für Berlin, 66 (35), 2132-2143.

Autorenverzeichnis

Dr. Siegfried Behrendt, IZT Institut für Zukunftsstudien und Technologiebewertung gemeinnützige GmbH, Berlin

Christian Flick IZT Institut für Zukunftsstudien und Technologiebewertung
gemeinnützige GmbH, Berlin

Maike Gossen, Institut für ökologische Wirtschaftsforschung (IÖW), GmbH,
gemeinnützig, Berlin

Christine Henseling, IZT Institut für Zukunftsstudien und Technologiebewertung gemeinnützige GmbH, Berlin

Christine Hobelsberger Institut für ökologische Wirtschaftsforschung (IÖW),
GmbH, gemeinnützig, Berlin

Sabrina Ludmann, IFEU Institut für Energie- und Umweltforschung, Heidelberg

Jonas Pentzien, Institut für ökologische Wirtschaftsforschung (IÖW), GmbH,
gemeinnützig, Berlin

Jan Peuckert, Institut für ökologische Wirtschaftsforschung (IÖW), GmbH,
gemeinnützig, Berlin

Dr. Gerd Scholl, freier Nachhaltigkeitsforscher und -berater, vormals Institut für
ökologische Wirtschaftsforschung (IÖW), GmbH, gemeinnützig, Berlin

© Springer Fachmedien Wiesbaden GmbH, ein Teil von Springer Nature 2019
S. Behrendt et al. (Hrsg.), *Digitale Kultur des Teilens*,
https://doi.org/10.1007/978-3-658-21435-7

The manufacturer's authorised representative in the EU is Springer
Nature Customer Service Centre GmbH, Europaplatz 3, 69115 Heidelberg,
Germany. If you have any concerns regarding our products, please
contact ProductSafety@springernature.com

Printed and bound by CPI Group (UK) Ltd, Croydon, CR0 4YY

27/04/2026

02097564-0003